STARTUP LAW

DIREITO E ECONOMIA DO CONHECIMENTO

JOÃO FALCÃO

EDITOR, COORDENAÇÃO EDITORIAL E GRÁFICA: João Falcão
PRODUÇÃO: Thaís Nascimento
ILUSTRAÇÕES: Fabrício da Costa
PROJETO GRÁFICO E CAPA: O Estúdio   WWW.OESTUDIO.COM.BR
PROJETO GRÁFICO E EDITORAÇÃO: Presto   WWW.PRESTO.MUS.BR
ASSISTENTE DE PESQUISA: Maria Eugenia Cirillo, Gustavo Cavaliere e Marina Corrêa
REVISÃO ORTOGRÁFICA: Maurette Brandt

O editor oferece descontos neste livro quando solicitado em quantidade para vendas especiais. Para mais informações, por favor entre em contato via:

WWW.JOAOFALCAO.COM.BR

Dados Internacionais de Catalogação na Publicação (CIP)

(Câmara Brasileira do Livro, SP, Brasil)

Falcão, João
    Startup Law : direito e economia do conhecimento / João Falcão. -- 1. ed. -- Rio de Janeiro : Ed. do Autor, 2021.

ISBN 978-65-00-27333-5

1. Direito 2. Economia 3. Empreendedorismo 4. Startups I. Título.

21-74311   CDD-658.421

Índices para catálogo sistemático:

1. Startups : Empreendedorismo : Administração de empresas 658.421
Aline Graziele Benitez - Bibliotecária - CRB-1/3129

STARTUP LAW

DIREITO E ECONOMIA
DO CONHECIMENTO

O QUE VOCÊ PRECISA SABER
PARA VENCER NO UNIVERSO DAS
STARTUPS NO BRASIL

JOÃO FALCÃO
WWW.JOAOFALCAO.COM.BR

INSTITUTO
IDEIA
BRASIL

"Enter to grow in wisdom.*"

* Frase escrita na pedra do portão de entrada da *Harvard University*, instituição que nos permitiu aprofundar a pesquisa que resultou neste livro.

ESCALO, LOGO EXISTO.[1]

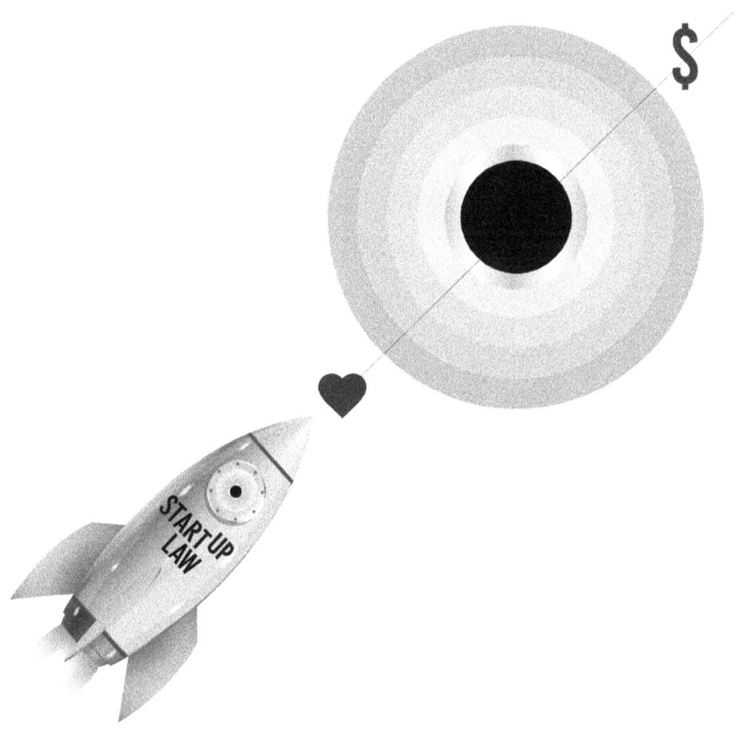

---

1   Inspirado na frase "penso, logo existo" do filósofo francês René Descartes (1596 – 1650). Descartes destacou a dúvida como princípio de sabedoria e defendia quatro princípios básicos ao pensamento humano: (i) nunca aceitar nada como verdadeiro à primeira vista; (ii) dividir os problemas no maior número possível de partes; (iii) pensar de forma ordenada; e (iv) prestar atenção aos detalhes.

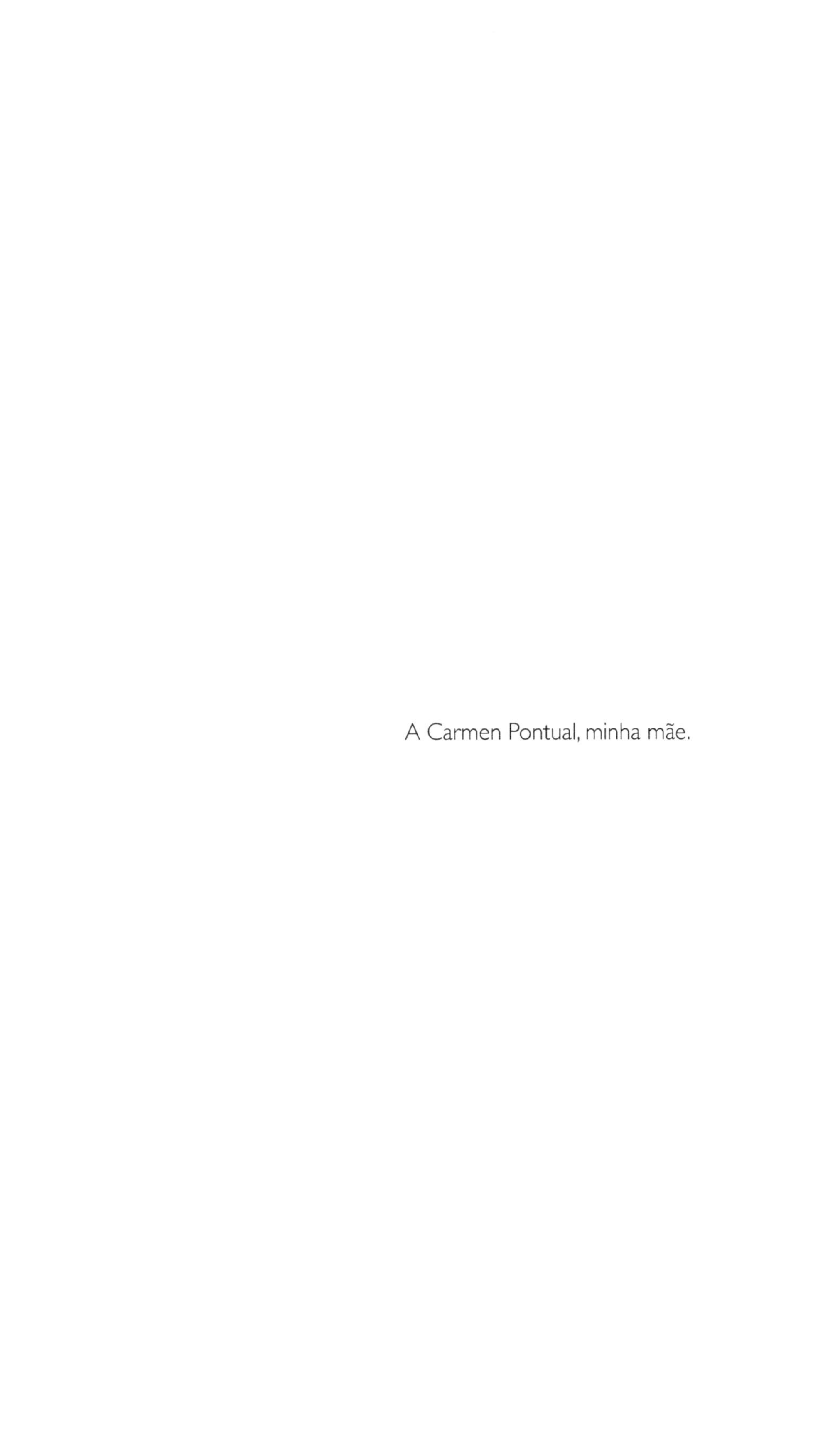

A Carmen Pontual, minha mãe.

NOTA HISTÓRICA

Concluo este livro em julho de 2021. O momento é de crise na saúde global, com consequências econômicas e sociais devastadoras.

Neste contexto, publica-se no Brasil a lei complementar 182/2021, exageradamente conhecida como Marco Legal da *Startup*. A lei é um avanço, mas está longe de ser um marco legal.

Ter consciência e conhecimento para superar a hostilidade do ambiente brasileiro (Custo Brasil) continua sendo absolutamente estratégico e fundamental.

Este livro oferece um caminho para essa superação.

SUMÁRIO

A Visual Book

www.joaofalcao.com.br

Legal Design – O Design e a Advocacia Sempre Estiveram Juntos no Brasil

Nosso primeiro *designer* de evidência nacional e internacional era um advogado, pernambucano e vizinho da família de João Falcão nas ladeiras de Olinda. Talvez por essa poderosa coincidência e por respeito pelo *design*, trabalhar com João nesta obra se mostrou uma verdadeira prática gráfica e cognitiva para mim e, esperançosamente, para todos que estiverem estudando, neste livro, as práticas do Direito para *Startups*.

Desde o começo do processo, João e eu tínhamos como desafio apresentar de forma gráfica, ao leitor, uma infinidade de informações, regras, nichos, indicadores e graduações variáveis — já que, apesar de nascer para o Brasil, este livro e seus métodos são flexíveis, não cartesianos, pensados de forma "contextual" para todo e qualquer país em questão.

Respondemos em parte a esse desafio com a aplicação do "*design* contextual", ou seja, um *design* que serve de moldura para qualquer contexto; assim como a moldura amarela das capas da National Geographic, ela é sempre a mesma, seja qual for a imagem carregada em cada edição.

Em nosso caso, a moldura é um "tabuleiro" em forma de "mandala", onde diferentes fases podem ser diagramadas de acordo com a realidade daquela ou de outra constituição legal. O código de cores também é contextual, e pode representar diferentes bandeiras nacionais, onde quer que seja aplicado.

Neste tabuleiro jurídico, o princípio do *design* da informação foi usar a semântica de um vale radial, cujo centro escuro representa o ponto mais fundo do início da jornada de uma *startup*. À medida que o acadêmico, profissional ou empresário vai realizando as tarefas propostas neste livro, a *startup* vai também subindo para o topo do vale, mais claro e mais amplo e robusto. Isto indica o crescimento natural de uma *startup* até sua maturidade.

Mais duas semânticas são aplicadas no trabalho: A clássica curva "taco de hóquei", porém combinada a um universo lúdico e particular de uma nave espacial cuja missão é chegar ao topo. Juntos esses dois elementos representam intensidade de um dínamo invisível que vive no centro do tabuleiro, representando toda a força necessária para a árdua construção de toda e qualquer empresa *startup*.

Rio de Janeiro, fevereiro de 2020.

FABRÍCIO DA COSTA[1], *designer*

---

[1] Mestre em *Design* de Produto pela Domus Academy de Milão. Esteve na Itália, trabalhou na criação de cenários futuros para grandes empresas como Fiat e Nestlé e, no final da década de 90, trabalhou na IDEO -- empresa de *design* norte-americana que criou o conceito de *design thinking*.

APRESENTAÇÃO

As *startup*s são uma nova forma de organização a ser estudada. A história de cada *startup* apresenta particularidades, mas há um caminho que se repete. Quanto mais conhecido for este caminho, melhor para todos nós.

No Brasil, o fomento à expansão de uma economia baseada no conhecimento e movida pela rápida expansão nunca foi tão necessário. Meu objetivo é despertar sua atenção para as questões mais relevantes na vida das *startup*s: empresas inovadoras, emergentes, de crescimento escalável, com diferencial competitivo intensivo em conhecimento.

Nos dedicamos a compartilhar este conteúdo para aliviar o fardo que a legislação impõe às *startup*s. Queremos um ecossistema de *startup*s mais consciente dos seus desafios.

O livro foi concebido e organizado para uma leitura linear, do começo ao final, mas também para consulta a partes específicas, em busca de orientação. O texto, escrito em linguagem simples e coloquial, busca se comunicar com pessoas sem qualquer formação jurídica.

Neste livro, contamos com algumas das mentes mais brilhantes do Brasil e dos EUA sobre o tema. A responsabilidade pelas ideias e afirmações aqui compartilhadas é 100% do autor.

Citações de nomes de pessoas e lugares ou a eventual menção de datas são meramente ilustrativas. O propósito deste livro não é documental e sim pedagógico.

Este livro...

É para quem participa ou deseja participar do ecossistema de *startups* brasileiro. O livro evita o *juridiquês*, a linguagem rebuscada e erudita; mas tem rigor e referências do mais alto padrão acadêmico, para eventual aprofundamento temático, quando desejado. Além da obra, oferecemos um curso de especialização *online* (WWW.JOAOFALCAO.COM.BR).

O leitor encontrará ajuda para desenvolver uma compreensão realista dos aspectos jurídicos das *startup*s. Elaboramos um livro didático a ser adotado em universidades e cursos Brasil afora.

O conteúdo vai além do texto. Dedicamos boa parte do nosso tempo de pesquisa e de criação à elaboração de desenhos e ilustrações. São ferramentas visuais concebidas para fácil compreensão do tema e, quando for o caso, para uma melhor tomada de decisão. Figuras, cores e formas são partes integrantes do conteúdo, do método e do aprendizado deste livro. Preste atenção nos desenhos e ilustrações. Eles dizem muito.

... é para você.

Faça deste livro um companheiro ao longo de
toda a jornada. É parte do que você precisa
saber para vencer no universo das *startups.*

Este livro vai ajudá-lo a compreender os riscos já
vividos, que precisam ser mitigados, e a seguir em frente,
adotando práticas específicas, ciente do desafio que a
construção de valor e a gestão de risco representam.

Este livro é uma visão holística de estratégia e boas
práticas jurídicas para construção de valor nas *startups.*

Este livro apresenta inúmeras oportunidades para
mobilização, ativismo e ação em prol do aperfeiçoamento
das políticas públicas de incentivo e de fomento que visam
ao fortalecimento do ambiente de negócios das *startups.*

Você encontrará neste livro o Índice *Everyday
Investment Ready*® para auditar, monitorar e gerir
uma *startup* com eficiência e segurança jurídica.

INTRODUÇÃO

A *STARTUP* É UM ESFORÇO DE GUERRA

Não há raciocínio nem documento que nos explique melhor a
intenção de um ato do que o próprio autor do ato.

MACHADO DE ASSIS[1]

Estamos rodeados de inovações criadas e promovidas por
empresas *startups*. Meu olhar, neste livro, coloca a empresa *startup* como
personagem principal. O foco deste trabalho está nas *startups* de inovação *web*, de
software, de *Internet* e computacionais[2] – um fenômeno econômico e organizacional recente, com inúmeros desdobramentos.[3]

Sempre que houver menção ao termo *startup* no singular ou no plural, estou me
referindo às empresas de *software* (ou de *internet*) que são criadas em todo o mundo, com foco no desenvolvimento de tecnologia digital de ponta, inovadora, estado-da-arte e transformadora da vida contemporânea.

O conhecimento que adquiri e construi com as *startups* em que trabalhei está reu-
nido neste livro. Escrito em forma de relato, é como se fosse um bate-papo com a
própria *startup* – que é, por todas as razões, a personagem principal.

Optei por um estilo simples e direto, em tom de relato. Quis contar, de forma ca-
tivante, minha vivência e experiência que talvez possa entreter e, ao mesmo tempo, oferecer conteúdo de qualidade. A intenção é colocar uma moldura robusta
sobre o tema da Economia do Conhecimento e do Direito aplicável à indústria de
startups e *venture capital.*

As ideias aqui apresentadas surgiram em pesquisas e escritos desenvolvidos para
solução de problemas que enfrentei nas *startups* ao longo de 10 anos. Algumas
vezes como *co-founder* outras como advogado, algumas como investidor, muitas
como mentor e *advisor*, e duas como gestor público responsável por políticas públicas para o ecossistema de *startups*. Neste livro compartilho esse conhecimento.

Na ausência de um ambiente econômico, político e regulatório estável no Brasil,

---

1   DE ASSIS, Machado. Uma Visita de Alcibíades. In Papéis Avulsos. vol. III. Rio de Janeiro, 1882.

2   MEIRA, Silvio. **Novos Negócios no Brasil: Inovadores de Crescimento Empreendedor**. Rio de Janeiro: Casa
da Palavra, 2013.

3   FALCÃO, João. **Startup Law Brasil: O Direito Brasileiro Rege, mas Desconhece as Startups**.
Rio de Janeiro: Escola de Direito da Fundação Getulio Vargas do Rio de Janeiro, 2017.

este livro apresenta uma abordagem preventiva para que as *startups* se desenvolvam com eficiência econômica[4] e segurança jurídica[5].

A *startup* precisa comprovar que é escalável com baixos custos, mas também precisa de governança e de transparência para ajustar o fluxo de informações entre funcionários, sócios-empreendedores, investidores, clientes e parceiros. Para este desafio, é comum contarem com o apoio de mentores, conselheiros e advogados em busca de conhecimento, experiência e *know-how* especializado.

A estratégia que este livro propõe consiste na gestão dos aspectos jurídicos da *startup* a partir de processos internos de organização, priorização e verificação prévia dos aspectos jurídicos mapeados. Consiste, basicamente, em monitorar as questões jurídicas desde o primeiro dia de vida da *startup*.

As questões foram consideradas a partir da perspectiva da empresa *startup* e de seus sócios empreendedores, fundadores e investidores iniciais – que, ao criar suas empresas, estão planejando suas próprias carreiras. O livro é divido em três partes: teoria, prática e conclusão, que propõe a criação do Índice *Everyday Investment Ready*®.

TEORIA – *STARTUP*, DIREITO E ECONOMIA DO CONHECIMENTO

A humanidade vive uma revolução de proporções comparáveis às da Revolução Industrial. A nova sociedade que se delineia é a do conhecimento e da informação, na qual ciência e tecnologia são aspectos chave para o desenvolvimento econômico.[6]

O que antes era repetição industrial, hoje é ciência e imaginação. É conhecimento. A *startup* têm natureza, cultura, função e necessidades diferentes daquelas das empresas familiares e das grandes corporações transnacionais. Ela é um organismo de dinâmica particular, com questões próprias, em nada comparável ao que se conhecia até aqui. Trata-se de um fenômeno econômico recente, que cria soluções inovadoras, possui diferencial competitivo intensivo em conhecimento, atua com

---

4   SHAVELL, Steven. ***Foundations of Economic Analysis of Law***. Cambridge: Harvard University Press, 2009.

5   O conceito de "segurança jurídica" é inerente ao Estado Democrático de Direito e foi introduzido pelo art. 2o da Declaração do Homem e do Cidadão de 1789.

6   UNGER, Roberto Mangabeira. ***The Knowledge Economy***. New York: Verso, 2019.

modelo de negócio escalável e pede uma estratégia agressiva de crescimento em um dado mercado promissor.

A característica intrínseca desse tipo de empresa é o encerramento total das atividades sempre que não conseguir escalar a operação. A *startup* nasce basicamente com a missão de crescer muito e rapidamente – ou *morrer*.

Escalar faz parte da essência da *startup*. É comum se falar de escalabilidade da tecnologia, do modelo de negócio, da comunicação, do *marketing* e das vendas. Mas como escalar o Direito?

Em todas as frentes estratégicas, o enigma maior dessas empresas – aquilo que mais as diferencia de outros organismos econômicos – é exatamente buscar ser escalável. A pergunta de pesquisa que deu origem a este livro foi a seguinte: como desenhar e implementar uma estratégia jurídica que fomente a essência da *startup*.

Este trabalho desenha um arcabouço jurídico específico que atende à estratégia escalável da empresa *startup* e oferece ferramentas originais para ser bem-sucedido neste universo digital de altíssimo risco.

A primeira parte deste livro é um estudo técnico sobre as características essenciais de uma *startup* – com uma análise da origem do termo e da forma como ele se desenvolveu, para propor uma explicação prática dos elementos que estão presentes nessas empresas e em seu ecossistema. A intenção é permitir que o leitor compreenda suas necessidades e o seu ciclo de vida para manter sua *startup investment ready*.

A obra apresenta as características que permitem definir *startup* como: a organização de iniciativa privada[7] que embarca numa jornada a partir de diferencial competitivo baseado em conhecimento e inovação[8], em busca de crescimento empresarial escalável, exponencial[9], de altíssimo risco[10], em um ambiente de extrema incerteza[11], visando à construção de riqueza[12] o mais rapidamente possível.

---

7   Para o empreendedor, a *startup* é uma jornada. Para o investidor, é um modelo de negócio. Para o advogado é um arranjo institucional complexo.

8   "Conhecimento e inovação," que geram altíssimo valor agregado.

9   "Crescimento escalável exponencial", no sentido de crescer muito e rápido ou fechar.

10   De "altíssimo risco", ainda que calculado.

11   Extrema incerteza mercadológica, institucional, financeira e jurídica.

12   Visando a multiplicar o retorno sobre o investimento (ROI).

Como evitar problemas que ameaçam o *valuation* da sua *startup*? Como evitar que a *startup* perca ou diminua seu valor por causa de questões legais? O que você precisa saber? O que você deve fazer?

A partir de uma visão 360 graus, mapeamos aspectos que regem as *startups* em atuação no Brasil e criamos um método que ajuda na orientação jurídica das *startups* que desejam estar *Everyday Investment Ready*.

O aspecto positivo da adoção do método *Startup Everyday Investment Ready*® é o alto nível de organização que resulta desse trabalho. A *startup* fica pronta para cumprir exigências negociais necessárias à chegada dos investimentos.

STARTUP - CANVAS®

Oferecemos a versão CANVAS da *Mandala EVERYDAY INVESTMENT READY*® para as *startups* mapearem suas próprias questões referentes às ações do dia-a-dia.

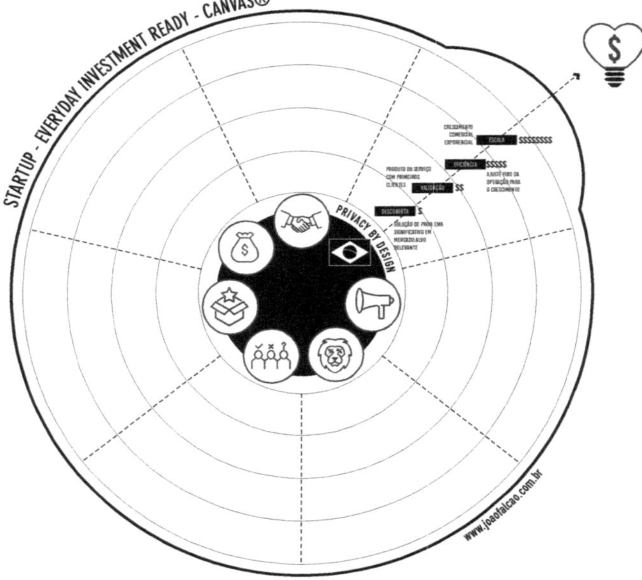

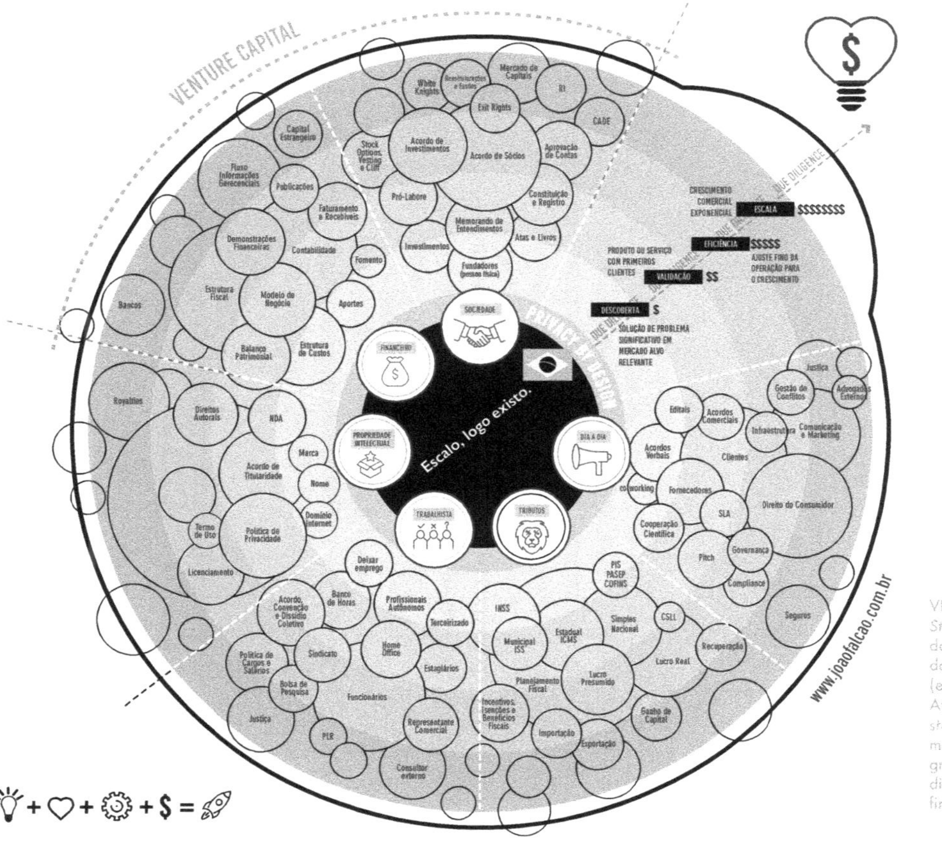

VENTURE CAPITAL

Startups e venture capital são faces da mesma moeda. Ambos são frutos do pós-II Grande Guerra, nos EUA (e não só no Vale do Silício). Através do venture capital, as startups que pretendem crescer muito e rápido e se transformar em grandes companhias passam a dispor de oportunidades para financiar o seu crescimento.

PRÁTICA: UMA ESTRATÉGIA PARA VENCER NO UNIVERSO DAS *STARTUPS*

As *startups* crescem num ambiente de extrema incerteza e se deparam com desafios legais que dificultam e até inviabilizam suas atividades. São pouquíssimas as que sobrevivem intactas, sem cicatrizes jurídicas: brigas de sócios, passivos trabalhistas, pendências tributárias – isso para mencionar apenas o óbvio.

O desafio proposto nesse capítulo é a construção de uma estratégia jurídica escalável para a *startup*, de modo a evitar que questões legais provoquem perda ou diminuição do valor da empresa. Isso significa observar, compreender e atender aos aspectos jurídicos mapeados no ciclo de vida da *startup*.

Há como gerir de forma eficiente as questões jurídicas que regem as *startups* mas não há um caminho certeiro a ser recomendado. É comum advogados ofertarem às *startups* estratégias moldadas para atender ao que se desenrola no palco das corporações e das empresas familiares – seguindo o ingênuo e falso pressuposto de que, se alguém domina a complexidade dessas operações, enfrentará sem atropelos a sofisticação e o dinamismo das *startups*. É importante saber escolher bem seu advogado.

Mesmo não sendo seguida por todas as *startups*, existe uma certa ordem nos passos a serem percorridos. Há fases bem características na evolução de uma *startup*, que tem seu ciclo de maturação médio dividido em etapas distintas (Descoberta, Validação, Eficiência e Escala[13]).

---

13   STARTUP GENOME. **Glossary**. Disponível em: <https://startupgenome.com/glossary>.

Se a jornada for bem-sucedida, a *startup* viverá operações de fusão, incorporação e aquisição, ou até mesmo de oferta pública de ações. Se a jornada for malsucedida, ocorre o fechamento da *startup*.

Os aspectos jurídicos, que também se repetem numa *startup* são considerados um enigma por muitos. O planejamento e a gestão das empresas *startups* devem prever o começo, o meio e, se for o caso, o fim, isso é, o encerramento ou fechamento da empresa. Fechar faz parte do modelo de negócio da *startup*; esta é a lógica deste tipo de atividade e investimento de risco. Crescer muito e rápido ou encerrar as atividades.

É comum *startups* deixarem de formalizar suas ações devido aos custos envolvidos com advogados, o que traz enorme insegurança jurídica ao negócio. Contratos deixam de ser formalizados; registros deixam de ser levados ao cartório; impostos são negligenciados; funcionários são contratados como se fossem prestadores de serviços. terceirizados e por aí vai.

Ter segurança jurídica evita que a *startup* diminua ou perca seu valor. Uma *startup* juridicamente bem administrada estará mais preparada para enfrentar as questões difíceis que surgem ao longo do caminho.

ÍNDICE – *EVERYDAY INVESTMENT READY*

As questões legais de uma empresa *startup* precisam de uma boa administração desde o seu início. Fomentar a gestão jurídica em uma *startup* é crescer rápido, mantendo baixos os custos de produção e de transação. Ou, quando for o caso, é saber encerrar as atividades.

As técnicas compartilhadas neste livro podem reduzir a taxa de insucesso das *start-ups*. O método *Everyday Investment Ready*® desenha uma visão completa e generalista, sem a pretensão de oferecer uma estratégia jurídica única, que atenda a todas as *startups*. O fundamental é compreender o todo e juntar as peças, saber montar o quebra-cabeça e quiçá desvendar o enigma jurídico.

O propósito do Índice não é ser uma fotografia realista, documental, afirmativa de uma verdade única. Trata-se de uma narrativa dinâmica para fins de conscientização e de conhecimento dos aspectos jurídicos envolvidos no ciclo de vida das *startups*.

O Índice fomenta eficiência, governança, *compliance* e visa à segurança jurídica nas *startups*. É um método quantitativo para conscientização e orientação estratégica. Por exemplo: os mecanismos de financiamento disponíveis para o rápido crescimento da *startup* requerem, para sua efetivação, o cumprimento de procedimentos jurídicos. Investimentos só se realizam se cumprido todo um conjunto rigoroso de formalizações e atividades legais.

O aspecto positivo da adoção do Índice *Everyday Investment Ready*® é o alto nível de organização que resulta desse trabalho. É essencial ter as questões legais sob controle, estar pronto para prestar contas a qualquer tempo e ter segurança para assinar (ou não) qualquer tipo de contrato, sobretudo os de investimento, que em geral são mais complexos.

A *startup* deve estar preparada para conversar com investidores em qualquer etapa do seu ciclo de vida (*everyday investment ready*). Quando a oportunidade surgir e se fizer necessário, a *startup* precisa estar pronta para cumprir, sem grandes esforços, exigências legais ou negociais necessárias à sua segurança jurídica.

Desde o início, os principais compromissos, direitos e obrigações da *startup* devem estar definidos por escrito, datados e assinados, com duas testemunhas. Uma simples leitura desses documentos deve ser suficiente para compreender o que foi acordado, mesmo sem a presença das pessoas envolvidas na negociação propriamente dita. Vale o que está escrito e assinado. Este deve ser um hábito permanente de qualquer empresa *startup*.

O mapeamento da fase em que a *startup* se encontra e os documentos que ela já providenciou, em comparação com os que ela deveria ter, geram o Índice *Everyday Investment Ready*®. O Índice penaliza tanto quem não atenta para os documentos mapeados, trazendo insegurança jurídica à empresa, quanto quem avança na elaboração de documentos que ainda não são necessários, gerando ineficiência à *startup*.

Há muitos riscos no caminho de uma *startup*, e alguns são fatais. No Direito, assim como na vida, conhecer as regras é saber os caminhos. Acredito que o Índice *Everyday Investment Ready*® promoverá uma transformação no ecossistema de *startups*, trazendo mais segurança e eficiência jurídica às empresas. Criei as seguintes ferramentas para ajudar nesta jornada:

Propomos a criação do *Índice Startup Everyday Investment Ready®* para avaliar o nível de eficiência e segurança jurídica das *startups*. Nosso índice busca reduzir a taxa de insucesso das *startups* em função das questões mapeadas na *Mandala Startup Everyday Investment Ready®*.

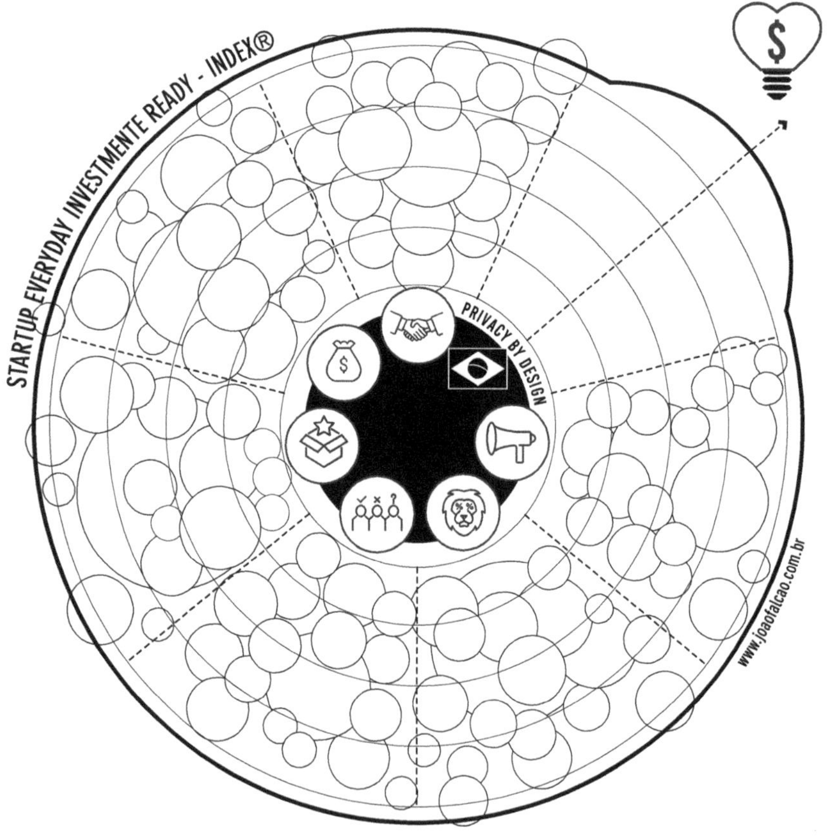

TOOLBOX

STARTUP
EVERYDAY
INVESTMENT
READY®

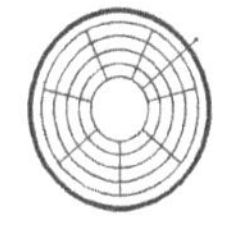

MANDALA E CANVAS

GLOSSÁRIO 88

QUESTIONÁRIO HARD TALK

PLANO DE AÇÃO (PITCH)

LISTA DUE-DILIGENCE

ROTEIRO GESTÃO DE CRISE

PLANILHA DO ÍNDICE

BOAS-PRÁTICAS

TEORIA

1. TEORIA

STARTUP, DIREITO E ECONOMIA DO CONHECIMENTO

1.1 Era Digital, Pós-Industral, da Economia do Conhecimento[1]

A REVOLUÇÃO INDUSTRIAL FOI MARCADA PELA MUDANÇA DE UMA ECO-
NOMIA BASEADA NA AGRICULTURA E NO ARTESANATO PARA UMA PRO-
DUÇÃO EM LARGA ESCALA, BASEADA EM FÁBRICAS. Isso produziu mudanças
sociais, econômicas e culturais que afetaram tudo, desde a saúde do trabalhador
até o desenvolvimento de novos meios de moradia e de transporte. A produção
deu um salto enorme. Um único indivíduo poderia operar máquinas que faziam
o trabalho de dez cavalos ou 100 colaboradores. A velocidade do transporte – e,
consequentemente, da distribuição – dobrou. Com isso, pela primeira vez na história humana, a produção triplicou[2].

A *startup* (e sua cara-metade[3], o *venture capital*[4]) simboliza a quebra deste paradigma industrial. Estamos em uma nova Era que começou há uns 100 anos[5] – quiçá
bem antes, se considerarmos o conhecimento de nossos antepassados mais lon-
gínquos (mongóis, *vikings*, mouros, europeus, índios, africanos, americanos, árabes,
persas, chineses).

Estamos na Era do Conhecimento, que traz consigo a promessa de impulsionar
dramaticamente a produtividade e o crescimento econômico. Com a ascensão
dos *softwares*, mudaram os meios de produção, multiplicação e valor em sociedade: uma nova organização de produção surgiu na principal economia do mundo. E
o mais simples e revelador de seus muitos nomes é *startup*.

---

1   Durante 2 anos (2018-2020) o autor foi convidado para desenvolver sua pesquisa na Harvard Law School, sob
    a oritentação do Professor Roberto Mangabeira Unger, que à época escreveu o livro *"The Knowledge Economy"*.
    O professor autorizou o autor a editar e reinventar textos que fazem parte de sua obra.

2   UNGER, Roberto Mangabeira. **The Knowledge Economy.** New York: Verso, 2019.

3   PLATÃO. **O Banquete.** Virtual Books, 2003.

4   GELLER, Daniel; GOLDFINE, Dayna. **Something Ventured. Zeitgeist Films,** 2011. Documentário sobre os *venture
    capitalists* originais e as companhias que eles ajudaram a constituir e crescer – incluindo Apple, Intel, Genentech,
    Cisco, Tandem and Atari.

5   Em 1936, Alan Turing escreveu um *paper* paradigmático sobre *softwares* (TURING, Alan M. On **Computable
    Numbers, With an Application to the Entscheidungsproblem.** In: Proceedings of the London Mathematical
    Society, Volume 42. Londres, 1936).

Schumpeter, em sua tese conhecida como "destruição criativa", foi pioneiro ao considerar as inovações tecnológicas como motor evolutivo do desenvolvimento.[6] Segundo ele, a razão para que a economia saia de um estado de equilíbrio e entre numa disparada está no surgimento de alguma inovação, do ponto de vista econômico, que altere consideravelmente as condições prévias de equilíbrio: a introdução de um novo bem no mercado, a descoberta de um novo método de produção ou de comercialização de mercadorias, a conquista de novas fontes de matérias-primas – ou mesmo a alteração da estrutura de mercado vigente, em função da quebra de um monopólio, por exemplo. [7]

Enquanto as aeronaves e os automóveis levaram mais de 60 anos para alcançar os 50 milhões de usuários, a *internet* levou apenas 7 anos, o Facebook, 3 anos e o aplicativo Pokémon Go, lançado em 2016, 19 dias.[8]

Schumpeter apresenta o conceito de "ato empreendedor", que corresponde à introdução de uma inovação no sistema econômico, que por sua vez é realizado pelo chamado "empresário empreendedor", o qual almeja lucros – que, segundo Schumpeter, é o motor de toda atividade empreendedora. Quando fala de lucro, ele não se refere à remuneração usual do capital investido, mas ao "lucro extraordinário": o lucro acima da média do mercado, que alimenta novos investimentos e a transferência de capitais entre os diferentes setores da economia, como função econômica.

Mas atenção: a palavra **empreendedorismo** pode-se significar, pelo menos, duas coisas extremamente diferentes. Esta discrepância pode ter ramificações importantes, porque cada tipo de empreendedorismo tem diferentes objetivos e necessidades. Contemporaneamente, há uma distinção entre o *empreendedorismo em pequenas e médias empresas* e o *empreendedorismo em empresas startups*[9], que é a seguinte:

---

6   STOLPER, Wolfgang A. Josh Alois Schumpeter – *The Public Life of a Private Man*. Princeton: Princeton University Press, 2020.

7   SCHUMPETER, Joseph A. *Capitalism, Socialism and Democracy*. Oxfordshire: Taylor & Francis, 2005.

8   DESJARDINS, Jeff. *In the Race to 50 Million Users There's One Clear Winner – and it Might Surprise You.* *World Economic Forum*, 2018.

9   AULET, Bill. *Disciplined Entrepreneurship: 24 Steps to a Successful Startup*. Hoboken: John Wiley & Sons Inc., 2013 e AULET, Bill. Disciplined Entrepreneurship Workbook. Hoboken: John Wiley & Sons, Inc., 2017.

EMPREENDEDORISMO EM PEQUENA E MÉDIA EMPRESA (PME) – Esse é o tipo de empresa que provavelmente foi iniciada por uma pessoa, para atender a um mercado local e crescer para ser uma empresa de tamanho pequeno ou médio que atenda a essa demanda. Em geral, é uma empresa de capital fechado, que depende de *affectio societatis* – provavelmente uma empresa familiar, onde o controle rigoroso de uma pequena empresa é importante. As recompensas comerciais para esses fundadores estão principalmente na independência financeira. Normalmente, as PMEs não precisam de grandes investimentos para iniciar suas operações; portanto, quando o dinheiro entra nessas empresas, o impacto incremental resultante na receita e nos empregos criados é relativamente rápido. As PMEs estão geograficamente dispersas e os empregos que elas criam, na maioria das vezes não podem ser terceirizados para outro lugar para reduzir custos. Frequentemente, PMEs são empresas de serviços ou varejistas de produtos de outras empresas. O principal fator de distinção é o foco nos mercados locais.

EMPREENDEDORISMO EM *STARTUPS* – É o mais arriscado e mais ambicioso dos dois. Os empreendedores da *startup* aspiram a atender mercados que vão muito além do mercado local. Estão procurando vender sua oferta em nível global ou pelo menos nacional. Esses empreendedores geralmente trabalham em equipes, nas quais desenvolvem seus negócios com base em alguma tecnologia, processo, modelo de negócios ou outra inovação que lhes proporcionará uma vantagem competitiva significativa, em comparação às empresas existentes. Estão interessados em criar riqueza mais do que em controle, e geralmente precisam vender ações em sua empresa para apoiar seus ambiciosos planos de crescimento.

Pois bem, um extenso estudo de caso, realizado ao longo de 75 anos de pesquisa organizacional com empresas que cresceram rapidamente, identificou quatro atividades críticas para a escalada bem-sucedida de *empresas de risco*:[10]

- contratar especialistas funcionais que as conduzam ao próximo patamar,
- adicionar estruturas gerenciais para acomodar o aumento do número de funcionários efetivos e ao mesmo tempo manter laços informais em toda a organização,
- desenvolver planejamento e capacidades de previsão; e

---

10   DESANTOLA, Alicia; GULATI, Ranjay. ***Startups That Last***. Cambridge: Harvard Business Review, 2016.

- explicar e reforçar os valores culturais que sustentam o negócio.

Nenhum ser humano deve ser obrigado a fazer o trabalho que pode ser feito por uma máquina. Devemos ter máquinas para fazer por nós tudo o que aprendemos a repetir e a expressar por uma fórmula ou por um algoritmo. Basta inseri-los na máquina.[11] Assim, preservamos o nosso tempo, que é o nosso recurso mais importante – e, em algum sentido, o nosso único recurso para aquilo que ainda não aprendemos a repetir.

As fronteiras da empresa *startup* e o desenvolvimento de novas tecnologias se tornam, a um só tempo, desafios científicos e empresariais. Os principais centros de pesquisa do mundo já estão se convertendo também nos principais centros de empreendedorismo e de *startups*. Em economias avançadas, as principais universidades há muito abandonaram o papel de conventos escolásticos, que gerem a tradição, para se tornarem desbravadoras do futuro.[12]

Crescimento futuro é o que as *startups* buscam, correndo o risco de perder o controle da empresa e ter vários proprietários. Enquanto as PMEs tendem a crescer e permanecer relativamente pequenas (mas nem sempre), as empresas *startups* estão mais interessadas em crescer muito e rápido, ou falhar e fechar. Para alcançar suas ambições, precisam se tornar grandes e de rápido crescimento, para atender aos mercados globais.

Uma economia saudável abriga os dois tipos de empresa. Ambos têm seus pontos fortes e fracos; nenhum é melhor do que o outro. Mas são substancialmente diferentes, a ponto de demandas mentalidades e habilidades distintas para serem bem-sucedidos. Este livro aborda exclusivamente questões relativas às empresas *startups*.

11   UNGER, Roberto Mangabeira. **Depois do Colonialismo Mental: Repensar e Reorganizar o Brasil**. São Paulo: Autonomia Literária, 2018.

12   SUBSECRETARIA DE AÇÕES ESTRATÉGICAS. **Produtivismo Includente: Empreendedorismo Vanguardista**. Roberto Mangabeira Unger et. al. (coord.). Presidência da República, Subscretaria de Assuntos Estratégicos, 2015.

1.2 A Sociedade do Conhecimento e a Privacidade de Dados Pessoais[13]

Na Sociedade do Conhecimento, a informação é valiosa e o objetivo é coletar cada vez mais dados — sobre tudo e todos. O valor capturado por *startups* e serviços digitais está, muitas vezes, nos dados produzidos por seus clientes e usuários. Existe uma estratégia de coleta desenfreada de dados, via múltiplas fontes — *games*, mídias sociais, celulares, geolocalização, e-*mails* e mensagens, compras eletrônicas e sensores, dentre diversas outras vias de comunicação digital.

A quem pertencem os dados pessoais que as *startups* coletam e convertem em serviços de inteligência? A resposta a esta pergunta mudou recentemente. Agora os dados pertencem ao usuário, titular dos dados – e não mais às *startups* que os capturam.[14]

O conceito de privacidade sempre esteve relacionado ao contexto social. Se a privacidade inicialmente era entendida como o "direito de ser deixado só"[15], agora ela se relaciona com a capacidade de determinar como suas informações pessoais serão utilizadas. No Brasil, a privacidade é tratada como um direito fundamental do cidadão, determinado pela Constituição Federal[16].

O usuário, titular dos dados, consumidor e cidadão comum, é o único proprietário dos seus dados pessoais. Proteger os dados pessoais é um imperativo às *startups* que passam a ter acesso a essas informações — sobretudo em relação ao que a própria *startup* pode fazer com eles (p. ex.: usos não apropriados ou comerciais, sem aprovação do titular).

Toda *startup* deve adotar medidas de segurança da informação para proteção de dados pessoais e ter uma política voltada à mitigação de riscos, em caso de incidente que resulte na violação da segurança de dados pessoais. Dentre as ações recomendadas, destacam-se: (i) a criação de uma política de segurança da informação

---

13   Considere que, neste livro, o conceito de "dados pessoais" tem o mesmo significado adotado pela Lei Geral de Proteção de Dados: é a informação relacionada à pessoa natural identificada ou identificável.

14   Vide General **Data Protection Regulation (GDPR)** e **Lei Geral de Privacidade de Dados (LGPD)**.

15   BRANDEIS, Louis D. et al. **The Right to Privacy**. Cambridge: Harvard Law Review, 1890.

16   Vide art. 5o, incisos X e XII, da Constituição Federal de 1988.

para a entidade; (ii) o preparo para gestão de incidentes de segurança; e (iii) a coordenação do sistema por um representante da instituição designado para essa função.

Os casos que vierem a ocorrer incidentes devem ser comunicados à Autoridade Nacional de Proteção de Dados (ANPD) e aos titulares dos dados afetados.

A psicóloga canadense Ann Cavoukian, do *Information and Privacy Commissioner* de Ontário, criou o conceito *privacy by design* – 7 princípios que, quando adotados, são muito bem vistos pelo fiscal da lei[17].

PRIVACY AS DEFAULT – A configuração padrão do sistema deve apresentar o mais alto nível de privacidade. O usuário pode escolher continuar a não disponibilizar seus dados e qualquer uso de suas informações deve ser sempre declarado com transparência. É necessário que os propósitos para os quais os dados pessoais estão sendo tratados sejam comunicados ao indivíduo antes da coleta – que, aliás, não pode ser excessiva. Deve-se procurar garantir o anonimato dos dados (o que significa excluir, na origem, a identificação do titular, na hora de coletar seus dados). O tratamento de tais dados, por sua vez, deve limitar-se ao tempo necessário para cumprir as finalidades indicadas, exceto se for, de outro modo, exigido por lei.

BE PROACTIVE, NOT REACTIVE. BE PREVENTIVE, NOT REMEDIAL – Desde a origem e criação até a manutenção do sistema, deve-se impedir que as infrações à privacidade ocorram. Deve haver compromisso claro nesse sentido em todos os níveis da *startup*. É importante incentivar a aplicação de padrões rígidos de privacidade. Devem ser implementados métodos para detectar projetos de privacidade inadequados, antevendo todo e qualquer prejuízo que eventualmente possa ser causado aos titulares dos dados pessoais.

PRIVACY EMBEDDED INTO DESIGN – A privacidade deve estar no *core* do *design* e da arquitetura dos sistemas – e não ser apenas um complemento, incluído após seu desenvolvimento. A privacidade deve ser incorporada de maneira holística, integrativa e criativa. Recomenda-se adotar uma abordagem sistêmica, com avaliações detalhadas, documentando os riscos para mitigá-los.

FULL FUNCTIONALITY — POSITIVE-SUM, NOT ZERO-SUM – A abordagem deve ser "ganha-ganha", evitando falsas dicotomias, como "privacidade versus segurança".

---

17   CAVOUKIAN, Ann. **Privacy By Design — The 7 Foundational Principles**.
     IEEE Technol. Soc. Mag., vol. 31, no. 4, pp. 18–19, 2012.

Isso é conquistado pela criatividade e pela inovação em todas as etapas da implementação. Na medida do possível, para garantir funcionalidade máxima, a capacidade do sistema não deve ser prejudicada; a privacidade não deve excluir outros interesses – e todos os interesses devem ser articulados e ponderados.

END-TO-END SECURITY — LIFECYCLE PROTECTION – A privacidade deve se estender por todo o ciclo de vida dos dados pessoais. Isso garante que eles sejam coletados e destruídos com segurança, sem que existam lacunas durante seu tratamento. É preciso adotar padrões de segurança que garantam a confidencialidade, a integridade e a disponibilidade dos dados pessoais. Isso deve incluir entre outros, mecanismos de destruição segura, criptografia apropriada e métodos sólidos de controle de acesso e registro.

ACCOUNTABILITY – A operação dos sistemas deve ser transparente para todos os interessados, de modo a permitir sua fiscalização a qualquer tempo. O *Data Protection Officer*, ou *DPO*, será o principal responsável pelas práticas ligadas à privacidade dentro da entidade que realiza o tratamento. Para fins de auditoria, deve-se dar especial ênfase a: (i) coleta de dados com zelo; (ii) políticas e práticas de gerenciamento de informações prontamente disponíveis para o titular dos dados; e (iii) mecanismos de reclamação e reparação em todas as etapas.

RESPECT FOR USER PRIVACY – Arquitetos, engenheiros e operadores devem manter os interesses do indivíduo em primeiro lugar, oferecendo um sistema *user-friendly*, ou seja, fácil de usar – e que leve em conta a experiência do usuário. Os titulares dos dados deverão desempenhar um papel ativo no gerenciamento de suas próprias informações.

As *startups* devem oferecer transparência e *accountability* dos seus *softwares*, examinando a fundo os algoritmos em busca de possíveis tendências e discriminações, por exemplo. É importante investigar o conjunto de dados usados para treinar o sistema, antes que os algoritmos sejam colocados em prática de maneira que possam impactar negativa ou injustamente a vida das pessoas.

Um algoritmo pode ser tendencioso, mas esse preconceito não vem do sistema propriamente dito e sim das pessoas que o criaram e o treinaram, assim, vão refletir os próprios valores dessas pessoas. Por isso mesmo, algoritmos podem refletir erros humanos.[18]

---

18   DOMINGOS, Pedro. *The Master Algorithm: How the Quest for the Ultimate Learning Machine will Remake our World*. New York: Basic Books, 2015.

É importante saber explicar o sistema. O valor que essas tecnologias podem gerar está muito ligado à quantidade e qualidade dos dados a que elas têm acesso. O perigo está em criar e usar *softwares* que simplesmente não permitam obter interpretações e explicações de seus comportamentos e conhecer como os dados pessoais estão sendo tratados.[19]

Ao longo dos anos, as *startups* devem realizar avaliações periódicas de impacto das suas tecnologias na privacidade de seus clientes, para entender os riscos inerentes ao tratamento dos dados pessoais que ela utiliza e verificar se o tratamento ainda está de acordo com as normas aplicáveis.

A *startup* e os profissionais que atuam no ecossistema de *software* devem assumir a responsabilidade por suas ações; devem pensar além do problema imediato e tentar, sempre, estar atualizados em relação ao panorama geral.

Atuar de maneira ética e responsável pressupõe tomar atitudes socialmente corretas e aceitar as responsabilidades pelo resultado de suas ações. Quando você cometer um erro (como todos nós cometemos) ou fizer um julgamento equivocado, admita-o honestamente e tente oferecer opções. Seja ético e responsável.[20]

Apesar de testes completos, boa documentação e automação sólida, as coisas podem dar errado. Surgem problemas técnicos, imprevistos. Desse modo, é preciso ser pragmático, assumir responsabilidades e reconhecer os erros.

Lidar com essas situações inesperadas da maneira mais profissional possível significa, acima de tudo, ser honesto e direto. Podemos nos orgulhar de nossas habilidades, mas devemos ser responsáveis por nossas deficiências, nossa ignorância e nossos erros. Uma das chaves para o sucesso é assumir a responsabilidade pelo que fizermos, em vez de ficar paralisado e ver seus projetos desmoronarem por negligência.

---

19   ARRIETA, Alejandro B. et al. *Explainable Artificial Intelligence (XAI): Concepts, Taxonomies, Opportunities and Challenges Towards Responsible AI*. Cornell University, 2019.

20   HUNT, Andrew et al. *The Pragmatic Programmer: From Journeyman to Master*. New York: Addison-Wesley Professional, 1999.

1.3   A Jornada da *Startup* e do *Venture Capital*

A *startup* simboliza a quebra do paradigma industrial. Faz-se necessário compreender o seu significado em toda sua profundidade. A dificuldade é saber e delimitar o que é ou não é uma *startup*; o que faz parte e o que não faz parte da jornada – eis a questão.

1.3.1   Origem e Evolução

O modelo de empresa *startup* surge no mundo através do *venture capital* e vice-versa. *Startups* e *venture capital* são duas faces da mesma moeda. Ambos são frutos do pós-Segunda Guerra nos EUA – e não só no Vale do Silício[21].

O *venture capital* está relacionado ao investimento e à participação societária em empresas *startups* de alta tecnologia. Tais investimentos se materializam em aquisições de valores mobiliários – ações, debêntures conversíveis, bônus de subscrição, partes beneficiárias, entre outros[22] – com o objetivo de obter ganhos expressivos de capital no médio prazo (5 a 7 anos)[23].

Através do *venture capital*, as empresas *startups* que pretendem crescer muito, em pouco tempo e transformar-se em grandes companhias passam a dispor de oportunidades para financiar o seu crescimento – com apoio para a contratação da equipe, financiamento de infraestrutura e criação de modelos de governança, lucratividade e sustentabilidade futura do negócio.

As atividades exercidas pelos profissionais de *venture capital* (também conhecidos como "VCs") podem ser divididas em três grupos: investir, monitorar o investimento e vender a empresa. Os VCs têm as seguintes características principais:[24]

   São intermediários financeiros, o que significa que tomam o capital do investidor e o investem diretamente em empresas do portfólio;

21   GELLER, Daniel; GOLDFINE, Dayna. *Something Ventured*. Zeitgeist Films, 2011.

22   EIZIRIK, Nelson et. al. **Mercado de Capitais: Regime Jurídico**. 3ª Ed. Rio de Janeiro: Revonar, 2011.

23   FELD, Brad; MENDELSON, Jason. *Venture Deals*. Hoboken: John Wiley & Sons, Inc., 2016

24   METRICK, Andrew; YASUDA, Ayako. *Venture Capital and the Finance of Innovation*. 2a Edição. New Jersey: John Wiley & Sons, 2010.

- Investem apenas em empresas privadas. Isso significa que, uma vez feitos os investimentos, as empresas não podem ser negociadas imediatamente em uma bolsa pública;

- Têm um papel ativo no monitoramento e na ajuda das *startups* em seu portfólio.

- Seu objetivo principal é maximizar seu retorno financeiro, encerrando investimentos por meio de uma venda ou oferta de ações (em inglês, IPO – *Initial Public Offering*);

- Investem para financiar o crescimento interno das empresas.

Essa forma organizacional moderna de *venture capital* remonta a 1946. Antes do surgimento desse instrumento, os investimentos eram direcionados para fundos fiduciários, aposentadorias e outros fundos conservadores. Fundos familiares ricos, como o Rockefeller Brothers, Inc. (mais tarde Venrock), garantiam a maioria dos investimentos para as empresas privadas[25].

Venture capital é empreendimento de alto risco – e que, portanto, exige financiadores que também assumam riscos. Antes não havia uma fonte regular desse capital, o que significa que empreendedores sem amigos ou familiares ricos tinham poucas oportunidades de financiar seus empreendimentos.

Intel, Apple e Cisco são algumas das primeiras empresas a serem financiadas por capitalistas de risco. Os VCs abriram caminho para o financiamento privado da inovação americana[26]. Os primeiros VCs tiveram dificuldades em convencer as *startups* a trabalhar com eles.

Venture capital era uma opção desconhecida. Não era um conceito entendido. Além de aportar dinheiro nas empresas, os VCs contribuem com outros recursos importantes, como liderança, conhecimento e, sempre que possível, acesso a suas redes de contatos profissionais.

As necessidades militares urgentes durante a Segunda Guerra Mundial fomentaram a rápida criação de novos produtos e tecnologias para o exército, a marinha e a aeronáutica dos aliados. O fato de vários desses riscos assumidos pelo governo

---

25   CHERNOW, Ron. Titan: **The Life of John D. Rockfeller**, Sr. New York: Vintage Books, 2004.

26   GELLER, Daniel; GOLDFINE, Dayna. **Something Ventured.** Zeitgeist Films, 2011.

americano durante o esforço de guerra terem sido compensadores, incentivou os investidores a assumir riscos semelhantes após a Segunda Guerra.

De 1945 em diante, nos EUA, empresas financiadas por VCs começaram a ser criadas a partir dos avanços científicos alcançados com o esforço da Segunda Grande Guerra. O objetivo era atuar em qualquer setor que tivesse perspectiva de crescimento escalável e altíssima rentabilidade no médio-longo prazo.

A origem das *startups* e do *venture capital* fica mais evidente nesse período pós Segunda Grande Guerra, quando o governo norte-americano encerra o financiamento direto às pesquisas e inovações nas universidades e centros de excelência no país – e a ciência e a tecnologia se reinventam em busca de novos modelos de financiamento.

Grupos de cientistas que antes eram financiados pelo governo, dentro do esforço da guerra, tiveram de buscar novas fontes de financiamento para levar adiante suas ideias, experimentos e inovações. Vencida a guerra e sem os recursos federais para subsidiar as pesquisas, eles se viram diante da questão: como continuar a viabilizar as inovações científicas norte-americanas sem o financiamento público do Estado?

Um exemplo icônico dessa época é a história de Georges Doriot, professor de Organização na Harvard Business School – que foi convocado pelo exército norte-americano, durante a Segunda Guerra Mundial, para organizar a criação de produtos inovadores para o bem-estar dos soldados norte-americanos no front de batalha. A criação das botas de borracha foi uma dessas iniciativas.[27]

Em sua atuação no Exército durante a Guerra, aprendeu a arte de unir ciência e indústria; por sua capacidade de liderança, ganhou o apelido de General Doriot. O professor-general desempenhou papel pioneiro no surgimento do modelo *venture capital* de *startup*. Em 1946, Doriot criou a American Research and Development Corporation (ARDC), para encorajar os investimentos privados em empreitadas que pudessem aproveitar os esforços de guerra – que, ao final do conflito, ficaram pelo meio do caminho.

A ARDC foi uma das primeiras empresas a conceder capital privado proveniente de fundos não familiares, inaugurando a moderna indústria do *venture capital*.

27   BAKER LIBRARY HISTORICAL COLLECTIONS. Georges F. Doriot: *Educating Leaders, Building Companies.* Harvard Business School. Disponível em: <https://www.library.hbs.edu/hc/doriot/> e ANTE, Spencer E. *Creative Capital: Georges Doriot and the Birth of Venture Capital.* Cambridge: Harvard Business Press, 2008.

Doriot tornou-se presidente da ARDC, uma das primeiras empresas modernas de *venture capital* financiada com recursos públicos – e também uma das primeiras com esse perfil a ser estabelecida após a Guerra. Localizada em Boston, a ARDC oferecia recursos financeiros e apoio gerencial a empreendedores.

Em 1960, a ARDC havia investido US$ 3,6 milhões em 18 *startups* e, em 1961, tornou-se a primeira empresa de capital de risco com ações listadas na Bolsa de Valores de Nova York.

Por várias décadas, Doriot e outras lideranças da época fomentaram o desenvolvimento de empresas iniciantes que se concentravam em tecnologias emergentes, desde computadores até marca-passos. Foram essas empresas que deram origem ao modelo de *startup* que estudamos hoje. A visão desses *founding fathers* era fornecer capital aos empreendedores e cientistas que vislumbravam promover a entrega de produtos inovadores aos consumidores e o rápido crescimento das organizações.

No final da sua carreira, Doriot afirmou que o mais importante investimento da ARDC foi na *Digital Equipment Corporation* (DEC). Em 1957 foram investidos U$ 70 mil, mais tarde avaliados em U$ 355 milhões na oferta pública realizada em 1968. Isso representa um retorno de 1.200 vezes o capital investido, calculado pela *taxa interna de retorno*[28]. A DEC reinou como a segunda maior empresa de computadores do mundo, depois da IBM, e principal *player* na indústria de minicomputadores.

A ARDC representou uma mudança radical em relação ao entendimento sobre investimento em capital de risco que imperava até a Segunda Guerra Mundial. Era algo absolutamente extraordinário: com um capital inicial tão pequeno, conseguir obter a propriedade de uma empresa emergente que, em um período relativamente curto de tempo, valeria mais do que a IBM(!).

Doriot explicou o sucesso nesses termos: "*A tecnologia provou ser um campo gratificante para a ARDC, e é particularmente adequada para investimentos em capital criativo. Em áreas técnicas especializadas, com produtos protegidos por patentes e know-how, é mais fácil para as pequenas empresas competirem com grandes*

---

28   **Taxa Interna de Retorno – TIR** é uma taxa de desconto que incide sobre o fluxo de caixa de uma empresa, para trazer esses valores ao presente. Desse modo, os fluxos de entrada e saída de capital tornam-se equivalentes. ASSAF NETO, Alexandre. **Os Métodos Quantitativos de Análise de Investimentos**. In Caderno de Estudos, número 6. São Paulo: Fundação Instituto de Pesquisas Contábeis, Atuariais e Financeiras, 1992.

organizações." A ARDC continuou a investir até 1971 e, após ter investido em mais de 150 companhias, Doriot a fundiu com a Textron[29].

Doriot não acreditava em transformar as empresas em lucro instantâneo, mas em permanecer com elas por um longo período e por períodos desafiadores – daí a essência do modelo de *startup*[30].

Ele fornecia as duas coisas que uma organização científica jovem mais precisa: entusiasmo e apreciação. Talvez tenha sido essa a origem do que hoje é tido como a cultura das *startups*. Um banco comercial empresta apenas à força de sucessos passados e ativos comprovados. Doriot captou dinheiro para fazer coisas que nunca foram feitas antes.

Doriot e outros *founding fathers*[31] aprenderam como se tornar capitalistas de risco durante a Segunda Grande Guerra. A compreensão que Doriot tinha dos riscos e recompensas do investimento em novas tecnologias resultou, em parte, de suas experiências da guerra, que lhe serviram bastante nas décadas seguintes. De professor em administração, Doriot transformou-se num construtor de classe mundial de jovens empresas inovadoras – hoje conhecidas como *startups*.

Doriot achava que o capital de risco não era um fenômeno exclusivamente norte--americano e acreditava que o mesmo tipo de estímulo poderia funcionar em outros lugares. E participou de uma comunidade global que promovia organizações internacionais de *venture capital*.

Em 1961, com um investimento de U$ 5 milhões de dólares de instituições financeiras canadenses, Doriot ajudou a estabelecer a Canadian Enterprise Development Corporation (CED), uma das primeiras empresas de capital de risco do Canadá. Mais tarde, em 1963, a European Enterprise Development Company (EED) foi formalmente incorporada, com o apoio de acionistas nos EUA, assim como bancos e instituições financeiras europeias. Tal como a ARCD, a CED e a EED investiram em tecnologias inovadoras.

---

29   DORIOT, Georges. **Creative Capital.** 1961. Apud ANTE, Spencer E. **Creative Capital: Georges Doriot and the Birth of Venture Capital.** Cambridge: Harvard Business Press, 2008.

30   GUPTA, Udayan. **Done: Venture Capitalists Tell Their Stories.** Boston: Harvard Business School Press, 2000.

31   Em conjunto com Doriot, o engenheiro Ralph Flanders, ex-Presidente do Federal Reserve de Boston, e o físico Karl Compton, ex-Presidente do MIT, estiveram na vanguarda do *venture capital*. Já o empresário Thomas H. Lee foi o percursor do *private equity*, fundado em Boston, em 1970, um dos primeiros fundos voltados para o setor.

É sabido que Doriot não foi o único *founding father* do ecossistema de *startup*s e *venture capital*. Escolhemos a história dele como símbolo emblemático e representativo, para ilustrar uma época que deu origem ao modelo de *startup* tal como apresentamos neste livro.[32]

Uma década depois da morte de Doriot, o *boom* da *Internet* nos EUA (1997) fez com que todos os olhares de investimento se voltassem para o Vale do Silício. As empresas escalavam numa velocidade altíssima e traziam taxas de retorno sobre investimento (RSI) muito atrativas e formavam, muito velozmente, o que viria a ser a indústria de *startups* e *venture capital* tal como a conhecemos hoje. Os EUA são a nação fundadora e o *player* mais maduro nesse segmento.[33]

1.3.2   Conceitos e Definição

Quando o assunto é *startup*, escalar é uma palavra-chave. A empresa deve ser capaz de escalar sua tecnologia inovadora, seu modelo de negócio, suas ações de comunicação e marketing, seu serviço de atendimento ao cliente, suas receitas, sua estratégia jurídica. A *startup* como um todo deve escalar.

O produto deve ser acessado preferencialmente sem necessidade de instalação presencial no cliente. A tecnologia deve suportar aumento exponencial de carga, captura e gerenciamento de transações. A base de clientes, assim como as vendas, deve escalar e atingir um crescimento automultiplicável, numa base de clientes de diferentes portes.

A característica decisiva das empresas *startup*s de crescimento escalável é a alta flexibilidade ao longo da jornada. Adaptam rapidamente sua estrutura organizacional ao ritmo acelerado de ascensão dos negócios. À medida que avançam, revêem seus critérios de investimento, suas práticas organizacionais e estimulam a qualificação do trabalho – muito nos moldes de uma tropa de elite militar.[34]

---

32   **THE BIRTH of Silicon Valley – Startup Hub – Intel, Apple, Facebook, Google – Documentary.** CuriousMinds, 2017. Disponível em: <https://www.youtube.com/watch?v=DCbRZGDV-ws>.

33   GILSON, Ronald J. **Engineering a Venture Capital Market: Lessons from the American Experience.** Stanford Law School: John M. Olin Program in Law and Economics, Working Paper 248, 2002.

34   AÇÕES ESTRATÉGICAS. **Produtivismo Includente: Empreendedorismo Vanguardista.** Roberto Mangabeira Unger et. al. (coord.). Presidência da República, Subsecretaria de Assuntos Estratégicos, 2015.

Provar-se escalável é garantir que sejam baixos os *custos de transação*[35] e operacionais, mas também deter governança e transparência para ajustar o fluxo de informações entre sócios, funcionários, investidores, clientes e parceiros.

Uma *startup* é deter um diferencial competitivo com base em conhecimento. É resolver melhor um problema, de um jeito que seja difícil de ser copiado.[36] Eis alguns conceitos e definições tidos como clássicas sobre o que é uma *startup*.

> *"The penalty for failure, for going and trying to start a company in this valley, is non-existent. There really isn't a penalty either psychologically or economically in the sense that if you have a good ideia and go out to start your own company, even if you failed, you are generally considered worth more to the company you left because you've gained this valuable experience in many disciplines."* — STEVE JOBS.[37]

> *"Your startup is essentially an organization built to search for a repeatable and scalable business model."* — STEVE BLANK.[38]

> *"By definition, a startup is about doing something that has never been done before. You are experimenting every day in a new terrain, and you and your team will be way out of your comfort zone."* — BILL AULET[39]

> *"A startup is a human institution designed to deliver a new product or service under conditions of extreme uncertainty."* — ERIC RIES[40]

---

35 Os custos de transação são os gastos necessários para negociar no mercado, considerando as informações detidas pelas pessoas e o valor que elas atribuem aos bens. O conceito foi introduzido por Ronald Coase (COASE, Ronald. **The Problem of Social Cost**. *In* The Journal of Law & Economics, vol. III. Chicago: The University of Chicago, 1960). A economia de custos de transação foi desenvolvida – ainda que não exclusivamente – por Williamson (1975, 1981 e 1985), a partir dos trabalhos pioneiros de Coase.

36 ENDEAVOR. **Bota pra Fazer – Crie seu Negócio de Alto Impacto**. 2017.

37 BLOOMBERG. **Steve Jobs: How a Dreamer Changed the World**. 2014.
Disponível em: <https://www.youtube.com/watch?v=5fl3zz2cp3k&pbjreload=10>.

38 BLANK, Steve. **What's a Startup? First Principles**. Steve Blank Blog, 2010. Disponível em <https://steveblank>.

39 AULET, Bill. **Disciplined Entrepreneurship Worbook**. Hoboken: John Willey & Sors Inc, 2017.

40 RIES, Eric. **What is a Startup?**. Startup Lessons Learned Blog, 2010.
Disponível em: <http://www.startuplessonslearned.coml>.

"(..) a startup is a company designed to grow fast. Being newly founded does not in itself make a company a startup. Nor is it necessary for a startup to work on technology, or take venture funding, or have some sort of 'exit'." – PAUL GRAHAM[41]

"*Startups* não são bandos ou grupos de pessoas, mesmo que coordenadas. (..) *startups* são times coesos, resolvendo problemas. Na Economia do Conhecimento, perguntas e problemas são muito mais interessantes [e remuneram muito melhor] do que respostas, especialmente mais do que respostas padrão, tornadas *commodities* por mecanismos globais de conexão e disseminação de informação ou de produção." – SILVIO MEIRA[42]

A figura abaixo resume o ideal de crescimento escalável para um negócio nos moldes de uma *startup*: custos crescendo de forma linear e receitas crescendo de forma exponencial.

STARTUP - DISRUPTIVE CURVE

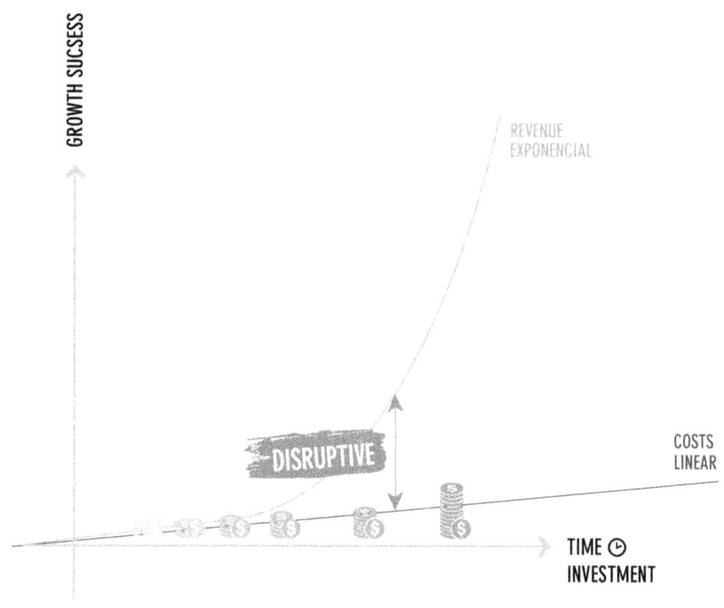

---

41   GRAHAM, Paul. **Startup = Growth**. 2012. Disponível em: <http://www.paulgraham.com>.

42   MEIRA, Silvio Lemos. **Novos Negócios no Brasil: Inovadores de Crescimento Empreendedor.** Rio de Janeiro: Casa da Palavra, 2013.

Uma *startup* é uma operação de risco calculado, com um planejamento que busca o rápido crescimento operacional do negócio ou a morte. Falhar e fechar faz parte do modelo das *startups*.

No Brasil enxergamos a "falha de um investimento" ou a "quebra de uma empresa" como se fossem pecados, em vez de tratar essas situações como rotinas a serem geridas.[43] Essas experiências afastam empreendedores e cientistas, que temem pela integridade do seu patrimônio pessoal.

Existe uma noção, compartilhada pelo ecossistema de *venture capital,* que sugere o seguinte: somente uma entre cada 10 *startups* será bem-sucedida. As demais, cedo ou tarde, fecharão suas portas.

O fechamento da *startup* faz parte da equação e pode se dar por inúmeras razões. Falhar e fechar fazem parte do processo de inovação, do desafio de testar e validar um diferencial competitivo relevante. O que se deve evitar são alguns padrões que, por si próprios, dificultam e muitas vezes inviabilizam as *startups*. São alguns dos motivos pelos quais, já se sabe, as *startups* não prosperam, entre outros: a *startup* tem apenas um sócio; a *startup* foca num nicho de mercado marginal, sem dimensionamento; contratação de programadores ruins; *timing* errado para lançamento do produto (nem muito cedo, nem muito tarde); não ter clareza sobre quem é o cliente; não conseguir investimentos suficientes; gastar dinheiro demais sem necessidade; e brigas de sócios.

Desde o primeiro dia de existência da *startup*, faz-se necessário planejar e provisionar o fechamento da empresa. Trata-se de um modelo que fomenta a inovação. Se a inovação perseguida se provar válida no mercado, ótimo: a *startup* segue seu caminho para o sucesso. Se isso não acontecer, o fechamento da *startup* e o encerramento de suas atividades é o caminho natural.

Quando são bem-sucedidas, as *startups* se transformam em institutos dotados de personalidade jurídica, compostos pelo interesse comum de cada um de seus sócios, tanto fundadores quanto investidores.

O conceito de *startup* ainda confunde bastante, principalmente pela multiplicidade de empresas, de áreas, de produtos e de diferentes modelos de negócio. Muitos

---

43   AÇÕES ESTRATÉGICAS. **Produtivismo Includente: Empreendedorismo Vanguardista.** Roberto Mangabeira Unger et. al. (coord.). Presidência da República, Subscretaria de Assuntos Estratégicos, 2015.

ainda acreditam que o fato de as *startups* terem estruturas enxutas é o aspecto que as define. Mas não é.

No olhar do empreendedor, a *startup* é uma jornada. No olhar do investidor, é um modelo de negócio. No olhar do economista, é um fenômeno econômico recente. No olhar do advogado, é um arranjo institucional complexo. Mas o que realmente define uma *startup*, aquilo que identificamos como a sua característica mais essencial, é a busca pelo crescimento escalável e exponencial para a construção de riqueza em um curto espaço de tempo.

Escalar um negócio significa preparar o cenário para ter a capacidade de crescer muito e rápido. Requer planejamento, financiamento, equipe, processos, tecnologias e parceiros certos para apoiar e alavancar um crescimento diferenciado da empreitada – para além do incremental.

Para ser considerado exponencial, o crescimento da *startup* deve buscar a construção de riqueza e ser medido por um múltiplo (dobras, multiplicar, quadruplicar, centuplicar, etc) a cada período equivalente a um ano (exercício fiscal).

Se os sócios de uma empresa desejam considerá-la uma *startup*, devem almejar um crescimento escalável e exponencial desde o seu estágio mais inicial de sua jornada até atingir o domínio total do mercado. Isso independente do tamanho e do porte da empresa. Da mesma forma, se ela deixar de buscar esse crescimento, independente do estágio em que se encontra ou tampouco seu porte (ex: monopólio), ela não poderá se posicionar mais como uma *startup*.

A jornada, o modelo de negócio, o arranjo institucional complexo, o fenômeno econômico recente devem, necessariamente, visar ao crescimento escalável e exponencial. O retorno sobre investimentos (ROI) dos empreendedores, investidores, do governo e da sociedade (ecossistema de *startups*) deve ser um múltiplo altíssimo. Em contrapartida, esses agentes devem estar dispostos a correr elevadíssimos riscos – ainda que calculados – num ambiente de extrema incerteza mercadológica, institucional, financeira, jurídica e global.

Esse crescimento se torna possível porque a *startup* detém diferencial competitivo de altíssimo valor agregado, baseado em conhecimento e inovação. Uma das consequências disto é que o crescimento dos custos da empreitada se dá de forma linear, enquanto o crescimento da receita ocorre de forma exponencial. Mesmo que a *startup* cresça um pouco ano a ano e seja considerada uma empresa saudável, deve ser fechada (ou pivotada) caso não encontre o caminho para o crescimento escalável e exponencial, tanto desejado pelos seus sócios fundadores.

Por fim, não existe uma modelagem jurídica específica que, por si só, atenda às características essenciais de uma empresa *startup* e, portanto, possa ser utilizada para defini-la. Estar constituída como "sociedade limitada" ou "sociedade anônima", por si só, não basta para definir se uma empresa é uma *startup* ou não. O modo de cumprir com suas obrigações tributárias, seja como "lucro presumido", "lucro real" ou "simples nacional", também não define a *startup*.

Em suma, o que, definitivamente, caracteriza o conceito de empresa *startup* é o seguinte:

> *Startup* é uma organização de iniciativa privada que embarca numa jornada a partir de diferencial competitivo, baseado em conhecimento e inovação, em busca de crescimento empresarial escalável, exponencial e de altíssimo risco, em um ambiente de extrema incerteza, visando à construção de riqueza o mais rapidamente possível.

1.3.3 Valores e Cultura

As formas de organização empresarial são quase sempre rígidas. No Brasil, em geral, as empresas são familiares e buscam a perpetuação do poder nas gerações de herdeiros e sucessores.[44]

O caso das *startups* é diferente – e muda completamente essa lógica. As *startups* estão concentradas em torno de grupos de pesquisa e inovação, que detêm o conhecimento estado da arte. Falta-nos uma modalidade de organização mais condizente com a flexibilidade das empresas intensivas em conhecimento, de alto crescimento, que avançam rapidamente na escala de produção e de progressão econômica – ou morrem.[45]

Uma *startup* é disciplina, persistência e resiliência. Quem opta por realizar o sonho de construir riqueza através de uma *startup* precisa ter em mente que não existe folga e nem férias. Esqueça a palavra descanso: as leis trabalhistas não te protegem,

---

44   MINISTÉRIO DA FAZENDA. **Exposição de Motivos 196, de 24 de Junho de 1976**.

45   AÇÕES ESTRATÉGICAS. **Produtivismo Includente: Empreendedorismo Vanguardista.** Roberto Mangabeira Unger et. al. (coord.). Presidência da República, Subsecretaria de Assuntos Estratégicos, 2015.

nem os privilégios da lei federal do servidor público concursado. Esses direitos e garantias não são para empreendedores e investidores.

Construir uma *startup* requer atitude e determinação, além de conhecimento especializado. A *startup* não é apenas uma ideia, tampouco uma inovação. Dizer que é uma empresa em estágio inicial é pouco. E não é suficiente afirmar que a *startup* é uma empresa de tecnologia e/ou de *internet*.

Somos tentados a identificar a *startup* com sua expressão mais familiar: a indústria de alta tecnologia. Mas a *startup* não está mais associada a um único setor da economia, como a indústria digital. Há *startup*s em todas as áreas da produção, nos serviços intelectualmente densos e na agricultura científica ou de precisão – tanto quanto na indústria digital. Trata-se de um novo modelo de negócio, que amadurece e evolui no âmago da Economia do Conhecimento.[46]

A visão de mercado da *startup* é completamente diferente da visão de quem já está inserido no mercado. As *startup*s são mais ousadas, não devem ter medo de errar e recomeçar. Só não é recomendável iniciar uma *startup* sozinho. O risco do negócio fica muito grande quando se depende de uma só pessoa. Recomenda-se, no mínimo, uma dupla de fundadores. O melhor é um grupo de três ou mais integrantes, preferencialmente pessoas comprometidas, competentes e com conhecimentos e técnicas complementares.

O sucesso de uma *startup* requer um time dedicado e de altíssimo valor agregado baseado em conhecimento – e que não dependa apenas de um ativo tecnológico. É importante a construção de uma equipe de trabalho, dentre sócios e funcionários, que permaneçam na *startup* mesmo depois que ela for adquirida. Dentre os sócios fundadores, tem que ficar claro desde o início quem sairá da empresa e quem ficará num pós-venda da *Startup*.

A inovação saiu dos laboratórios das grandes empresas e migrou para o universo das *startup*s. Hoje, empresas clássicas de setores tradicionais buscam, nas *startup*s, atalhos para ampliar sua oferta de serviços. As *startup*s são mais ágeis, têm uma forma diferente de entender e solucionar os problemas.

As *startup*s têm se mostrado uma opção estratégica para o ambiente de inovação das grandes empresas, oferecendo uma oportunidade real para evolução, acelerando o desenvolvimento das soluções. O modelo de *startup* exige um aumento do

46   UNGER, Roberto Mangabeira. *The Knowledge Economy*. New York: Verso, 2019.

nível de autonomia decisória das equipes e dos trabalhadores individuais. Um aumento de confiança recíproca entre os membros da equipe. A *startup* não prospera num ambiente de desconfiança. É uma verdadeira revolução na cultura moral do sistema produtivo.[47]

Decidir que o crescimento será grande e rápido é definir que o modelo de negócio e a cultura serão de uma empresa *startup*. Esta, por sua vez, deve revisitar constantemente sua estratégia de crescimento e ser capaz de determinar onde quer chegar, que caminhos deve tomar, o que deve atingir e o que tem de fazer.

Faz parte do crescimento escalável listar os objetivos macro: lançamento de novos produtos; expansão geográfica; fechamento de parcerias-chave; esforços para aquisição de clientes; levantamento de capital; compra de concorrentes; e entrada em novos segmentos de clientes.[48] Isso significa, basicamente, planejar um crescimento escalável em termos de faturamento, número de clientes, número de pontos de venda/canais, número de produtos.[49]

A *startup* requer a acumulação de capital, tecnologia, capacitações tecnológicas e ciência, aplicados à condução das atividades produtivas e com inovação permanente em processos e métodos, assim como em produtos e tecnologias.

Muitos textos, de uma forma ou de outra, estão sendo escritos como se a *startup* fosse apenas uma versão nano das grandes corporações. Ou seja, como se fosse um organismo similar a uma grande empresa, só que em menor escala.

Uma *startup* não é uma versão menor de empresas de grande porte. Uma diferença fundamental é que, enquanto a empresa estabelecida executa um modelo de negócios, a *startup*, na verdade, busca um modelo, por meio do método de tentativa e erro.[50] Essa distinção está no cerne do modelo da *startup*[51].

---

47 CHRISTENSEN, Clayton M. *The Innovator's Dilemma: When New Technologies Cause Great Firms to Fail.* Boston: Harvard Business Review Press, 2016.

48 ENDEAVOR. **Bota pra Fazer – Crie seu Negócio de Alto Impacto.** 2017.

49 **Plano de Negócio para Startups.** Disponível em: <https://www.joaofalcao.com.br/>.

50 BLANK, Steve. *Why the Lean Start-Up Changes Everything.* Harvard Business Review, 2013.

51 *Lean Startup.* RIES, Eric. *The Lean Startup: How Today's Entrepreneurs Use Continuous Innovation to Create Radically Successful Businesses.* Danvers: Currency, 2011 e BLANK, Steve; DORF, Bob. *The Startup Owner's Manual: The Step-by-Step Guide for Building a Great Company.* Pescadero: K&S Ranch, 2014.

As *startups* que vingam são aquelas que passam rapidamente de um erro a outro, num processo incessante de adaptação, iteração e aprimoramento da ideia inicial, à medida que vão recebendo subsídios de clientes ou recursos dos investidores.[52]

A *startup* não pretende ser somente outra forma de produzir bens e serviços sob arranjos típicos de equipamentos e tecnologias; ela se propõe a ser um paradigma de inovação que se autoreinventa continuamente e envolve a acumulação de capital, tecnologia, capacitações tecnológicas e a ciência aplicadas à condução de atividade produtiva. Sua característica elementar é a inovação permanente em processos e métodos, assim como em produtos, serviços e tecnologias.[53]

Estamos rodeados de inovações criadas e promovidas por *startups*. Esse novo organismo, essa nova prática de produção ousa escalar – e emergir! – no cenário econômico mundial. Para obter sucesso, devem combinar tecnologia e inovação com habilidades empresariais, gerenciais, jurídicas, de *marketing* e de vendas.

52   BLANK, Steve. **Why the Lean Start-Up Changes Everything**. Harvard Business Review, 2013.

53   UNGER, Roberto Mangabeira. **The Knowledge Economy**. New York: Verso, 2019.

1.4 A Essência da *Startup*

A empresa *startup* é um organismo de dinâmica especial – quase um esforço de guerra – com questões particulares, em nada comparáveis às de uma corporação clássica. A *startup* tem natureza, função, cultura, características e necessidades diferentes daquelas das grandes empresas.

No mundo contemporâneo, a maior parte do esforço acadêmico tem sido dedicada à solução dos problemas das grandes corporações multinacionais. Acadêmicos e consultores desenvolvem conhecimentos e tecnologias sobre *startups* tendo em vista o que se desenrola no palco das organizações multinacionais – talvez seguindo o ingênuo e falso pressuposto de que, se alguém dominar a complexidade das grandes corporações, enfrentará sem atropelos a sofisticação e o dinamismo das *startups*.

Identificamos um novo modelo de negócio a partir das seguintes características essenciais da empresa *startup*:

- É um negócio de altíssimo risco;
- Detém diferencial competitivo intensivo em conhecimento aplicado à inovação;
- Vive em um ecossistema de fomento à cooperação competitiva (*co-opetition*);
- Estrutura-se em um feixe-de-contratos complexos, imperfeitos e relacionais;
- Apresenta dinâmica de transitoriedade societária permanente;
- Precisa de mão-de-obra especializada e hipersuficiência do empregado;
- Depende da relevância de sócio minoritário estratégico; e
- Estimula a esquizofrenia funcional dos sócios empreendedores.

1.4.1 É um negócio de altíssimo risco

A *startup* é um investimento de alto risco no mundo inteiro. Grande parte das *startups* tornam-se insolventes ou entram em estado de falência. Existe a possibilidade real de perda total dos recursos investidos. Este tipo de empresa envolve risco significativo de perda do valor investido, no todo ou em parte.

É da essência da *startup* envolver alto risco (ex: fatores de liquidez, crédito, mercado, rentabilidade, regulamentação específica, entre outros). Todo investimento envolve riscos. Não há investimento sem risco. Os negócios, a situação financeira ou os resultados operacionais das *startups* podem ser adversos e relevantemente afetados por qualquer um desses riscos.

Riscos adicionais que não são atualmente do conhecimento das *startups*, ou que as *startups* julguem no momento ser de pequena relevância, também podem vir a afetar os negócios, que estão sujeitos a riscos adicionais e imprevisíveis.

Existe a possibilidade de falta de liquidez. Liquidez é um conceito financeiro que se refere à facilidade com que um ativo pode ser convertido em dinheiro. O grau de agilidade de conversão de um investimento, sem perda significativa de seu valor, mede a sua liquidez. Um ativo é tanto mais líquido quanto mais fácil for transformá-lo em dinheiro vivo, ou seja, a liquidez pode ser entendida como a medida de interesse que o mercado tem em negociar esse ativo. *Startups* não podem ser alienadas com facilidade e rapidez.[54]

Nas *Startups* não se espera pagamento de dividendos. *Dividendo* é a parcela do lucro apurado pela sociedade que é distribuída aos sócios, geralmente por ocasião do encerramento do exercício social. *Startups* raramente distribuem *dividendos* aos seus sócios. Em geral, os lucros das *startups* são destinados ao reinvestimento nas atividades, como forma de alimentar o crescimento escalável da empresa e de criar altíssimo valor para seus sócios.

Uma questão importante é a diluição de participação societária, muito comum e recorrente nessas empresas. Qualquer sócio, em qualquer *startup*, está sujeito à diluição no futuro. A diluição da participação acionária de determinado sócio acontece quando da emissão de novas quotas e/ou ações. A diluição afeta qualquer sócio que não venha a adquirir as novas quotas e/ou ações ofertadas. Como resultado, a diluição impacta determinados direitos, como o de voto.

Qualquer eventual retração no nível de atividade da economia nacional, ocasionada por crises internas ou externas, pode acarretar elevação no patamar de inadimplemento de pessoas físicas e jurídicas, inclusive das *startups* e de seus clientes. Problemas econômicos recentes (como a crise imobiliária nos Estados Unidos da América em 2008) causaram retração dos investimentos. Essas crises podem

---

54   EUSOCIO. **Falta de Liquidez**. 2020. Disponível em: <https://eusocio.com/fatores-de-risco/>.

produzir uma evasão de investimentos estrangeiros, fazendo com que as *startups* enfrentem custos mais altos para captação de recursos, tantos nacionais quanto estrangeiros, impedindo o acesso ao mercado de capitais internacionais.[55]

Diversos fundos de alto risco espalham-se pelos principais centros econômicos, pesquisando com lupa as grandes promessas das *startups*.[56] Outro mecanismo de investimento é a realização de parcerias entre bancos públicos e privados – o que une a capacidade de oferta de crédito dos primeiros, pelo prisma de política pública, ao poder de mentoria de capacitação dos últimos.

1.4.2 Detém diferencial competitivo intensivo em conhecimento aplicado à inovação

O atributo mais profundo da *startup* é sua capacidade de aproximar produção e imaginação. Na industrialização convencional, na linha de montagem de Henry Ford ou na fábrica de alfinetes de Adam Smith, na manufatura mecanizada, o trabalhador trabalhava como se ele próprio fosse uma das máquinas, por fazer movimentos rotineiros e altamente especializados. Na *startup* surge a possibilidade de o trabalhador ser uma espécie de "anti-máquina".

A *startup*, como a tratamos aqui, é essencialmente o fruto da interação da imaginação humana com o poder computacional de escala e multiplicação da máquina, em relação a tudo que aprendemos a repetir, só que numa dimensão ilimitada. Essa interação é muito poderosa e define uma nova economia produtiva, muito mais poderosa do que a interação do homem com o homem, ou da máquina com a máquina. E já está ocorrendo – nos diferentes segmentos econômicos e em todas as etapas da cadeia produtiva.

Uma forma importante de geração de riqueza é a criação de empresas *startups* a partir de resultados de pesquisas científicas e acadêmicas, que se limitam a uma prova de conceito. A *startup* nasce em função dos resultados de pesquisas mas inclui todo um "empacotamento" à tecnologia – testes de robustez e de estabilidade, escalabilidade, documentação, manutenção, suporte técnico e evolução continuada.

55   EUSOCIO. **Guia Eusocio 4 – Manual de Investimentos em *Startups***. Rio de Janeiro, 2012.

56   SUBSECRETARIA DE AÇÕES ESTRATÉGICAS. **Produtivismo Includente: Empreendedorismo Vanguardista**. Roberto Mangabeira Unger et. al. (coord.). Presidência da República, Subscretaria de Assuntos Estratégicos, 2015.

As *startups* precisam de altíssimo conhecimento, de inovação, de tecnologia. São imperativos estratégicos. É na fase de desenvolvimento do protótipo de tecnologia que a universidade exibe maior desenvoltura e competência. Com a tecnologia validada em laboratório, o que deveria acontecer é partir para a fase seguinte, ou seja, o empreendimento de criação da *startup*.[57]

No MIT, por exemplo, existe um escritório de transferência que faz exatamente isso: ajuda a os projetos de pesquisas a se transformarem em empresas, a captar dinheiro e garantir um mínimo de segurança até a segunda rodada de investimentos.[58]

O aporte de *venture capital* se baseia, essencialmente, numa grande crença no potencial criativo dos alunos, professores e pesquisadores envolvidos. Na Universidade de Stanford houve um reitor, na década de 1950, que decidiu desenvolver tecnologia a quatro mãos com a indústria. Num primeiro momento, a universidade era remunerada pelo trabalho de desenvolver uma tecnologia, mas o resultado da pesquisa era todo absorvido pela empresa.[59] Logo depois ele percebeu que a própria universidade poderia conceber as indústrias, mantê-las na fase de incubação e, depois, deter uma participação acionária nessas empresas.[60]

O percentual de realização de pesquisa e desenvolvimento no Brasil é de aproximadamente 75% nas universidades e centros de pesquisa do governo e de 25% na indústria, enquanto nos Estados Unidos a proporção é praticamente inversa: 30% nas universidades e centros de pesquisa do governo e 70% na indústria.[61]

No Brasil, este conhecimento está enclausurado nas universidades, sobretudo nas públicas federais, responsáveis pela imensa maioria dos investimentos em inovação que estão em andamento no país. Há uma série de problemas que dificultam

---

57   ZIVIANI, Nivio. **Startup-Up: Um Modelo Inédito de Transferência Tecnológica**. In Boletim UFMG, n. 1768, ano 38. Universidade Federal de Minas Gerais, 2012.

58   MASSACHUSETTS INSTITUTE OF TECHNOLOGY. **MIT Global Startup Labs.** 2020. Disponível em: <http://gsl.mit.edu/>.

59   GROSSI, Pedro. **É da Sala de Aula que Pode Sair o Próximo Grande Negócio** – Entrevista com Nivio Ziviani. O Tempo, 2014.

60   STANFORD RESEARCH PARK. **Past, Present & Future: Who we Are, How we Began, and Where We're Going.** Stanford University. Disponível em: <https://stanfordresearchpark.com/about>.

61   ZIVIANI, Nivio. **Mobilizando Conhecimento para a Geração de Riqueza por meio de Empreendimentos Inovadores.** Universidade Federal de Minas Gerais, 2011.

a geração de *startups* a partir de pesquisas bem-sucedidas nas universidades, dentre os quais os aspectos legais e a baixa qualidade da educação.

Ademais, a universidade federal brasileira ainda é vista como um universo distante das empresas e do mercado; assim não pode monetizar seu trabalho. Enquanto isso, no exterior, universidades e mercado estão visceralmente relacionados. O diálogo entre essas duas esferas gera inovação[62]. Existem diversos exemplos de empreendimentos que surgiram a partir da universidade, o que sugere um padrão de criação de empresas intensivas em conhecimento. Nos Estados Unidos e em Israel, as universidades de ponta incentivam o aparecimento de empresas digitais de alta tecnologia.[63] Esse incentivo tem levado à criação de várias empresas de sucesso – entre elas o Google, criada em 1998 por alunos de doutorado em ciência da computação na Universidade de Stanford, e o Facebook, criada em 2004 por alunos de Harvard. Só no MIT, alunos e professores criaram 25.800 empresas ainda em atividade.[64]

O distanciamento entre as universidades federais e o mercado é um fator de retardamento do Brasil enquanto liderança mundial. É da sala de aula que pode sair a próxima grande *startup*. Se o Brasil se tornar uma grande potência sem possuir uma grande universidade de ponta em nível mundial, será o primeiro caso da história de um grande país.[65]

A participação do professor aumenta enormemente a chance de sucesso de uma *startup* crescer[66]. Isso deveria ser incentivado – e já ocorre nos EUA desde os anos 1980[67]. Há muitas universidades no Brasil que geram conhecimento de ponta no

62   MURAD, Neman M.; NEVES, Rubia C. O **Usufruto de Quotas como Forma de Remunerar a Transferência de *Know-How* na Incubação.** In XXII Congresso Nacional do CONPEDI/UNINOVE. São Paulo: Universidade Nove de São Paulo, 2013.

63   ZIVIANI, Nivio. **Startup-Up: Um Modelo Inédito de Transferência Tecnológica.** In Boletim UFMG, n. 1768, ano 38. Universidade Federal de Minas Gerais, 2012.

64   EESLEY, Charles E.; ROBERTS, Edward B. ***Entrepreneurial Impact: The Role of MIT — An Updated*** Report. In Foundations and Trends in Entrepreneurship, vol. 7. 2011.

65   GROSSI, Pedro. **É da Sala de Aula que Pode Sair o Próximo Grande Negócio** – Entrevista com Nivio Ziviani. O Tempo, 2014.

66   Nos últimos 10 anos, o autor se envolveu diretamente com *startups* em universidades públicas e privadas e identificou que o conhecimento dos professores permite que empresas criadas por alunos escalem de forma mais rápida.

67   MOWERY, David C. et al. ***Ivory Tower and Industrial Innovation.*** Stanford University: Stanford University Press, 2004.

mundo e que poderiam estar gerando empreendimentos inovadores – ou seja, *startups*.

O efeito nocivo da uniformização das universidades públicas brasileiras é impor uma barreira que impede o caminho da excelência – ou seja, coíbe o avanço acelerado dos alunos mais talentosos, a valorização das pesquisas mais ousadas e impactantes, o engajamento de professores e dos centros de pesquisa em projetos inovadores, junto com o mercado e com a sociedade civil. É como se o país obrigasse todas as universidades públicas a serem cópias mal-acabadas umas das outras.[68]

1.4.3 Vive em um ecossistema de fomento à cooperação competitiva (*CO-OPETITION*)

A *startup* e o *venture capital* não prosperam dentro de práticas que separam rigidamente concorrência e cooperação. *Co-opetition* é uma das essências desse ecossistema, sobre o qual repousa a própria existência da *startup*, enquanto parte de uma estratégia social de crescimento em *cluster*.

A *startup* e o *venture capital* exigem acúmulo de capital social, de vínculos associativos. Coopetição é um neologismo surgido a partir do termo em inglês *co-opetition*, cunhado para descrever o conceito de *competição cooperativa*. Trata-se de uma estratégia de negócios obtida a partir da teoria dos jogos, para demonstrar quando é melhor para os concorrentes trabalharem juntos, em vez de competir entre si.[69]

O modelo das cinco forças de Michael Porter, por exemplo, concentrava-se quase que inteiramente na competição entre as empresas[70]. Competição cooperativa é uma filosofia diferente: é colaboração, compartilhamento e competição. São relações humanas que se autoajudam e competem ao mesmo tempo.

O conceito de *competição cooperativa*, que faz parte da essência das *startups*, foi emprestado da agricultura norte-americana. Os americanos rejeitaram a dinâmica da concentração agrária, que tanto marxistas quanto conservadores consideravam

---

68   SUBSECRETARIA DE AÇÕES ESTRATÉGICAS. **Produtivismo Includente: Empreendedorismo Vanguardista**. Roberto Mangabeira Unger et. al. (coord.). Presidência da República, Subscretaria de Assuntos Estratégicos, 2015.

69   BRANDENBURGER, Adam M.; NALEBUFF, Barry J. **Co-Opetition**. Danvers: Currency, 1998.

70   PORTER, Michael E. **Competitive Strategy – Creating and Sustaining Superior Performance**. New York: The Free Press, 1985.

inerente ao capitalismo. Na agricultura, os norte-americanos não se limitaram a distribuir terras. Organizaram uma coordenação estratégica descentralizada, para viabilizar o extensionismo agrícola e a comercialização dos produtos. Desenvolveram a prática dos estoques reguladores e dos seguros agrícolas, o que permitiu conter as consequências da sobreposição de risco econômico e fiscal, ameaça permanente à agricultura familiar. A agricultura passou a depender da ciência, cultivada em universidades estabelecidas por instigação dos governos estaduais e da sociedade rural.[71]

A contrapartida a essa parceria entre o produtor rural e o poder público foi um regime de *concorrência cooperativa* entre os produtores. Faziam mutirão de trabalho e de recursos. Ganhavam economias de escala enquanto competiam entre si. O resultado foi o desenvolvimento da agricultura mais eficiente que jamais existira no mundo até aquele momento[72].

O Vale do Silício é o maior expoente contemporâneo do significado de *co-opetition*. Lá prosperou uma aglomeração empresarial em *clusters* (arranjos produtivos). O argumento econômico para os aglomerados se baseia na redução dos custos de transação nas relações entre empresas, que ocorre no contexto dos parques técnológicos.[73].

Esta redução dos *custos de transação* é necessária para viabilizar processos de desintegração vertical da produção nas empresas, que passam a buscar especializações para diminuir riscos e aumentar ganhos de escala.

A *cooperação competitiva* passou a ser vista como um mecanismo que oferece oportunidades para *startups* de base tecnológica ampliarem as conexões que estimulam aprendizagem e inovação.

71   NGER, Mangabeira. **Depois do Colonialismo Mental: Repensar e Reorganizar o Brasil**. São Paulo: Autonomia Literária, 2018.

72   UNGER, Mangabeira. **Depois do Colonialismo Mental: Repensar e Reorganizar o Brasil**. São Paulo: Autonomia Literária, 2018.

73   Os parques tecnológicos são espaços dedicados a promover o desenvolvimento da tecnologia, inovação e empreendedorismo fornecendo infraestrutura e recursos aos desenvolvedores e demais agentes envolvidos na criação de novos produtos, através de uma estratégia bem definida. ANPROTEC. **Parques Tecnológicos em Operação e Parques Tecnológicos Consolidados**. Disponível em: <http://anprotec.org.br/site/>.

1.4.4 Estrutura-se em um feixe de contratos complexos, imperfeitos e relacionais

As relações contratuais são a essência de qualquer empresa – e não é diferente com as *startups*. Não apenas em relação aos empregados, mas também em relação aos fornecedores, consumidores, credores e outros participantes da atividade empresarial. Elaborar, compreender, negociar, preencher, pagar, quitar, confirmar e superar cláusulas contratuais é um esforço considerável na vida das *startups*.[74]

É sempre necessário considerar o pior dos cenários ao negociar e elaborar as cláusulas contratuais, analisando o cenário global, o nacional e eventuais crises. Por outro lado, existem situações de grande impacto para empresas que não podem ser previstas, como pandemias e desastres naturais. De todo modo, é importante que a *startup* adote uma estratégia de gestão de crise.

Os *custos de transação* envolvidos na negociação e celebração dos contratos devem ser levados em consideração para estruturar a operação da empresa. Contratos bem negociados e organizados permitem maximizar os resultados que podem ser obtidos.

CONTRATOS UNILATERAIS – Apenas uma das partes possui obrigações, como ocorre nos contratos de doação, mútuo ou comodato;

CONTRATOS BILATERAIS –As obrigações das partes são recíprocas e independentes, de forma que cada um dos contratantes ocupa o polo passivo e ativo da relação contratual;

CONTRATOS DE ADESÃO – O poder decisório sobre as cláusulas que irão reger o contrato é imposto unilateralmente às *startups* por bancos, operadoras de telefonia, concessionárias de serviços públicos e toda uma gama de empresas *online*, que adotam o modelo SaaS (*Software as a Service*), dentre outros agentes.

No que diz respeito às cláusulas e condições contratuais, é importante uma permanente gestão do feixe-de-contratos. Os contratos representam a expressão das trocas voluntárias e são a principal forma de construção de riqueza do universo das *startups*; está em sua essência definir os limites à atuação e à responsabilidade

---

74 JENSEN, Michael; MECKLING, William. *Theory of the Firm: Managerial Behavior, Agency Costs and Ownership Structure. Journal of Financial Economics*, Vol. 3, Issue 4, 1976. Mais informações em: COASE, Ronald. *The Nature of the Firm*. Readings in Price Theory. Homewood, IL, Irwin. New Series. 1937.

da *startup*. E é impressionante ver o nível de complexidade que esse feixe-de-contratos pode atingir numa empresa *startup*.[75]

CONTRATOS PLURILATERAIS — Mais de duas partes celebram o negócio jurídico. Os contratos de constituição das *startups* com mais de dois sócios são, essencialmente, contratos plurilaterais. Todas as partes possuem direitos e obrigações para com as demais; formam uma espécie de polígono obrigacional, no qual as decisões referentes a seu escopo — como a conclusão do contrato — podem ser tomadas de forma colegiada, isso é, por uma assembleia, sem que estejam necessariamente presentes todas as partes contratantes. Nesses contratos, os interesses das diversas partes formam um interesse comum, que indica a finalidade daquela relação;[76]

CONTRATOS COMPLETOS — São aqueles capazes de especificar todas as características físicas de uma transação, como data, localização, preço e quantidade para cada estado de natureza futura. No intuito de celebrar um contrato mais completo, as partes podem acabar por se encontrar em uma circunstância na qual seja necessário levar em conta a relação custo/benefício.[77]

É impossível prever, no momento de execução do contrato, todas as eventualidades que possam ocorrer mais tarde — e gerar conflitos entre os contratantes. Este é um risco inerente ao universo das *startups* e do *venture capital*, assim como qualquer atividade econômica que busca a inovação através do conhecimento.

CONTRATOS INCOMPLETOS — São essenciais às *startups* e ao *venture capital* pois, quando o tema é inovação, nem todas as informações que podem ser relevantes para determinado contexto são conhecidas pelas partes no momento da contratação, levando em conta a racionalidade limitada dos indivíduos. É impossível prever todas as contingências que um contrato poderia abranger.

Os termos contratuais acabam ficando incompletos. As *startups* de biotecnologia, por exemplo, colaboram umas com as outras com contratos incompletos nos

---

75   CASTRO NEVES, José Roberto. **Contratos I**. Rio de Janeiro: Editora GZ, 2016; PEREIRA, Caio Mario da Silva. **Instituições de Direito Civil**. Vol. III — Contratos. Rio de Janeiro: Forense, 2016; e GOMES, Orlando. **Contrato de Adesão — Condições Gerais dos Contratos**. São Paulo: Revista dos Tribunais, 1972.

76   ASCARELLI, Tulio. O **Contrato Plurilateral**. In: Problemas das Sociedades Anônimas e Direito Comparado. São Paulo: Quorum, 2008.

77   CATEB, Alexandre B.; GALLO, José Alberto A. **Breves Considerações sobre a Teoria dos Contratos Incompletos**. In Anais da XI Conferência Anual da ALACDE. 2008.

EUA; é assim que funcionam.[78] Não há outra maneira de organizar a colaboração entre empresas avançadas. Não é possível fazê-lo por meio de promessas executivas bilaterais tradicionais.

Quanto maiores forem os riscos que se pretende evitar, mais custosas serão a elaboração e a execução do contrato. Um contrato incompleto possui alto grau de flexibilidade; por isso mesmo deve ser revisado de tempos em tempos, ao passo que o contrato completo, com vistas a tentar afastar os riscos, perde flexibilidade.[79]

Por meio da renegociação e da assinatura de adendos contratuais, um contrato incompleto viabilizará a realização de adaptações diante de circunstâncias que vierem a sofrer alterações. A teoria dos contratos incompletos se baseia em conceitos como governança, oportunismo, custos de transação e assimetria informacional, para atacar a antiga noção da absoluta completude contratual.[80]

CONTRATOS RELACIONAIS — Esta é a forma de superar as dificuldades impostas pelas lacunas informacionais que são criadas com os contratos incompletos. Contratos relacionais são de longo prazo, celebrados para a formalização de uma relação duradoura. Tais instrumentos permitem revisar os termos e condições ajustados e negociar, continuamente, os aspectos que os regem. São contratos que dependem de boa-fé, confiança e dependência econômica entre as partes.[81]

Esses contratos permitem que, na Economia do Conhecimento, as empresas se organizem de forma cooperativa e não dependam mais da hierarquia através da qual estavam estruturadas. Tais contratos possuem cláusulas abertas que podem ser continuamente renegociadas. É difícil definir os seus elementos – partes, objeto e preço – já que eles podem ser alterados ao longo de sua duração.

Os contratos relacionais sempre foram a forma primária de contratação; têm destaque com os meios de produção contemporâneos, em razão da massificação da produção. São intrínsecos às sociedades desenvolvidas e com economia dinâmica. Esses contratos permitem que as *startups* se organizem de forma cooperativa

78 ROBINSON, David T; STUART, T. E. *Financial Contracting in Biotech Strategic Alliances*. In The Journal of Law and Economics. Chicago: The University of Chicago Press, 2007.

79 ARAÚJO, Fernando. **Teoria Económica do Contrato**. Coimbra: Edições Alemedina, 2007.

80 HART, Oliver; MOORE, John. *Foundations of Incomplete Contracts*. In NBER Working Paper Series. Cambridge: National Bureau of Economic Research, 1998.

81 MACNEIL, Ian R. *Relational Contract Theory: Challenges and Queries*. In Northwestern University Law Review, vol. 94, Northwestern University School of Law, 2000.

– ainda que a rede de contratos que se estrutura entre os diversos produtores e consumidores possa gerar alguma insegurança econômica sistêmica.[82]

Contratos relacionais também encontram grande aplicação no Direito do Consumidor, tendo em vista que, nessa esfera, pretende-se garantir a continuidade da relação com o cliente.

CONTRATOS COMPLEXOS – Também chamados de contratos coligados, envolvem um nexo de relações contratuais que são estabelecidas para alcançar um determinado fim comum; não podem ser confundidos com os contratos mistos, que misturam elementos de contratos típicos e atípicos. Um contrato de determinado sistema complexo somente será eficaz quando outro também o for, por conta da interdependência entre seus termos e condições startups e VCs devem celebrar diversos contratos complexos. Alguns exemplos são:[83]

- contratos de reorganizações societárias, que envolvem a assinatura de diversos documentos preliminares e definitivos, como contratos de compra e venda, cartas de intenções e memorandos;
- contratos que determinam as responsabilidades dos sócios que saem, dos sócios que ficam e dos sócios que entram; é essencial, também, esclarecer as formas de pagamento da compra e venda das participações societárias, dentre outros tantos aspectos; e
- contrato de compra e venda dos direitos de propriedade intelectual, que se coligam aos contratos de licenciamento.

Será preciso fazer contrato para tudo; assim é mais seguro. É recomendável que todos os compromissos, direitos e obrigações da startup estejam explicitados por escrito e assinados. A simples leitura dos contratos deve ser suficiente para se compreender o que foi acordado, mesmo sem a presença das partes envolvidas nas negociações que os contratos representam.

As atividades devem ser regidas por contratos formais, por escrito, e que sejam de fácil entendimento para as partes envolvidas. Este deve ser um hábito da startup, mesmo que tardio.

---

82 UNGER, Roberto Mangabeira. *The Critical Legal Studies Movement: Another Time, a Greater Task*. Verson, 2015.

83 PEREIRA, Caio Mario da Silva. **Instituições de Direito Civil**. Vol. III – Contratos. Rio de Janeiro: Forense, 2016; MARINO, Francisco de P. C. **Contratos Coligados no Direito Brasileiro.** São Paulo: Saraiva, 2009; KONDER, Carlos Nelson. **Contratos Conexos.** Rio de Janeiro: Renovar, 2006.

1.4.5 Apresenta dinâmica de transitoriedade societária permanente

O respeito à autonomia e à dignidade de cada sócio é um imperativo ético – e não um favor que podemos ou não conceder uns aos outros. Durante o ciclo de vida da *startup*, é comum que haja transitoriedade e alternância entre seus sócios: uns entram, outros saem, alguns ficam.

Nesta dança de sócios que entram, ficam ou saem, é natural que no médio-longo prazo fundos de investimento assumam controle da *startup*. Tais fundos têm poder para diluir os sócios fundadores, excluir os investidores-anjo, oferecer participação societária aos funcionários que se destacam; com isso tornam-se estratégicos ao crescimento escalável da empresa.

Nessa dinâmica de sócios em trânsito, duas situações são emblemáticas e se repetem:

TRÂNSITO DE SÓCIOS-INVESTIDORES – As *startups* requerem várias rodadas de investimento. Num primeiro momento, o socorro vem dos investidores-anjo, que fornecerão os recursos para que o negócio dê os seus primeiros passos. Na sequência, os VCs (*venture capitalists*) entram em ação. Caso a *startup* vença e continue seu caminho de crescimento, as próximas rodadas de captação de recursos serão bancadas por fundos de *private equity*. Se tudo der certo, a sociedade terá seu controle negociado num IPO.

TRÂNSITO DE SÓCIOS-EMPREENDEDORES – Dentro de uma estratégia de estímulo financeiro e de retenção de talentos na empresa, é comum nas *startups* funcionários com conhecimento técnico diferenciado receberem participação societária, como forma de compensação por um salário abaixo da média de mercado. É estratégico que os principais talentos comprem o risco da empresa e aceitem receber parte da sua remuneração em participação societária.

É com base nestas transitoriedades societárias que o negócio busca os mecanismos para o seu rápido crescimento. A permanente entrada e saída de sócios do quadro societário da *startup*, desde sua origem e ao longo da jornada escalável que busca, faz parte da essência da *startup*.[84]

---

84 ARRUDA, Carlos; NOGUEIRA, Vanessa. **Causas de Mortalidade das Startups Brasileiras. O que Fazer para Aumentar as Chances de Sobrevivência no Mercado?** Fundação Dom Cabral, 2015. Disponível em: <http://acervo.ci.fdc.org.br/AcervoDigital/Artigos%20FDC/Artigos%20 DOM%2025/Causas%20da%20mortalidade%20das%20startups%20brasileiras.pdf>.

Um mecanismo dessa transitoriedade se dá quando do aporte financeiro na *start-up*, seja *cash in* ou *cash out*. No *cash in*, o aporte financeiro é totalmente voltado para a operação, contratação de novos funcionários, investimentos em *marketing*, comercial, produto ou qualquer característica do negócio identificada como essencial para o seu crescimento.

Já o *cash out* está relacionado aos sócios que desejam se retirar por completo da operação, receber o pagamento devido ou aos sócios que desejam liquidar apenas parte da sua participação, para se capitalizar. Faz parte a eventualmente saída do quadro de sócios de personagens como os investidores-anjo, as incubadoras, as aceleradoras, os funcionários e executivos, além de investidores de uma forma geral.

Essa transitoriedade é uma característica fundamental que requer um amadurecimento entre os sócios, para que saibam a hora de entrar e a hora de sair do negócio.

1.4.6 PRECISA DE MÃO-DE-OBRA ESPECIALIZADA E HIPERSUFICIÊNCIA DO EMPREGADO

Sabe-se, a partir da história econômica, que uma implicação importante para a inovação é o aprimoramento das condições de trabalho. Não haverá inovação em uma economia escravista.[85]

Uma *startup* requer a atuação de profissionais técnicos especializados, de altíssimo valor agregado. Pessoas de empregabilidade global, bem remuneradas. Profissionais que detêm um poder de barganha estratégico em relação ao seu empregador.[86]

Esses profissionais são hipersuficientes e vitais para as *startups*; muitas das vezes, são a própria *startup* – funcionários que, muito provavelmente, se tornarão sócios – ,daí a hipersuficiência. São profissionais que têm variadas e boas opções de trabalho. A dependência das *startups* em relação a esses profissionais é tanta que, em muitos casos, o diferencial competitivo da *startup* está literalmente nas mãos do time de profissionais e de suas capacidades técnicas específicas.

85   UNGER, Roberto Mangabeira. **Depois do Colonialismo Mental: Repensar e Reorganizar o Brasil.** São Paulo: Autonomia Literária, 2018.

86   WIDDICOMBE, Lizzie. *The Programmer's Price: Want to Hire a Coding Superstar? Call the Agent.* New York: The New Yorker, 2014.

Estamos falando de profissionais esclarecidos, que não precisam de proteção específica do Estado e tampouco dos sindicatos de classe. Essa relação de trabalho é da essência da *startup* e deve ser flexibilizada; mas a flexibilidade não deve se tornar um instrumento para a degeneração do trabalho, o que seria um golpe fatal contra a inovação tecnológica e organizacional.

Conforme descrito por Steve Blank: "hoje os ventos da ruptura e da regulamentação açoitam economias mundo afora. Setores estabelecidos eliminam postos de trabalho em ritmo acelerado, muitos deles para sempre. O crescimento do emprego no século 21 terá de vir de novos empreendimentos, de modo que é do interesse de todos promover um ambiente que ajude novos projetos a vingar, crescer e contratar mais gente." [87]

Em cada setor da economia, a *startup* existe apenas como uma ilha que não incorpora mão-de-obra desqualificada – ou seja, da grande maioria dos participantes nas atividades de produção. A *startup* vive de conhecimento especializado, técnico, de altíssimo valor agregado, pouco disponível nas massas.

A *startup* deve terceirizar todos os serviços de apoio e contratar (via CLT) profissionais altamente qualificados. Funcionários de destaque que, dado seu conhecimento técnico especializado, podem se dar ao luxo de escolher onde querem trabalhar – invertendo a lógica do Direito do Trabalho, criado para defender a hipossuficiência[88] do empregado em relação ao empregador.

1.4.7 Depende da relevância do sócio-minoritário estratégico

É comum que, nas *startups*, funcionários com conhecimento técnico estratégico recebam participação societária e figurem como sócios minoritários. Tais sócios têm uma relevância técnica distinta, que vai além da sua participação societária. Isso por causa da vital atuação desses profissionais no *core business* da *startup* e, sobretudo, pela dificuldade de substituí-los, em função de seu conhecimento especializadíssimo.

Esta condição de se ter um sócio minoritário estratégico cria uma dinâmica societária na *startup* que é nova para o Direito. Trata-se da existência de um sócio

---

87   BLANK, Steve. *Why the Lean Start-Up Changes Everything.* Harvard Business Review, 2013.

88   Um dos pilares das leis trabalhistas é a noção de que a lei deve proteger o funcionário, naturalmente o elo fraco da relação empregatícia em razão de sua hipossuficiência.

minoritário com poder em relação ao sócio majoritário, com base em seu conhecimento técnico especializado, do qual a *startup* depende para atingir o sucesso – um conhecimento que não está disponível no mercado.

Isto significa que o sócio majoritário – que, historicamente, detinha um poder estratégico – se vê numa nova condição: tem poderes para excluir o minoritário; mas, se o fizer, coloca em risco o futuro da *startup*.

Muitas das vezes, nem sequer adianta o sócio majoritário ter muito dinheiro e tentar atrair, no mercado, outros profissionais com o conhecimento detido pelo sócio minoritário. Em muitos casos, é um conhecimento tão específico que não se encontra disponível em outros profissionais no mercado. É comum algumas habilidades com base em conhecimento não estarem disponíveis no mercado, para simples contratação, a qualquer hora.

Esta é a realidade no ecossistema de inovação – e cria uma dinâmica única entre os sócios minoritários e majoritários de uma *startup*.

1.4.8 Estimula a esquizofrenia operacional dos sócios empreendedores

Na *startup*, é comum a confusão entre a dinâmica de poderes societários e a hierarquia operacional necessária. Compreender e formalizar essas duas dinâmicas, complementares e justapostas, é parte da essência da *startup*.

A governança societária envolve o processo decisório não operacional – em geral, decisões estratégicas e táticas, que cabem aos sócios, diretores, gerentes e coordenadores. A operação – a parte de execução das atividades propriamente ditas – envolve outro tipo de decisão e dinâmica. Na operação, menos que na governança, é importante um processo monocrático de tomada de decisão: é a execução direcionada para o crescimento rápido e escalável. Decisões diárias, muitas. Neste caso, há o poder discricionário, que autoriza o líder a escolher o caminho e a orientar a equipe.

Do ponto de vista do Direito, é importante que, ao final do dia, a *startup* (seus sócios e funcionários) saiba quais são as responsabilidades assumidas e quem poderá ser responsabilizado pelas obrigações e riscos cabíveis. Governança societária e operação devem funcionar alinhadas e complementares, ao longo desse desafio jurídico que é determinar os responsáveis.

O mais comum é seus sócios trabalharem na operação. Mas é importante que saibam compreender e saber usar os dois chapéus, sem confundir um com o outro. Por exemplo: o *designer* que trabalha na operação é sócio; como sócio, decide os rumos da empresa. Como *designer* da operação, porém, deve aceitar o direcionamento que é dado pelo líder da operação, no caso o CEO.

Pelo simples fato de ser sócio também, o *designer* não pode, simplesmente, desenhar o que quiser. Se o fizer, pode ser demitido por justa causa. Em termos figurativos, consideramos isso um comportamento esquizofrênico[89]. O mesmo se aplica ao desenvolvedor de software, que é sócio e membro da equipe de desenvolvimento –e, portanto, parte da operação.

Isso também ocorre quando começa a sucessão entre jovens membros da família nas empresas familiares, que são bem distintas das *startups*. Nestes casos, um jovem herdeiro começa a trabalhar na operação e, como tal, se vê obrigado a executar uma atividade à qual foi contrário na decisão entre sócios.

Se, numa empresa familiar, essa dinâmica ocorre apenas no momento da sucessão, quando o herdeiro é muito jovem, nas *startups* isso se dá diariamente. É da essência da *startup* o sócio ser colaborador e o colaborador se tornar sócio. Saber que se tratam de duas responsabilidades e atribuições independentes é fundamental.

* * *

A *startup*, este novo modelo de negócio, é um organismo inédito que tem características próprias – e merece estudos específicos, aprofundados e amplos, para melhor compreensão. Este é um trabalho que não pode ser feito por apenas um ser humano; cabe à comunidade jurídica, sob lideranças políticas e intelectuais, iniciar essa reflexão.

Vale observar que as características descritas acima, no seu conjunto, não definem a empresa clássica, familiar ou não; tampouco definem a empresa transnacional. O novo modelo de negócio da Era do Conhecimento, ora denominado *startup*, é que reúne essas características.

---

89 Esquizofrenia é uma perturbação mental caracterizada por comportamento social fora do normal e incapacidade de distinguir o que é ou não real. Entre os sintomas mais comuns estão delírios, pensamento confuso ou pouco claro, alucinações auditivas, diminuição da interação social ou expressão de emoções e falta de motivação. O conceito foi elaborado pelo psiquiatra Eugen Bleuler, no início do século XX (BLEULER, Eugen. **Dementia Praecox or the Group of Schizophrenias.** In Monograph Series on Schizophrenia, vol. 1. New York: International University Press, 1911).

Startup Lifecycle

1.5   A Evolução da *Startup*

Compreender e se relacionar com a Lei e com o Estado é fundamental para o ecossistema de *startup*s. Para uma *startup* florescer, é preciso conhecer o ordenamento jurídico e sobretudo a legislação aplicável, mesmo sabendo que novas tecnologias fazem a Lei e o Estado ficarem obsoletos.

O mercado não cria as bases de seu próprio funcionamento. Essas regras são definidas pelo Estado. Às vezes o Estado tem suas bases na Democracia e no Direito – como é o caso dos Estados Unidos e do Brasil. Às vezes suas bases são ditatoriais, a exemplo do que ocorre na China.

Regras diferentes podem abrir ou fechar as portas do *mercado*. O objetivo não é apenas permitir que um país construa novas vantagens comparativas na economia mundial; é dar ao seu ecossistema de *startup*s as condições para se criar – ou seja, ficar de pé e ser agente do seu próprio destino.[90]

A partir do paradigma regulatório adotado em relação às empresas tradicionais (familiares ou transnacionais), a legislação em vigor impõe um cenário de desespero, uma espécie de *vale do suplício*[91] sobre as *startup*s – o que, em muitos casos, acaba por inviabiliza-las.

É preciso entender a tensão entre o direito posto, que foi criado pensado nas empresas familiares tradicionais e grandes corporações, e o novo ecossistema das *startup*s. Alguns exemplos são emblemáticos e precisam de mudança imediata, como as questões societárias, tributárias e trabalhistas – em geral, rígidas demais para acomodar a vulnerabilidade empresarial e a essência de ser escalável das *startup*s.

É fundamental entender os limites da tradição teórica que nos é dada. A compreensão desses limites tem grande importância prática no campo da gestão

---

90   SUBSECRETARIA DE AÇÕES ESTRATÉGICAS. **Produtivismo Includente: Empreendedorismo Vanguardista.** Roberto Mangabeira Unger et. al. (coord.). Presidência da República, Subscretaria de Assuntos Estratégicos, 2015.

91   O termo *'vale do suplício'* surgiu em conversas com o advogado e professor Francisco Mussnich. Sócio-fundador do escritório de advocacia BMA, professor no Departamento de Direito da PUC-Rio e da FGV Rio e autor dos livros "Cartas a um Jovem Advogado" e "Insider Trading no Direito Brasileiro".

atualmente. Isso significa que, diante de uma situação nova, como a criação de um ecossistema de *startups*, não existe um corpo de conhecimento pronto ao que se possa recorrer.

Para empreender a tarefa da imaginação e da construção de uma nova legislação aplicável às *startups*, é preciso encontrar uma maneira de administrar os problemas emergentes. O material mais importante é o manancial de pequenos experimentos que existem em todas as partes do mundo contemporâneo.

Em virtude de operarem em ambiente caótico, evoluírem rapidamente e com inúmeras incertezas, as *startups* enfrentam intensa pressão em relação ao tempo de entrega e estão expostas ao desafio da inovação. Para ter sucesso nesse ambiente, as organizações precisam estar prontas para se adaptar – e, não menos importante, para adaptar sua estratégia jurídica e legal, mesmo com poucos recursos disponíveis para cumprir essa missão.

Um conjunto de conhecimentos e de metodologias vem se mostrando capaz de tornar o processo de construção de uma startup mais organizado e eficiente e, portanto, menos arriscado. Essas metodologias são muito úteis e estão publicadas nos livros a seguir. Nenhum deles, contudo, apresenta uma visão do Direito, sobre os aspectos jurídicos, legais e institucionais da *startup*. É justamente esse tipo de visão que você encontrará neste livro.

FASES DA EVOLUÇÃO DE UMA STARTUP
DESCOBERTA
VALIDAÇÃO
EFICIÊNCIA
ESCALA
STARTUP LAW
DESCOBERTA
VALIDAÇÃO
EFICIÊNCIA
ESCALA
DESCOBERTA
VALIDAÇÃO
EFICIÊNCIA
ESCALA
DESCOBERTA
VALIDAÇÃO
EFICIÊNCIA
ESCALA
DESCOBERTA
VALIDAÇÃO
EFICIÊNCIA
ESCALA

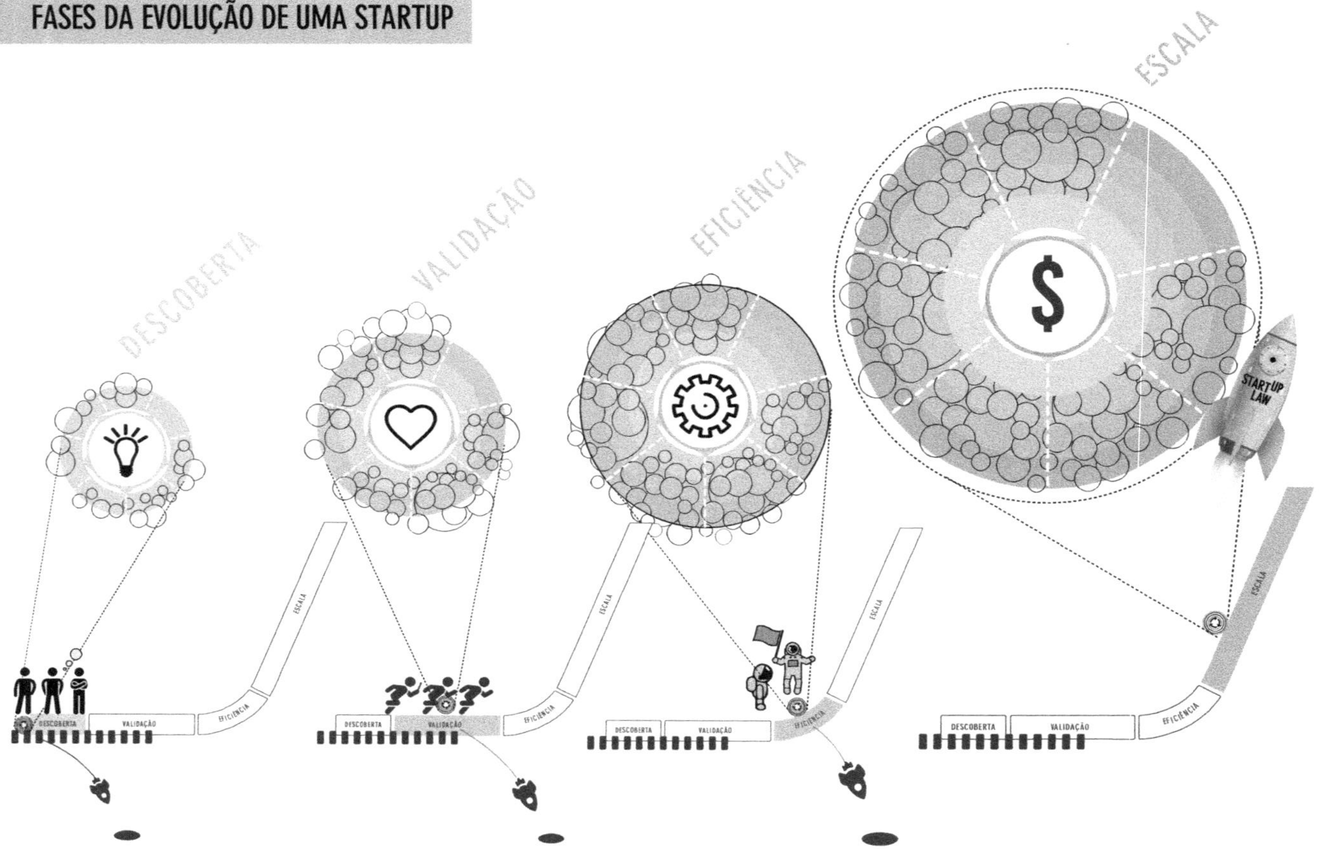

1.5.1   Ciclo de Investimentos

É triste o que acontece com grande parte das *startups* na parte inicial do seu ciclo, porque a maioria esmagadora fecha ou desiste.[92] É um desafio gigante fazer com que uma *startup* saia das fases de Descoberta e Prototipação (também conhecida como *"death valley"*, ou vale da morte em português) e alcance o sucesso, completando seu ciclo de maturação – para chegar, finalmente, às fases de Escala e Saída.

Os desafios presentes em cada uma dessas etapas variam imensamente. Superar essas fases da forma correta é crucial para acelerar a *startup*. Não avançar de uma etapa à outra é um sinal para pivotar ou desistir da ideia o mais rápido possível, evitando gastar muito tempo e recursos com algo que, a rigor, não está dando certo.

Existe uma jornada já bem estabelecida, conhecida como jornada dos investimentos, que nos serve como ponto de partida. É uma jornada de encontro entre as finanças da *startup* e sua operação. São diferentes mecanismos de financiamento, que exigem o cumprimento de uma série de atividades e procedimentos jurídico-legais, envolvem diferentes etapas, variáveis e riscos.

A melhor forma de representar o ciclo de uma startup escalável é pela *hockey stick curve*. O grande sucesso de um investidor está em garantir que a *startup* se desenvolva o suficiente para chegar, no mínimo, ao próximo estágio de captação.[93]

92   GORENSTEIN, Guga. **Quer Escalar a sua *Startup*? Então, Esqueça Isso**. Endeavor, 2017.

93   Esses mecanismos apresentam novos significados e características, a depender do país e da época em questão. Entender a distinção entre estas rodadas de investimento ajuda a decifrar perspectivas no ciclo de vida da *startup*. As rodadas, de uma forma geral, funcionam essencialmente da mesma maneira: os investidores oferecem dinheiro em troca de uma participação acionária no negócio (FELD, Brad; MENDELSON, Jason. ***Venture Deals***. Hoboken: John Wiley & Sons, Inc., 2016).

Investment Lifecycle

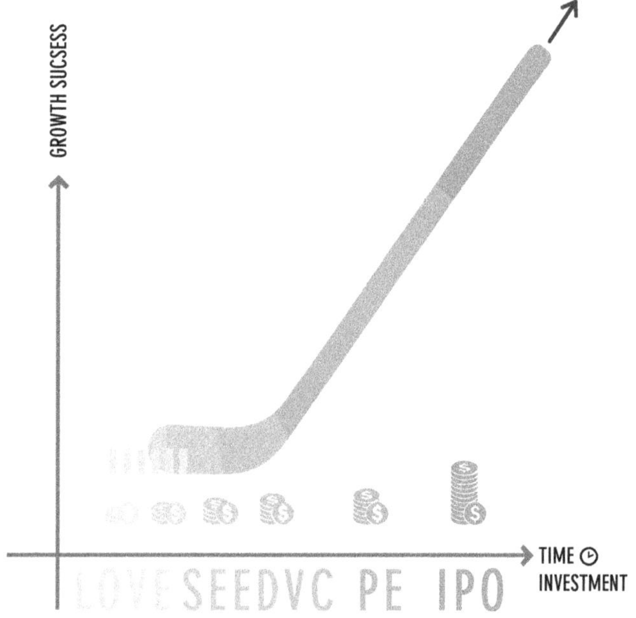

1º ESTÁGIO — *love capital* (dinheiro dos sócios, ajuda da família e dos amigos): Os primeiros investimentos feitos na *startup* geralmente são aportes dos sócios, da família e dos amigos. Esse investimento é conhecido como *love capital* — o capital "afetivo". Trata-se de um investimento com características personalíssimas, a partir da relação pessoal dos sócios com seus familiares e amigos. São recursos para pagar pequenos custos e para as despesas iniciais da empreitada.

2º ESTÁGIO — CAPITAL SEMENTE (incubadoras, investidores-anjo, aceleradoras, editais de fomento): Podemos pensar no termo capital semente como uma analogia a plantar a semente de uma árvore. Esta rodada de investimento nutre a semente ou a ideia que vai ser desenvolvida. Espera-se que a semente cresça e se torne um negócio sólido, com uma operação madura. Os recursos captados de investidores-anjo são para apoiar a pesquisa de mercado e viabilizar os testes inicias. Isso inclui descobrir qual será o produto e quem serão seus consumidores e usuários. Antes desta fase, muitos empreendedores estão trabalhando sozinhos ou com apenas alguns parceiros de negócios. Com a entrada do capital semente inicia-se a formação da equipe que vai construir e lançar a *startup*.

3º ESTÁGIO — *venture capital*: Se os testes e protótipos iniciais forem bem-sucedidos, o negócio mostra potencial. Nesse momento torna-se importante iniciar a captação de mais investimentos para a otimização do serviço e/ou do produto, para a modelagem da operação e para aumentar a base de clientes. Esta é, sobretudo, a fase de fortalecimento do produto e do serviço da *startup*. Deve-se ter em mãos um plano para o desenvolvimento de um modelo de negócios que irá gerar lucro no médio e no longo prazo. Investidores-anjo também investem nessa etapa da *startup*, mas tendem a ter menos influência nessa rodada de financiamento. Os investidores-anjo e aceleradoras foram essenciais para levar o negócio para a etapa atual; suas participações tendem a sofrer uma diluição nesse momento (transitoriedade societária), tendo em vista o crescimento futuro do negócio.

4º ESTÁGIO — FUNDOS *private equity*: Neste momento já se tem um negócio validado. O desafio é fazer os ajustes finos para o empreendimento crescer e ser rentável no futuro. Nesta etapa, em geral, os investimentos são feitos por fundos de *private equity*. Constrói-se um produto ou serviço vencedor; organiza-se uma boa equipe, em muitos casos com contratação de novos talentos; busca-se o aumento das vendas, às vezes com publicidade; fortalece-se a tecnologia e o suporte ao cliente. Caso a *startup* tenha um concorrente que detenha uma grande fatia do mercado, talvez faça sentido uma fusão, tendo em vista gerar uma parceria sinérgica entre as empresas concorrentes. Os investimentos nesta etapa são, muitas das vezes, liderados pelos mesmos personagens que investiram na rodada anterior, já que vários fundos em atuação no Brasil operam nos dois modelos (*venture capital* e *private equity*). A diferença, nesta etapa, é a chegada de outras empresas de capital empreendedor, especializadas no estágio posterior – já com a *startup* mais robusta em termos empresariais.

5º ESTÁGIO – ABERTURA DE CAPITAL: Se tudo correu bem com a *startup* até aqui, o próximo passo é a abertura de capital. No Brasil, abrir o capital significa obter o registro de companhia aberta perante a Comissão de Valores Mobiliários – CVM. Este registro qualifica a companhia a realizar ofertas públicas de valores mobiliários (sejam eles ações ou títulos de dívida, tais como debêntures) e ter tais valores mobiliários admitidos para negociação em mercados regulamentados. A abertura de capital é um passo anterior – ou concomitante – a um IPO. O processo de IPO é regido por normas e procedimentos próprios. Abrir capital significa vender, de fato, uma parte da companhia para um público amplo – em geral, para pessoas que irão influenciar muito pouco na tomada de decisões da empresa.[94]

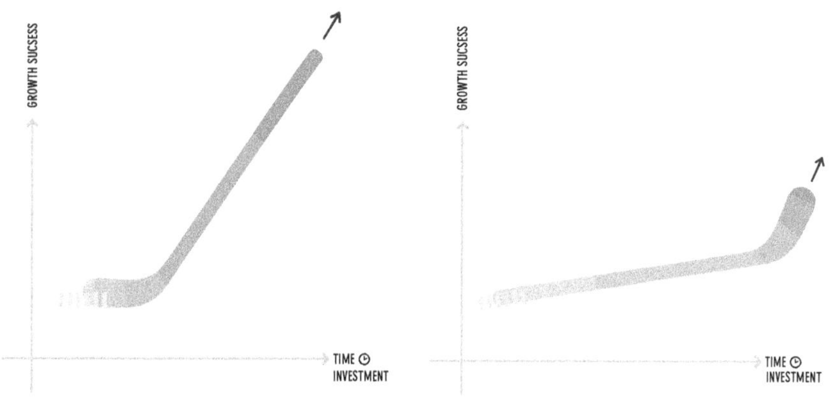

Poucas são as empresas que conseguem escalar o seu negócio. A verdade é que toda *startup* deseja ter um gráfico com o taco em pé. Mas a imagem do taco

---

94 SIQUEIRA, Marcelo; et al. **Brasil S/A: Guia de Acesso ao Mercado de Capitais para Companhias Brasileiras.** Rio de Janeiro: RR Donnelley, 2014.

deitado é bem mais real. Revela que a *startup* demora uns meses (às vezes anos…) para encontrar seu modelo de negócio e fica um tempo caminhando de lado, na fase de Ideação e Validação – na esperança de, mais adiante, alguma coisa aconteça e ela comece escalar, a crescer em ritmo exponencial.

1.5.2 CICLO DE VIDA

O ciclo de vida de cada *startup* apresenta particularidades, mas há um caminho que se repete. O relatório *Startup* Genome, por exemplo, define o ciclo de maturação médio de uma *startup* em basicamente quatro etapas distintas – Descoberta, Validação, Eficiência e Escala, que caracterizamos da seguinte forma:[95]

1.5.2.1 Fase Inicial: Descoberta e Ideação[96]

Esta é a primeira fase do ciclo de vida da *startup*, na qual empreendedores e investidores iniciam o processo de criação da solução inovadora para atender a um problema de mercado. Surgem os primeiros custos de transação e os primeiros investimentos são aportados. Dado que ainda não há receita sendo gerada, o risco é enorme para os investidores e empreendedores envolvidos. Esse é o momento de formação do time. Os sócios fundadores devem escolher um líder, alinhar as expectativas, compreender os compromissos e os investimentos que serão realizados por cada sócio. É estratégico refletir sobre a situação financeira e pessoal de cada um e ter consciência dos riscos a serem assumidos. Todas as decisões referentes à sociedade precisam ser registradas em atas e livros. Uma vez decidido quem será sócio, deve-se dividir as participações societárias, formalizar os aportes e determinar se o time irá recorrer a agentes de fomento (editais públicos e privados). É elementar elaborar, para o primeiro ano da empreitada, a estrutura de custos, a fim que atinja o máximo de eficiência. As contas devem ser bem organizadas e vislumbradas para que se aproximem ao máximo da realidade; devem ser incluídos tributos como INSS, PIS/COFINS e PASEP, assim como o regime de arrecadação escolhido (por exemplo: Simples Nacional). Para garantir a propriedade intelectual da solução inovadora, os sócios precisam definir o nome da empresa – e, em

---

95 Startup Genome. ***Global Startup Ecosystem Report***. 2019.
    Disponível em: <https://startupgenome.com/all-reports>.

96 Os termos sublinhados são os documentos mapeados na Mandala *Everyday Investment Ready*®
    que estão devidamente definidos no Glossário, disponível em: <www.joaofalcao.com.br>.

seguida, registrar a marca no INPI, além de comprar o domínio *online*. Todos que se envolverem nas atividades da *startup* devem assinar um acordo de titularidade, concedendo seus direitos de propriedade intelectual à organização – e também um termo de confidencialidade, ou *non-disclosure agreement* (NDA), para proteger a confidencialidade das informações da *startup* que se inicia. Na questão trabalhista, recomenda-se planejar e decidir quem irá deixar o emprego para se dedicar integral e exclusivamente à *startup*. É importante estabelecer uma rede de contatos e identificar os profissionais autônomos e terceirizados que poderão, por ventura, ajudar na execução das atividades. Por fim, exercitar e amadurecer a apresentação da ideia inovadora a parceiros estratégicos e potenciais investidores; celebrar os primeiros acordos verbais da sociedade; e procurar editais que financiem a infraestrutura de partida, como espaços de *co-working*.

1.5.2.2 ♡ Fase de Prototipação: Teste & Validação[97]

São obtidos os primeiros resultados positivos dos testes de qualidade do produto ou serviço. Surge, então, um negócio a ser administrado de fato, e que antes era apenas uma ideia, um plano. Agora, a *startup* inicia sua jornada em direção ao crescimento. É hora de transformar a ideia em ação. Neste momento, a meta é criar, protitipar, testar o produto/serviço inovador, estudar o comportamento do usuário, o potencial da solução inovadora e identificar os desejos dos futuros clientes. Recomenda-se uma análise inicial do mercado-alvo, considerando as forças, fraquezas, oportunidades e ameaças nele existentes – Análise SWOT[98]; Desenvolver o protótipo e implementar os primeiros testes, concluindo-os com validações e reflexões, o que pode ser feito com cooperação científica. Durante os testes com os primeiros clientes, deve-se elaborar uma análise dos riscos envolvidos, além de desenhar e amadurecer o *pitch* aos investidores. É importante que os direitos autorais – no caso, propriedade intelectual – sejam sempre protegidos. Estabelecer a política de privacidade dos dados pessoais dos usuários que participam dos testes e minutar os termos de uso são exercícios estratégicos. Firmar os primeiros acordos comerciais com fornecedores, e também adotar versões preliminares do

---

97 Os termos sublinhados são os documentos mapeados na Mandala *Everyday Investment Ready®* que estão devidamente explicados no Glossário, disponível em: <www.joaofalcao.com.br>.

98 A técnica *Strenghts, Weaknesses, Opportunities and Threats* (SWOT) foi criada pelo americano Albert S. Humphrey durante pesquisas no Stanford Research Institute (FRIESNER, Tim. **History of SWOT Analysis.** The University of Winchester, 2011. Disponível em: https://www.researchgate.net/publication/288958760_History_of_swot_analysis).

services level agreements (SLA). Nesta fase, os sócios devem acertar entre si o memorando de entendimentos que disciplinará, dentre outras coisas, a gestão da sociedade que se inicia e dará forma à constituição e registro da sociedade perante a Junta Comercial. Com o início das atividades comerciais, a *startup* incorrerá em impostos, emolumentos, taxas e contribuições, tais como ISS, ICMS, IRPJ e CSLL. Do balanço patrimonial da empresa e das demonstrações financeiras devem constar faturamento e recebíveis, se houver, tudo de acordo com o modelo de negócio. Ainda é cedo para a contratação de funcionários definitivos, mas se for o caso, é possível adotar um período de experiência previsto na CLT, em regime de *home office*, e estagiários para dar suporte. É importante administrar o banco de horas dos envolvidos, considerando que o trabalho nas fases iniciais da *startup* é árduo. Os executivos-administradores da sociedade devem receber pró-labore. Se nesta fase os testes se exaurirem e a ideia inicial não se apresentar ao mercado como uma solução inovadora de altíssimo valor ao mercado, deve-se *pivotar* ou encerrar as atividades da *startup*.

1.5.2.3 ⚙ Fase de Eficiência: Gestão & Governança[99]

A *startup* precisa se provar escalável com baixos custos e só conseguirá isso com boa administração. O objetivo é crescer muito e rápido. Além dos empreendedores, nessa fase a *startup* contratará funcionários e organizará equipes dedicadas. Para alcançar o crescimento comercial exponencial que deseja, as condições essenciais são uma gestão profissional e uma operação eficiente. É o momento de planejar minuciosamente a operação e fazer ajuste fino da solução inovadora testada na fase anterior, para que ela performe e escale com segurança. Nesta fase é essencial dominar a contabilidade e, se for o caso, providenciar as publicações obrigatórias e devidas aprovações de contas. Colocar de pé uma estrutura fiscal, considerando possíveis incentivos, isenções e benefícios tributários. Em paralelo, elaborar o planejamento fiscal e decidir se a empresa adotará o regime de lucro presumido ou lucro real, além de estudar as variáveis do mercado-alvo e definir estratégias de comunicação, vendas, posicionamento e preço. Com o aumento exponencial do número de clientes, a *startup* deve ter em mente as regras do Direito do Consumidor e estar preparada para lidar com a gestão de conflitos. A empresa deve buscar infraestrutura, física e tecnológica, adequada e firmar o acordo de

---

99   Os termos sublinhados são os documentos mapeados na Mandala *Everyday Investment Ready®* que estão devidamente explicados no Glossário, disponível em: <www.joaofalcao.com.br>.

sócios, considerando as disposições dos contratos preliminares (por exemplo, o memorando de entendimentos). Em paralelo, deve celebrar os acordos de investimentos. Gente continua sendo o maior ativo da *startup*. Planejar a atração, manutenção e retenção de talentos estratégicos. A *startup* precisa considerar aspectos sindicais, assumindo, quando for o caso, a celebração de acordos, convenções e dissídios coletivos. Outra forma de motivar os colaboradores é elaborar uma política de cargos e salários transparente, bem como adotar modelos sofisticados de remuneração variável, como *stock option, phantom stocks, vesting e cliffs*. Profissionalizar a contabilidade e o *back-office* administrivo-financeiro é condição necessária. Pensar na atuação de representantes comerciais para aumentar as vendas da *startup*. Se couber, avançar com os processos de registro e licenciamento de marcas, depositando-os no INPI. Aumentar a proximidade com universidades, oferencendo bolsas de pesquisa. Garantir efetiva governança e *compliance* dentro da empresa, provendo valores éticos.

1.5.2.4 $ Fase de Escala & Encerramento[100]

Com uma boa gestão, a *startup* amplia seu portifolio de produtos e/ou de serviços, conquista ainda mais clientes, cresce exponencialmente em termos de vendas e faturamento e multiplica seu valor de mercado. A complexidade aumenta, geralmente demandando altos custos operacionais. Se a *startup* está bem administrada, cresce, se multiplica e está faturando milhões de reais, é hora de os sócios investidores venderem sua participação inicial e colocarem dinheiro no bolso. Caso a *startup* não tenha se provado no mercado, procede-se ao seu encerramento. Uma vez alcançada a eficiência operacional na fase anterior, o desafio é escalar as vendas: aperfeiçoar o funil de vendas e diminuir o ciclo das vendas. O ganho de capital será cada vez maior. Um time de atendimento e de suporte para aumentar a satisfação do cliente, receber *feedbacks*, atualizar constantemente a solução inovadora da *startup* e retroalimentar a comunicação e *marketing*. O time deve ser incentivado financeiramente por meio de Programas de Participação nos Lucros e Resultados (PPLR). É necessário sistematizar os processos essenciais de negócio, com fluxo de informações gerenciais, e criar um procedimento formal para revisão e aprovação das estratégias de médio e longo prazo. Conflitos internos e externos certamente surgirão. Conte com advogados e consultores externos para

---

100 Os termos sublinhados são os documentos mapeados na Mandala *Everyday Investment Ready®* que estão devidamente explicados no Glossário, disponível em: <www.joaofalcao.com.br>.

todos os assuntos referentes à justiça. É recomendável também contratar seguros. Cuidar dos registros de propriedade intelectual responsáveis pelo diferencial competitivo da *startup* e dos *royalties*. Desenhar plano de expansão das atividades, até mesmo de internacionalização da *startup*, considerando a entrada de capital estrangeiro. Parceiros em outros países permitem realizar importação e exportação. No âmbito societário, através de operações de reestruturações e fusões, surgem oportunidades para os sócios alienarem, parcial ou totalmente, suas participações societárias. Negociar os *exit rights* e a venda são, talvez, os maiores desafios. Considerando que a *startup* já é uma empresa de porte, pensar no auxílio de bancos para a estruturação financeira do futuro IPO – neste caso, *timing* é tudo. Deve-se ainda aperfeiçoar o relacionamento com investidores e se preparar para ir ao mercado de capitais, com *white-knights*. Contratar auditoria independente externa. Avaliar possíveis questões mercadológicas, como antitruste e o CADE. Se tudo o mais falhar, a *startup* poderá optar pelo encerramento das atividades (realizando ou não um processo de recuperação judicial) ou alienação de controle, de acordo com seu desempenho. É preciso comunicar aos clientes, levantar os documentos necessários e promover a rescisão de contratos e relações trabalhistas, o que pode culminar em processos na Justiça do Trabalho. No caso de encerramento total, os sócios devem dar baixa no registro da empresa perante a Junta Comercial e a Receita Federal, bem como encerrar as inscrições estaduais e municipais. Faz-se necessário monitorar esse processo por anos, perante os órgãos governamentais.

1.6   Mapeamento Jurídico da *Startup*

Existem leis, normas e regulações que enrolam e amarram as *startups*. Trata-se de um mundo intrincado, cheio de filigranas, divergências e burocracia. Um mundo de obrigações regulatórias; contratos que regem relações inovadoras; atividades que não estão enquadradas em incidências tributárias; leis que provocam interpreta-ções dúbias; relações de trabalho inflexíveis e organizações societárias cada vez mais complexas.

Pouquíssimas *startups* sobrevivem intactas, sem cicatrizes jurídicas que venham a causar impactos financeiros negativos no empreendimento, ou mesmo levá-las ao fracasso[101]. Identificamos como questão relevante, que indica insegurança no ne-gócio das *startups*, a ocorrência de incessantes notas explicativas em seus respec-tivos balanços, por exemplo.

A partir de uma abordagem holística das melhores práticas em andamento, mape-amos e sistematizamos o ordenamento jurídico que rege as *startups* em atuação no território brasileiro. Os aspectos mapeados que se repetem na vida das *start-ups* brasileiras são descritos um a um, com o significado real de cada aspecto ma-peado. O intuito é didático, de aprendizado mútuo.

---

101 Informação obtida em conversas com o corpo técnico do BNDES (Diretoria de Inovação e Mercado de Capitais), que analisa, investe e fortalece o ecossistema de *startups*.

Ao longo dos últimos 15 anos, observamos que, em inúmeras *startups* brasileiras, algumas atividades deixam de ser realizadas devido aos custos proibitivos, o que traz enorme insegurança jurídica aos negócios: contratos deixam de ser formalizados, registros deixam de ser feitos em cartório, impostos são negligenciados e funcionários *de facto* são contratados como se fossem prestadores de serviço terceirizados – e por aí vai.

Não se trata apenas de se ocupar com as questões jurídicas. Não é isso. O que se busca é uma estratégia para escalar a empresa. Avançar juridicamente quando valer a pena para economizar, se alavancar, prosperar e construir riqueza com segurança.

Mapeamos a legislação que rege as *startups*. Fizemos esse esforço utilizando técnicas de *Design Thinking*[102] e nos inspiramos no conceito de vade-mecum, que refere-se a um compêndio de fácil consulta sobre determinado tema. É uma denominação adotada para qualquer trabalho de uso muito frequente e que instrui o leitor a fazer determinadas tarefas – e criamos um infográfico, em forma de mandala, do que entendemos por *Everyday Investment Ready*.

O processo de criação e de maturação do mapeamento em formato visual 360 graus (mandala) passa por diferentes fases de modelagem e *design*.[103]

---

102 KELLEY, Tom. ***The Art of Innovation: Lessons in Creativity from IDEO, America's Leading Design Firm***. Broadway Business, 2001.

103 O desenho da mandala foi elaborado com Fabrício da Costa, mestre em *Design de Produto* pela Domus Academy de Milão. Esteve na Itália, trabalhou na criação de cenários futuros para grandes empresas como a Fiat e Nestlé e, no final da década de 90, trabalhou na IDEO – empresa de *design* norte americana que criou o conceito de *design thinking*.

Sketchs

1

2

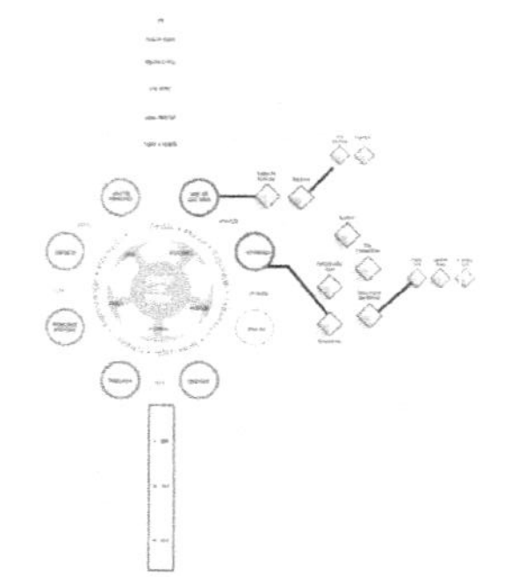

3

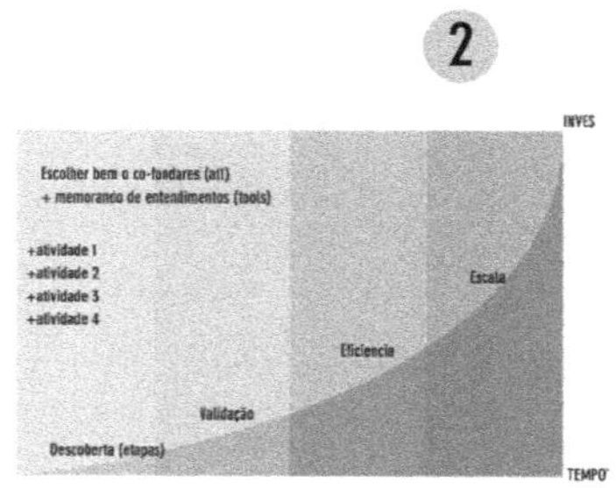

4

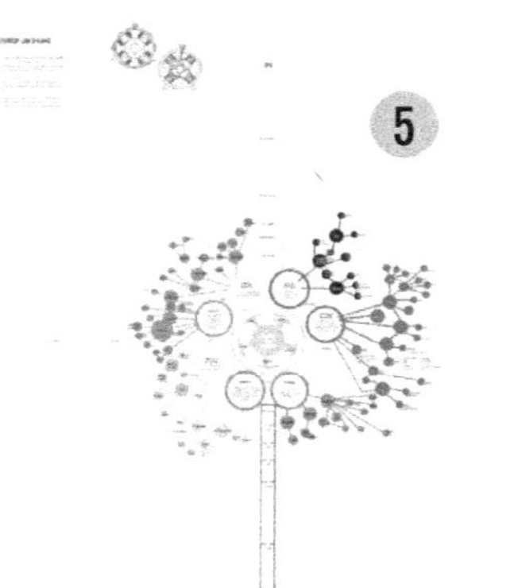

5

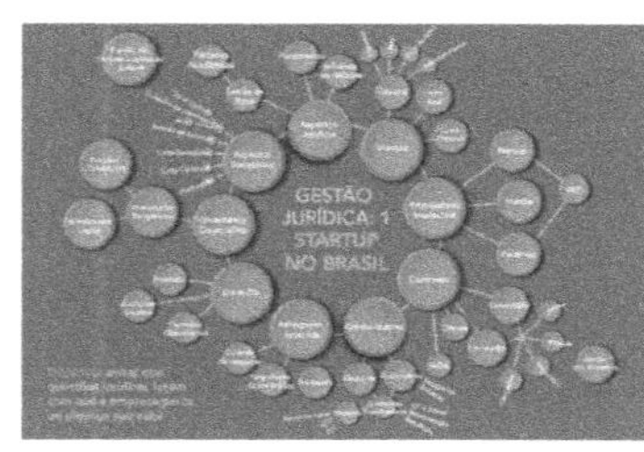

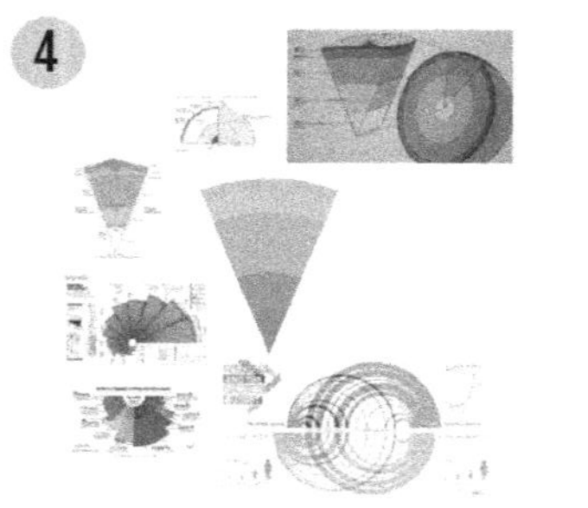

Startup Law Dynamo
7
8
DYNAMO CANVAS
CONTRATOS
FINANCEIRO
SOCIEDADE
PROPRIEDADE INTELECTUAL
DIA A DIA
TRABALHISTA
TRIBUTOS
VENTURE LAW
Escalo, logo existo.
10
STARTUP
STARTUP LAW
$
www.joaofalcao.com.br

O resultado desta abordagem foi um mapa bastante útil para fins didáticos. O objetivo é alcançar a consciência e o entendimento do todo, integralmente, de forma holística.

Criamos um infográfico: uma ilustração conceitual, proposta para fins didáticos, composta de cores, formas, tamanhos, camadas, traços e figuras, com a intenção de buscar segurança jurídica e eficiência operacional da *startup*.

A partir de uma visão 360 graus, o desenho identifica e organiza documentos do Direito Brasileiro aplicável às *startups* de tecnologia da informação e de comunicação que atuam na *internet*, com soluções digitais (sistemas, *softwares*, algoritmos, etc).

O desenho é o mapeamento visual do Direito que rege as *startups*. Na imagem final que consolida o mapeamento, há referência direta às cores do Brasil. Esta é uma sinalização clara de que o desenho trata especificamente do tema no âmbito do Direito Brasileiro.

A sugestão é que o leitor navegue, com o olhar, ao longo do infográfico denominado Mandala *Everyday Investment Ready*®. Dedique alguns minutos, com atenção. Observe as áreas (na Mandala, as "fatias de pizza") estratégicas. Identifique cada um dos 88 conceitos (na Mandala, representados pelas "bolhas") ali indicados, ordenados e distribuídos. A leitura do desenho deve ocorrer de forma radial, de dentro para fora.

Perceba o ciclo de vida das *startups*, representado com as cores do Brasil. As camadas de cores presentes no desenho marcam as etapas do ciclo de vida da *startup*: Descoberta, Validação, Eficiência, Escala. Cada uma dessas etapas tem características e demandas próprias (no desenho, representadas pelas camadas em tons de verde e amarelo).

Já o "anel" em azul no centro da Mandala, que conecta as seis áreas estratégicas, representa o novo paradigma da gestão de dados pessoais no Brasil e no mundo.

As "bolhas" utilizadas em tamanhos diferentes sugerem a relevância do aspecto jurídico circunscrito em cada círculo. Não há uma regra exata para estabelecer o tamanho exato de cada círculo; a intenção é sugerir que há diferentes intensidades, a depender da *startup* em si e da fase em que ela esteja. Essas duas variáveis irão determinar o tamanho e a localização do círculo em sua frente estratégica específica.

Os círculos vazios também merecem destaque: indicam que este trabalho não se esgota em si mesmo. Em nenhum momento se buscou um mapeamento exaustivo e definitivo. Ao contrário, os círculos vazios convidam o leitor à reflexão sobre os demais aspectos que porventura não tenham sido identificados neste trabalho. Mais que isso; convidam o leitor a refletir sobre aspectos específicos de uma determinada *startup*. Os espaços vazios são uma provocação: estimulam a reflexão sobre os aspectos do Direito aplicáveis às *startup*s, de forma geral, e também sobre os aspectos do direito aplicáveis ao caso concreto de uma *startup* em particular – daí as "bolhas" vazias.

A linguagem gráfica do desenho foi elaborada para ser interpretada com um olhar de dentro para fora. A intenção é, a partir do centro, expandir a leitura de maneira radial. Assim sendo, a interpretação começa no centro da imagem, onde destacamos a expressão *Everyday Investment Ready*.

STARTUP ROADMAP ®

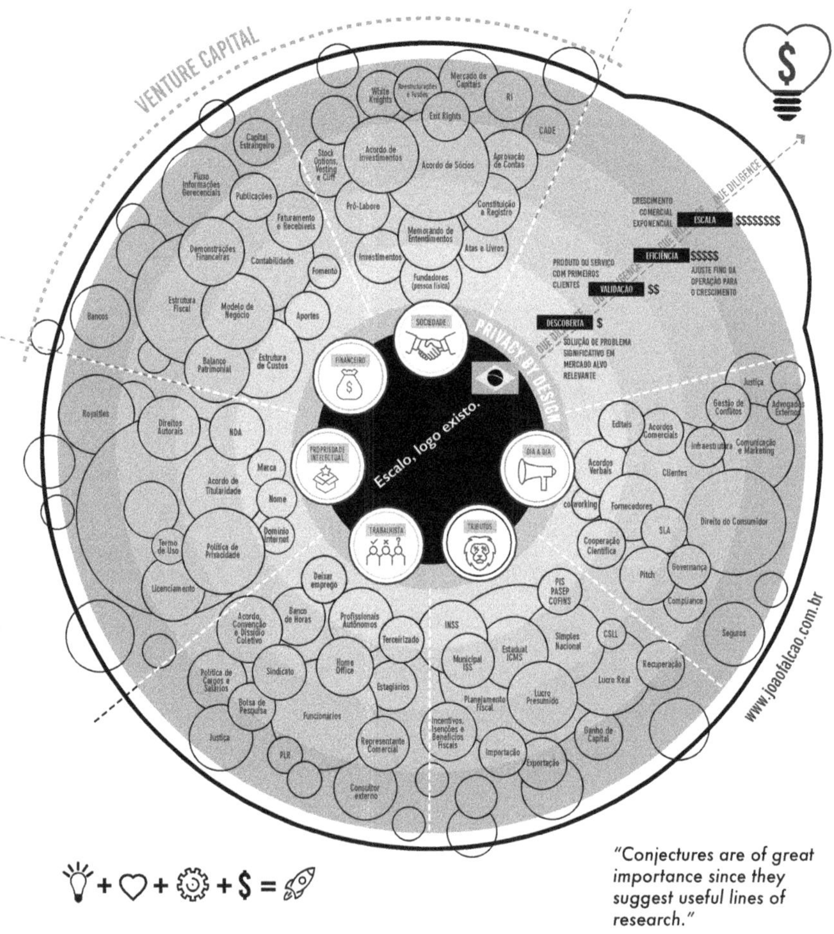

$+\heartsuit+\text{⚙}+\$=$ 🚀

> "Conjectures are of great
> importance since they
> suggest useful lines of
> research."
>
> Alan Turing, In Computing
> Machinery and Intelligence

O desenho apresenta seis dimensões estratégicas para gestão e organização dos documentos com os quais a *startup* tem que lidar, a saber: [104]

1.5.1 　 Sociedade

Atividades econômicas são organizadas e realizadas por meio da constituição de sociedades. Sociedades são institutos dotados de personalidade jurídica, formados de acordo com o interesse comum dos sócios, que recebem títulos representativos de suas parcelas no capital social das sociedades – no caso, as *startups*. Esses títulos conferem aos sócios o direito de participar das deliberações e processos decisórios das *startups*, assim como direitos econômicos para participar nos lucros e resultados obtidos por elas. Para fins de gerenciamento interno das *startups*, os sócios devem decidir quem exercerá o cargo de administrador da sociedade (CEO – *Chief Executive Officer*). Este deve ser um indivíduo com expertise na área de atuação da empresa e não possuir qualquer impedimento legal. O CEO, principal administrador da sociedade, deve sempre observar seus deveres de diligência, empregando o máximo de cuidado na condução da administração, sendo-lhes vedado tomar atitudes danosas para a *startup*, unicamente em benefício próprio ou de terceiros. Relacionamos os principais conceitos, institutos e atividades jurídicas mapeados, relativos à função, à organização e à evolução comercial e societária da *startup*. A depender do número de sócios, este esforço de organização é maior ou menor. E, de acordo com a fase em que a empresa se encontra, a complexidade jurídica do que foi mapeado aumenta.

1.5.2 　 Financeiro

Costuma-se avaliar a saúde de uma *startup* em função de suas finanças e projeções futuras. O objetivo da administração financeira é maximizar os lucros e o valor de mercado da empresa. Há inúmeras obrigações legais atreladas aos aspectos financeiros de uma *startup*, como a emissão de notas fiscais, controle de tributos, impostos e obrigações contábeis. Esses aspectos financeiros, bem como seus desdobramentos jurídicos, foram mapeados, desde o planejamento inicial à inserção mercadológica do produto ou serviço no mercado, além da organização para o crescimento exponencial das receitas e domínio de mercado. As pesquisas

---

104 FALCÃO, João Pontual de Arruda. **Startup Law Brasil: O Direito Brasileiro Rege, mas Desconhece as Startups**. Rio de Janeiro: Escola de Direito da Fundação Getúlio Vargas do Rio de Janeiro, 2017.

desenvolvidas para este livro abordaram ideias básicas de finanças e princípios aplicáveis em várias áreas, como contabilidade, *marketing*, investimentos e administração.

1.5.3 Propriedade Intelectual

Proteção intelectual é o registro, depósito e cessão do capital intelectual. Produtos e processos de produção devem apresentar o máximo de características inovadoras proprietárias, capazes de diferenciá-los de seus concorrentes e, com isso, proporcionar vantagens competitivas explícitas. Como fazer para proteger o *software*, o programa de computador, o algoritmo? Isto é particularmente relevante porque, no setor, são bastante comuns a cópia, a engenharia reversa e um sem-número de formas que permitem a alguém se aproveitar do esforço e do conhecimento técnico alheios. No Brasil, a rigor, não é possível patentear um *software*. O ordenamento jurídico não prevê como objeto de proteção de direitos autorais os conceitos matemáticos como tais, de forma que, enquanto fórmula matemática, os algoritmos não são suscetíveis de proteção por direito autoral, que protege a expressão de uma ideia e não a ideia em si. A funcionalidade implementada pelo algoritmo poderá ser protegida por patentes desde que evidenciada a solução de um problema técnico, esta restrição visa a excluir da proteção por patente aquelas matérias abrangidas pelo direito de autor. Uma ação bastante simples e de pouco impacto é registrar o *software* junto ao INPI. Esse processo exige que se envie o código-fonte para a análise do órgão por meio de seu sistema eletrônico, com o pagamento das taxas devidas. Com a aprovação, o código é protegido por 50 anos contados da criação do programa em registro do qual irá constar e o nome de quem registrou o *software*.[105]

1.5.4 Trabalhista

O relacionamento com funcionários representa um aspecto importante do dia a dia de qualquer *startup*: contratações, demissões, indenizações, sindicatos, negociações coletivas, dentre outras modalidades. A complexidade da regulamentação das relações de trabalho é inquestionável. São leis, portarias, decretos e outros atos normativos destinados a disciplinar a forma como se relacionam o trabalhador e o tomador de serviços. Soma-se a esta complexidade a jurisprudência trabalhista. Em

---

105 INSTITUTO NACIONAL DE PROPRIEDADE INDUSTRIAL. **Guia Básico de Programa de Computador**. 2020.

função do uso intensivo de capital humano e de uma dinâmica de trabalho peculiar, as *startups* devem estar sempre alerta quanto ao cumprimento das leis trabalhistas. No atual mercado de relações dinâmicas e competitivas, o desconhecimento da legislação pode acarretar prejuízos perversos. A rotina trabalhista, bem como o enquadramento dos empregados de acordo com a legislação trabalhista, são pontos muito sensíveis à *startup*. No Brasil, há uma cultura forte de valorização de direitos e benefícios que foram conquistados ao longo dos anos, a partir de uma perspectiva da empresa industrial. Mapeamos as questões trabalhistas que entendemos fundamentais para qualquer *startup* brasileira, de acordo com as recentes reformas na legislação trabalhista.[106]

1.5.5   Tributos

Saber qual tributo pagar e como isso deve ser feito é vital, mas não é tarefa fácil. A dinâmica de rápido crescimento de uma empresa *startup* dificulta a eficiência tributária e vice-versa, esses processos não foram feitos um para o outro. No período compreendido entre 1988 e 2018, ou seja, ao longo dos 30 primeiros anos da Constituição Federal, foram editadas quase 5,9 milhões de normas tributárias – em média, 774 normas por dia útil.[107] Essa geração sistêmica de tributos não é novidade; ela está presente desde o período colonial, sendo considerada uma herança portuguesa. Nesses 500 anos de Brasil, quase tudo já foi tributado: da simples travessia de um rio até a comercialização de escravos. A Coroa Portuguesa recolhia os tributos, de forma direta ou por comerciantes que contratavam o direito de explorar serviços públicos[108]. O Sistema Tributário brasileiro foi considerado um dos mais complexos do mundo, por serem consumidas aproximadamente 2.600 horas por ano para que uma empresa consiga cumprir a legislação. Isso equivale, em termos aproximados, a 216 horas por mês para que sejam cumpridas as exigências tributárias[109]. A lista dos tributos cobrados no Brasil é assustadoramente grande e complexa; impostos são cumulativos, mesmo com bases de cálculos distintas, e os

106   BRASIL. Lei No. 13.467, de 13 de julho de 2017.

107   INSTITUTO BRASILEIRO DE PLANEJAMENTO E TRIBUTAÇÃO. Quantidade de Normas Editadas no Brasil: 30 anos da Constituição de 1988. 2018. Disponível em: <https://ibpt.com.br/noticia/2683/Quantidade-de-NORMAS-EDITADAS-NO-BRASIL-30-anos-da-constituicao-federal-de-1988>.

108   IBELLI, Renato C. **O Monstro que Criamos. In Como os Impostos Emperram o Brasil**. Diário do Comércio, 2015.

109   WORLD BANK GROUP. ***Doing Business 2020 – Economy Profile: 2020***. Washington, 2019. Disponível em: <https://www.doingbusiness.org/content/dam/doingBusiness/country/b/brazil/BRA.pdf>.

créditos gerados para a Economia dependem do momento em que o tributo será recolhido. O Brasil se transformou num *manicômio tributário*[110]: um cipoal de leis e portarias que determinam quanto empresas e cidadãos são compelidos a pagar a cada ano para uma eficaz e devoradora máquina de arrecadação de impostos, mas bem menos eficiente para devolver à sociedade serviços de qualidade.

1.5.6 📣 Dia a Dia

Nesta área, a intenção foi agrupar os aspectos jurídicos relacionados ao dia a dia operacional de uma *startup*. Aqui, o conceito de prontidão "24 horas/7 dias por semana" foi destacado para tratar de quaisquer questões da *startup* que se fizerem necessárias (negociações diárias relacionadas a contratos dos clientes e fornecedores, gestão de conflitos internos e externos à *startup* e análise permanente dos riscos e obrigações do negócio, além de todo tipo de imprevistos que naturalmente ocorre no dia a dia de uma empresa). Em muitas situações, o que foi planejado inicialmente não representa a realidade – e a *startup* precisa alterar seu modelo de negócio inicial, sua estratégia de comunicação e *marketing*, seu produto ou serviço.

Na Mandala, os 88 conceitos estão distribuídos em seis áreas estratégicas. Entenda o que cada um deles significa; identifique em que momento do ciclo de vida a *startup* se encontra – Descoberta, Validação, Eficiência ou Escala. Com a Mandala em mãos, mapeie sua *startup*: quais dos 88 aspectos indicados no mapeamento se aplicam ao seu caso específico? É hora de listar, ordenar e distribuir os aspectos mapeados pertinentes na versão *canvas* da Mandala. O intuito é que você mapeie e desenhe a jornada da sua *startup* numa ferramenta de gestão, monitoramento e controle – daí o forte apelo visual do modelo.

Trata-se de uma ferramenta desenvolvida para facilitar a vida de quem quer emergir e escalar no Brasil, com eficiência e segurança jurídica. O objetivo deste mapa é despertar atenção para as questões jurídicas mais relevantes na vida das *startup*s em atividade no território brasileiro.

---

110 O doutrinador Alfredo Augusto Becker definia o sistema tributário nacional como um verdadeiro manicômio jurídico-tributário, por sua complexidade e incoerência em seu livro intitulado Teoria Geral do Direito tributário, de 1963, publicado antes da promulgação do Código Tributário nacional. No entanto, mesmo com a promulgação da referida lei no ano de 1996 a definição de manicômio tributário é muito atual para fazer menção à complexidade do nosso sistema tributário.

Ao olhar para o mapeamento, pode-se concluir que a *startup*, sob a ótica do Direito Brasileiro, é um arranjo institucional complexo com características próprias, um *vale do suplício*, uma *armadilha*, uma *teia de aranha*, quanto mais você se movimenta, mais você fica preso.[111]

O capítulo seguinte apresenta uma abordagem estratégica abstrata de como avançar na gestão jurídica da *startup* com base no mapeamento. Criamos o método *Everyday Investment Ready®* com diretrizes, ferramentas, elementos e significados que, em conjunto, se transformam numa estratégia para planejamento, gestão e análise de riscos jurídicos das empresas *startup*s. É um método para todos se manterem *investment-ready* todos os dias. O pontapé inicial é mapear os aspectos da sua *startup*. Disponibilizamos a versão *canvas*[112] da Mandala para facilitar esse trabalho.

---

111 O tema "armadilha" e "teia de aranha" surgiu em conversa com o professor Leandro Molhano Ribeiro, da FGV Direito Rio, que realiza pesquisas na área de Ciência Política, com ênfase em Políticas Públicas, Instituições Políticas e Análise do Processo Decisório.

112 O autor se inspirou no *Business Canvas Model*, de Alexander Osterwalder, para criar a versão *canvas* da Mandala.

PRÁTICA

2. PRÁTICA

UMA ESTRATÉGIA JURÍDICA PARA VENCER NO UNIVERSO DAS *STARTUPS*

Não se pode pensar em uma estratégia jurídica para *startups* que apresente modelos rígidos, complexos, burocráticos e altamente dispendiosos. A abordagem aqui desenhada serve às *startups* que desejam construir riquezas e prezam por uma operação segura e eficiente, de risco calculado.

O desafio proposto neste capítulo é a construção de uma estratégia jurídica para a *startup*. Como fazer isso sem que questões legais provoquem perda ou diminuição do valor da empresa?

Por operarem em ambiente caótico, evoluindo rapidamente e com inúmeras incertezas, as *startups* enfrentam pressão intensa em relação ao tempo de entrega e estão expostas ao desafio da inovação. Para ter sucesso nesse ambiente, precisam estar prontas para se adaptar – e, não menos importante, para adaptar sua estratégia jurídica (mesmo com poucos recursos disponíveis para cumprir essa missão).

O aspecto positivo da gestão e análise de riscos jurídicos é o alto nível de organização que resulta desse trabalho. A *startup* valoriza-se em função da sua qualidade organizacional e estrutural, além de eliminar passivos ocultos, tornando-se ainda mais atrativa em caso de venda para grandes grupos econômicos ou em uma oferta pública de ações.

A *startup* é uma organização de iniciativa privada[1] que embarca numa jornada a partir de diferencial competitivo baseado em conhecimento e inovação[2], em busca de crescimento empresarial escalável, exponencial[3], de altíssimo risco[4], em um ambiente de extrema incerteza[5], e que visa à construção de riqueza[6] o mais rapidamente possível.

Como fazer o Direito atender à essa essência das *startups*, que é ser escalável? Como desenhar e implementar a estratégia da *startup* para que ela seja escalável, inclusive nos aspectos jurídicos? E como fazer isso com transparência, segurança e eficiência?

---

[1] Para o empreendedor, a *startup* é uma jornada. Para o investidor, é um modelo de negócio. Para o advogado é um arranjo institucional complexo.

[2] "Conhecimento e inovação," que geram altíssimo valor agregado.

[3] "Crescimento escalável exponencial", no sentido de crescer muito e rápido ou fechar.

[4] De "altíssimo risco", ainda que calculado.

[5] Extrema incerteza mercadológica, institucional, financeira e jurídica.

[6] Visando a multiplicar o retorno sobre o investimento (ROI).

Primeiro com o planejamento jurídico, desenhando o caminho formal para superar os desafios reais. A *startup* nasce com a missão de crescer rapidamente, ou *morrer*. Encerrar as atividades sempre que não se provar escalável é uma característica intrínseca do modelo econômico da *startup*. O fechamento da empresa deve fazer parte do planejamento jurídico da *startup*. Esse é o principal ciclo das *startups*. A maioria não chega a lugar nenhum.

O primeiro passo para esse bom planejamento é o diagnóstico. O melhor médico faz a anamnese prévia do paciente que o procura; busca dados e informações a seu respeito, faz sondagens e solicita exames variados, para poder ter uma avaliação ampla e profunda da situação. Com o máximo de informações em mãos, tem então condições de definir um diagnóstico preliminar: qual é o problema, mal, carência, disfunção, doença ou necessidade do paciente. Em função do diagnóstico, o médico então concebe a terapêutica adequada.

No caso das *startups* não é diferente. Diagnosticar situações, problemas e necessidades é sempre o passo inicial do administrador, antes de pensar na ação apropriada.

Saber ver e ouvir, para poder refletir e planejar. Olhos e ouvidos cada vez mais atentos. E, se possível, ter um raciocínio rápido e acelerado. No planejamento é fundamental ser objetivo e imparcial. Imparcialidade e objetividade são fundamentais para uma apreciação correta. Mas acima de tudo é preciso ler nas entrelinhas, enxergar aquilo que os outros não percebem, visualizar filigranas.

O Direito é complexo e a jornada da *startup* é tortuosa. A missão deste livro é oferecer um entendimento didático do todo, ou de boa parte dele, com a finalidade de informar, formar e preparar as atuais e futuras *startups* para enfrentar as questões mapeadas de forma eficiente.

O olhar que desenvolvemos se dá a partir dos co-fundadores da *startup* – sejam eles empreendedores, gestores ou investidores. O objetivo aqui não é defender um posicionamento específico, de quem está certo ou de quem está errado; tudo dependerá da visão dos fundadores e da estratégia de negócio.

A cultura do time de fundadores da empresa deve ser de trabalho e de construção de um modelo de negócio nos moldes de uma *startup* – conforme definimos no capítulo TEORIA. E assim estabelecer onde se quer chegar, estipular metas, definir ações, montar um time e executar o planejamento.

A partir da prática do autor, que orientou *startups* por mais de 10 anos, criamos o conceito *Startup Investment Ready®*, com foco em monitorar as questões jurídicas desde o primeiro dia de vida da *startup*. O ideal é que esse processo seja desenvolvido por um profissional qualificado e de confiança, de preferência alguém com conhecimento jurídico.[7]

O método consiste no mapeamento e na gestão jurídica da *startup* a partir de rotinas internas de monitoramento e de ajuste fino das formalizações necessárias ao cumprimento da lei e da boa governança.

O objetivo do planejamento é manter a *startup* permanentemente apta para ser aprovada num processo de *due-diligence* – que avalia e mensura os riscos e as oportunidades do negócio. Deve ser natural, para quem se define como empresa *startup*, cumprir todas as exigências de um processo rigoroso de *due- diligence*, fundamental para concretizar operações de investimento.[8]

A estratégia é a *startup* estar sempre preparada para conversar com potenciais sócios e investidores, em qualquer etapa do seu ciclo de vida, sem fazer grandes esforços extras, pois a *due-diligence* estará sempre em dia (*everyday investment ready*). Estima-se o valor da *startup* (*valuation*) de forma sistematizada – preferencialmente usando um modelo quantitativo. O *valuation* deriva de considerações como gerenciamento, histórico comprovado, tamanho do mercado e risco, faturamento, receita recorrente, ativos, contratos, etc.

Se você tem uma *startup* que está começando, terá mais dificuldades para calcular seu valor por causa da falta de números históricos – e por ter um produto/serviço ainda não consolidado.

Mas *valuation* não é ciência exata, é arte. Envolve certa dose de subjetividade ao se definir premissas e selecionar fontes de dados. Um *valuation* confiável depende da percepção do mercado e do método utilizado para o cálculo, de acordo com as características da startup. *Valuations* são momentos sempre muito difíceis, de

---

7   O Código de Ética e Disciplina da OAB (Lei 8.906/94) prevê como atividades privativas de advogados, devidamente inscritos nos quadros da Ordem, a postulação perante órgãos do Poder Judiciário e a prática de consultoria, assessoria e direção jurídica.

8   A *due-diligence* se destina a identificar, de forma qualitativa e quantitativa, os riscos jurídicos da empresa, apontando passivos judiciais e administrativos e demais pontos de atenção. Disponibilizamos uma lista completa de *due-diligence* para uma *startup* em: <www.joaofalcao.com.br>.

definição ou negociação de valores econômicos, financeiros e jurídicos.

A gestão jurídica de uma empresa de médio e grande porte, já estabelecida, é completamente diferente da gestão jurídica de uma *startup*. Gestão jurídica de uma *startup*, em bom português, é crescer rápido, mantendo baixos tanto os *custos de produção*[9] quanto os de *transação*[10] – ou saber morrer em pouco tempo.

Trata-se de uma construção programática. Os objetivos são atender à legislação em vigor e ser capaz de lidar com as repercusões jurídicas nos ciclos de vida das *startups*.

No começo de uma *startup*, os fundadores dedicam suas melhores energias a promover a atividade-fim da empresa. É comum atrasarem na retaguarda, nos cuidados jurídicos básicos, como se fossem menos importantes.

Atrasar, tudo bem, só não se pode esquecer que há processos e formalizações vitais para o futuro da *startup*. A metodologia *Everyday Investment Ready*® visa ao estado-da-arte na gestão das questões jurídicas de uma *startup*.

Desde a sua concepção inicial, todos os compromissos, direitos e obrigações da *startup* devem estar formalizados por escrito, datados, firmados e com a assinatura de duas testemunhas. Uma simples leitura desses documentos deve ser suficiente para deixar bem claro o que foi acordado, mesmo sem a presença das pessoas envolvidas na negociação propriamente dita. É o que está escrito e assinado.

Governança deve ser um hábito permanente da *startup*. Significa, basicamente, construir processos claros de tomada de decisão na *startup*. O objetivo é evitar, na medida do possível, que a empresa dependa única e exclusivamente de uma só pessoa.[11]

Preocupar-se com essa estrutura jurídica somente quando um investidor bate à porta é um erro comum. No momento em que a oportunidade de negociar aparece, arrumar a casa será um esforço gigante, financeira e operacionalmente. Um condicionante para o sucesso do negócio.

9   MARX, Karl. **O Capital**, Livro III. Boitempo, 2017.

10   COMMONS, John R. *Institutional Economics*. In American Economic Review. 1931.

11   INSTITUTO BRASILEIRO DE GOVERNANÇA CORPORATIVA. **Governança Corporativa para Startups & Scale-Ups**. São Paulo, 2019.

Recomendamos adotar uma cultura de governança desde o início. A sugestão é sempre antecipar as mudanças necessárias e ajustar a estrutura da *startup*, antes que um terceiro aponte isso ao time.

Quaisquer que sejam as relações e as condições que dão vida à *startup*, é prudente documentá-las. Ajuda bastante ter tudo no papel e fazer os acompanhamentos, para maior efetividade. O objetivo é implantar, desde o início, uma cultura de formalizações internas — mesmo que a *startup* ainda não esteja formalmente constituída perante a Junta Comercial.

As boas práticas do método *Everyday Investment Ready*® convertem princípios básicos em recomendações objetivas, com a finalidade de preservar e otimizar o valor econômico da *startup*, facilitar seu acesso a recursos e contribur para a qualidade da gestão da empresa e para sua escalabilidade.

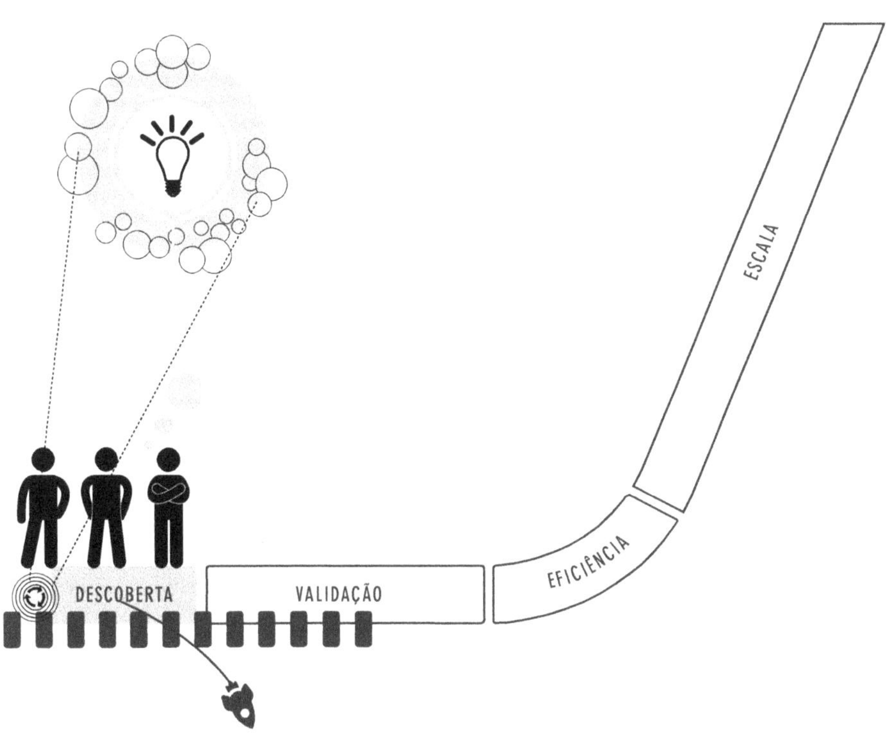

2.1   FASE INICIAL: DESCOBERTA E IDEAÇÃO[12]

Esta é a primeira fase, onde tudo começa: é o pontapé inicial. É uma fase de pouca complexidade em relação aos aspectos jurídicos, mas há pontos nevrálgicos a serem abordados. O principal deles é a importância de deixar claro, desde os primeiros passos, quem são os sócios-fundadores e quais são os respectivos **investimentos** feitos por cada um na sociedade e responsabilidades operacionais.

---

12   Os termos sublinhados neste capítulo representam as "bolhas" da Mandala e têm sua definição no Glossário disponível em: <www.joaofalcao.com.br>.

Enquanto conduzem as atividades da empresa, os sócios da startup devem discutir suas questões jurídicas desde o início da operação. Esse cuidado com os assuntos legais na fase inicial do ciclo de vida facilita a solução dos conflitos que potencialmente surgirão durante a vida da *startup*.

As hipóteses levantadas serão aceitas ou refutadas e vão girar até que se confirmem ou não todas as premissas. Para a *startup* que não provar sua capacidade, será melhor optar pelo mecanismo do *stop-loss* e encerrar a empreitada.

Mesmo que cada *startup* apresente suas peculiaridades, existem estratégias que podem ser adotadas para dividir a participação societária da empresa de forma eficiente.

Em primeiro lugar, não é recomendável iniciar uma *startup* sozinho. O risco do negócio fica muito grande quando se depende de uma só pessoa. Recomenda-se, no mínimo, uma dupla de sócios fundadores. O melhor é um grupo de três ou mais integrantes, preferencialmente pessoas comprometidas, competentes e que possuam conhecimentos e técnicas complementares.

Nesta fase não há necessidade de grandes formalizações. Com prudência, as atividades ainda geram pouco impacto perante terceiros. A *startup* não possui clientes e nem funcionários. É uma fase de ideação, modelagem e planejamento.

Se você não atua no mercado em que pretende empreender, estude e converse com quem já faz parte dele, ou com pessoas que tenham o perfil de seus potenciais clientes. Ser capaz de aprender com a experiência de outras pessoas é essencial, sobretudo sob a ótica do Direito. É estratégico buscar as melhores práticas e ler os documentos utilizados na compra e venda de produtos e serviços similares.

Antes de se dedicar em tempo integral à sua *startup*, faça uma poupança para ter um pouco mais de segurança. O planejamento das suas reservas financeiras pessoais ficará mais assertivo e você conseguirá ter mais controle sobre o seu orçamento mensal. A partir do momento em que deixar seu trabalho, o controle de suas despesas deve ser total e o dispêndio reduzido ao essencial.[13]

O processo de se ter uma *startup* envolve uma série de questões complexas que, nesta fase, não costumam ser visualizadas por quem está sob o impulso de uma grande ideia – salvo por aqueles que já vivenciaram a experiência de empreender uma *startup*.

---

13   GARUTTI, Arthur. **Quando Largar seu Emprego e se Dedicar à sua *Startup*?**. Ace Startups, 2014.

Pontuamos a seguir os aspectos jurídicos desta fase por áreas estratégicas, para melhor compreensão e organização do planejamento.

 Sociedade

Tudo começa com pessoas naturais. O comprometimento pessoal dos **fundadores (pessoas físicas)** é determinante para o sucesso da *startup*.

É saudável que os sócios selecionem e formalizem quem exercerá a função de CEO, de liderança, que possuirá amplos poderes e prerrogativas para gerir os esforços iniciais e representar a *startup*, assumindo compromissos, perante terceiros. Ou seja, dará vida ao sonho dos sócios fundadores.

No exercício de suas atividades, os CEOs devem procurar observar seus deveres de diligência e empregar sempre o máximo de cuidado e atenção na condução da administração. Isto se aplica também aos deveres de lealdade, pois é vedado aos CEOs realizar qualquer ato que seja danoso para a *startup*, seja em benefício próprio ou de terceiros. Os administradores da *startup* são formalmente impedidos de atuar quando seus interesses pessoais forem conflitantes com os da *startup*.[14]

Muitas vezes o CEO se revela naturalmente; quando não é este o caso, nomeia-se o sócio fundador que tem o perfil mais adequado para a função. Uma vez escolhido, o CEO deve se dedicar exclusivamente à *startup*. Deve deixar o emprego ou os estudos para empreender. Não existe CEO de meio período: os empreendedores devem abandonar os estudos, deixar o trabalho de carteira assinada ou o concurso público, para dedicar-se integralmente à criação da sua *startup*.

Quando alguém toma a iniciativa de levar adiante a *startup*, é preciso deixar claro quem são os sócios-fundadores da empresa, ou seja, quem participou desde o início. Vejamos o caso de Jobs e Wozniack, sócios fundadores da Apple[15]. Nos primórdios da empresa, quando ambos trabalhavam naquela famosa garagem, no Vale do Silício (Califórnia, EUA), qual a primeira questão jurídica a ser tratada?

---

14   Não podem ser administradores menores de 16 anos, pessoas jurídicas; os condenados a penas que vedem o acesso a cargos públicos; os brasileiros naturalizados a menos de 10 anos – no caso de empresas jornalísticas ou de radiodifusão – e imigrantes – na mesma hipótese e em pessoas jurídicas titulares de imóveis reais na faixa de fronteira; o cônsul se remunerado, funcionários públicos da ativa; os chefes do Executivo, os magistrados e os leiloeiros. No caso das Sociedades Anônimas, também não podem ser membros da Diretoria e do Conselho Fiscal pessoa natural não residente no Brasil.

15   ISAACSON, Walter. **Steve Jobs**. São Paulo: Companhia das Letras, 2011 e WOZNIAK, Steve. iWoz. New York: W.W. Norton & Company, 2007.

Para definir os **investimentos** que serão realizados por cada um dos sócios, reco-
mendaríamos criar a *capitalization table*. É crucial definir corretamente a participação societária de cada sócio desde o início da *startup* e a atualização permanente
da *cap table* – independentemente de qualquer registro perante a junta comercial
local. As questões que a *cap table* deve esclarecer são: quem são os sócios da *startup*? Quanto cada sócio detém de participação societária? E quais são seus respec-
tivos direitos e obrigações?

Desde o início, e daí em diante de forma permanente, recomendamos manter o
cap table sempre atualizado. É estratégico um esforço recorrente. No início, se algum familiar, amigo ou parceiro ajudou e merece receber participação societária,
mesmo que residual, é importante registrar. Nesses casos de sócios com participações residuais, recomendamos adotar a cláusula de usufruto criada pelo Emérito Professor Nivio Ziviani, do Laboratório de Tecnologia da Informação (LaTIn) da
UFMG.[16] Os sócios residuais passam a deter o valor econômico, mas não político,
sobre uma participação societária minoritária.

Ainda é exceção ter acordos de sócios firmados nessa fase. Existem muitas barrei-
ras para se ter uma conversa sobre quem é sócio e quem não é.

Pode parecer mais fácil, no curto prazo, adiar um diálogo profissional sobre o que
cada um dos fundadores quer ou merece. É improvável, porém, que seja a coisa
certa para a saúde da *startup* no longo prazo. Ignorar simplesmente a *cap table* e
seguir adiante é um fator crítico de incerteza jurídica.

Startups diferentes têm maneiras diferentes de dividir a participação societária
quando nascem. Algumas fazem isso de antemão, outras esperam para que os sócios se conheçam melhor. Alguns sócios passam por um processo de negociação
cuidadoso. Outros são rápidos em apertar as mãos e seguir em frente. Algumas
startups dividem o patrimônio igualmente entre todos os fundadores; outras che-
gam à conclusão de que o resultado justo é, na verdade, uma divisão desigual, que

---

16   "*4.2. Além do pagamento previsto no item 4.1.1, a UFMG também será remunerada em virtude da presente
transferência [de know how] através da gravação de usufruto sobre o percentual equivalente, na data de assinatura
do contrato, a 5% (cinco por cento) das ações ordinárias nominativas da ZUNNIT, que totalizam na presente data
5% (cinco por cento) das ações integralizadas.*" **Contrato de Transferência de *Know How* No. 06/2011 que
Entre Si Celebram a Universidade Federal de Minas Gerais – UFMG e a Zunnit Tecnologia S.A.**, de 28
de novembro de 2011.

reflita as diferenças entre os fundadores.[17]

Nos EUA, se não houver uma definição específica das participações societárias dos sócios fundadores, significa que a divisão societária se dá em partes iguais.[18]

Apesar da divisão igualitária do capital social entre os sócios ser mais simples, nem sempre ela será adequada. É necessário considerar fatores como as responsabilidades que cada sócio assumirá, bem como o quanto ele irá contribuir financeiramente para a empresa, além de outros elementos que os sócios achem relevantes de acordo com as peculiaridades da *startup*.

Quando os fundadores estão dividindo a participação societária, no início de vida da *startup*, enfrentam muitas incertezas – que dizem respeito à estratégia e ao modelo de negócio a ser adotado, aos eventuais papéis dentro da equipe, ao nível de comprometimento de cada fundador com a *startup* e às incógnitas, que vão se esclarecendo à medida que os fundadores se conhecem melhor. As coisas são ainda mais incertas para sócios fundadores que nunca trabalharam juntos.

Essas questões não são fáceis de serem respondidas, pois não há parâmetros objetivos, como leis ou normas, que resolva como repartir a participação societária em uma *startup*. Tal incerteza pode levar a decisões ruins, que acabam comprometendo o futuro da empresa.[19]

Há questões específicas a serem consideradas na hora de se preparar para uma conversa entre os sócios, com vistas à divisão das participações societárias. Onde houver dúvidas, vale esclarecer. Algumas questões serão mais relevantes para uma *startup* do que para outras, mas o importante é que essa conversa estruturada suscite uma noção de responsabilidade sobre os direitos e as obrigações da *startup*.

A lista que se segue contém questões a serem consideradas, na hora de se preparar para uma conversa objetiva entre os futuros sócios. É o pontapé inicial das conversas que, no futuro, farão parte de um contrato chamado Memorando de Entendimentos

---

17   HELLMANN, Thomas; WASSERMAN, Noam. *The Very First Mistake Most Startup Founders Make*. Harvard Business Review, 2016.

18   SEIBEL, Michael. *How to Split Equity Among Co-Founders. YCombinator*, 2015. Disponível em: <https://blog.ycombinator.com/splitting-equity-among-founders/>.

19   CENDÃO, Fábio. MEI, EIRELI, **Sociedade Limitada, SA, SCP: Qual a Estrutura Societária Mais Adequada para sua *Startup*?**. Draft, 2015.

Sugerimos uma conversa franca, um diálogo "pré-nupcial" entre os sócios fundadores sobre as questões listadas a seguir. Se os fundadores não aprenderem pelo menos algo surpreendente sobre seus pares, durante esse diálogo, é bem provável que ainda não tenham tido uma conversa séria de verdade antes.[20]

- Esboço do plano estratégico e de negócio da *startup*: escopo, mercado, tipos de atividades cobertas, o que está excluído.
- Qual o período de tempo estipulado para que a a *startup* seja formada ou que o acordo entre os sócios fundadores seja anulado?
- Quem detém a propriedade intelectual? Quando a propriedade intelectual será transferida para a *startup*? Há direitos de ex-empregados ou de outrem sobre qualquer propriedade intelectual trazida pelos fundadores?
- Há sócios-fundadores atualmente empregados? Quando deixarão seus empregos? Algum problema em deixar o emprego? Por exemplo: acordo de confidencialidade ou de não-concorrência?
- Os sócios-fundadores da *startup* firmarão acordos de propriedade intelectual, confidencialidade, não-concorrência etc.?
- Como será o horário de trabalho dos sócios-fundadores: integral? Parcial? Flexível?
- É permitido que os sócios-fundadores se envolvam em outras *startups* ou empreendimentos? Quais são as restrições?
- Quem é responsável por quais tarefas no dia a dia da *startup*? Quais os papéis e responsabilidades de cada um? Quais são os cargos e funções? Como as decisões operacionais serão tomadas? Os fundadores terão encontros de trabalho periódicos, vão se reunir sempre que necessário ou as duas coisas?
- Em que momento as funções, responsabilidades e compromissos serão reavaliados? Quais serão os critérios de reavaliação?
- Qual o orçamento inicial para o projeto? Quais as fontes de recursos financeiros? Serão usados cartões de crédito? Haverá empréstimos para a *startup* ou os recursos serão adquiridos por meio da venda de participação societária em seu capital (*equity*)? Como será feita a partilha de subvenções e de prêmios conquistados?
- Quando a organização formal da empresa vai acontecer? Onde? De que forma?

20 Adaptação da lista **Founder's Checklist: From Tough Conversations to Founder's Agreement**, do curso da Profa. Lena Goldberg, na Harvard Business School, no segundo semestre de 2017, Cambridge-MA, EUA.

Quem criará os livros societários e contábeis? Quem ficará responsável pela contabilidade? Quem será responsável pela governança e pelo controle interno?

Quando haverá novas emissões de participações societárias (*equity*)? Quem recebe '*founders' equity*'? Só os fundadores iniciais ou os contratados subseqüentes também? Haverá '*Option Pool*' para as novas contratações? Haverá participação societária (*equity*) ou dívida conversível?

Como os sócios fundadores e/ou outros obtêm participação societária (*equity*)? Por meio de compra, conquistam trabalhando para a *startup* ou as duas coisas?

Quais os termos e condições de aquisição de '*Vesting*'?

Quem receberá *pro labore*? Quais os valores? Receberão em montantes iguais? Qual a base para diferenciais? Como funcionarão a compensação do fundador e a compensação dos contratados subsequentes?

Diluição/direitos anti-diluição? *Tag-along, drag-along*? Direitos de preferência?

Mudança nas circunstâncias dos fundadores: o que configura uma mudança de circunstância? Por exemplo, caso um fundador deixe a *startup* para assumir outro trabalho, quando e como este fato deve ser comunicado aos demais?

O que fazer quando ocorre uma mudança nas circunstâncias? Por exemplo, comprar e/ou vender toda a participação societária (*equity*) ou manter uma pequena quantidade de ações? Quais serão os termos de pagamento?

Qual é a lista de liberdades e restrições do sócio-fundador que sair da *startup*?

Como será conduzido o ajuste fino para atingir o sucesso após a mudança nas circunstâncias?

Como será a solução de conflitos: por arbitragem, por mediação ou por meio de outro critério? Que critério será esse?

O objetivo desta lista é incentivar uma conversa estruturada entre os sócios fundadores. É fazer com que eles se conheçam uns aos outros – pois contratos, por si só, não são suficientes para dar conta de tudo. Se os sócios fundadores nunca trabalharam juntos, é provável que haja surpresas – muitas vezes negativas – quanto à forma de atuação, compromisso e trabalho recíproco.

Não se preocupar com a divisão da separação societária logo no início das atividades da empresa pode gerar problemas ainda maiores no futuro. Principalmente com operações societárias como a saída ou entrada de sócios.

As *startups* devem entender que a divisão societária é uma etapa inicial relevante para a sociedade. A *cap table* de uma *startup* deve estar sempre atualizada, de modo a permitir que decisões estratégicas importantes possam ser tomadas – e que se possa avaliar o efeito de tais decisões sobre cada um dos sócios da empresa. É preciso entender como são as parcerias entre os sócios, a divisão de tarefas e os investimentos, para que se possa encontrar a melhor alternativa:

SÓCIOS FUNDADORES – Os sócios fundadores devem possuir uma participação societária significativa nesta fase inicial. O recomendável é de que seja de 75%, o que facilita a tomada das decisões societárias. Entre eles, a divisão deve ser feita de acordo com a contribuição, financeira e de trabalho, de cada um, definindo os líderes do negócio.[21]

COLABORADORES E PARCEIROS ESTRATÉGICOS (*option pool*) – Em algumas startups, outros players, que não os fundadores originais, são peças chave para o negócio. É interessante considerar a ideia de reservar uma parcela da sociedade – ainda que pequena, entre 5-20% – para que esses profissionais possam se tornar sócios, incentivando-os a se dedicar ainda mais ao negócio, sem necessariamente interferir no controle e nas decisões estratégicas da empresa.

SÓCIO INVESTIDOR – Nem sempre é possível ultrapassar o *vale da morte*[22] adotando a prática conhecida como *bootstrapping*[23], ou seja, sem a utilização de recursos financeiros de terceiros que não sejam os fundadores. Um sócio investidor pode ser fundamental para a continuidade do negócio neste estágio inicial. É importante que os demais compreendam sua relevância e valorizem a participação societária que esse tipo de sócio terá –- *smart money*. Ao mesmo tempo, deve-se atentar para o fato de que ingresso de capital apresenta impactos societários e tributários a serem considerados.

---

21   CENDÃO, Fábio. MEI, EIRELI, **Sociedade Limitada, SA, SCP: Qual a Estrutura Societária Mais Adequada para sua *Startup?*.** Draft, 2015.

22   Nesta fase, é muito comum que as *startups* não consigam tirar suas ideias do papel e acabem encerrando seu negócio ainda no começo.

23   Forma de investimento em que os sócios devem tirar dinheiro do próprio bolso para permitir o funcionamento da empresa, enquanto ainda não conseguem investidores externos (ABSTARTUPS. **O Que é *Bootstrapping?*.** 2017).

É normal encontrarmos *startups* que já estão formalizadas com porcentagens decididas aleatoriamente. Ou então empresas cujos sócios ainda não decidiram a participação real de cada um. Essas duas questões têm potencial para gerar problemas diversos no futuro, como por exemplo pendências tributárias – tanto em caso de sucesso quanto em caso de falência da empresa.

Uma empresa que está começando é um conjunto ainda caótico de ideias, responsabilidades e tarefas.[24] Uma reunião semanal dos sócios é um excelente momento para alinhar as ideias, combinar as prioridades e melhorar as chances de sucesso. Uma ata objetiva, com os pontos ventilados e decididos, deve ser assinada pelos sócios. (mesmo que seja um simples "de acordo", via e-mail). Todas essas conversas precisam estar registradas, desde já, em atas e livros da empresa, tão logo seja possível. As reuniões também são importantes para que o CEO da *startup* apresente suas ideias e receba *feedback*, o que permite melhorar a sua visão.

Financeiro

O cuidado com a parte financeira é um dos pontos mais importantes desde o início. Debruce-se sobre a viabilidade financeira do negócio e descubra se o modelo de negócio que você possui tem a possibilidade de ser monetizado. Uma boa ideia deve apresentar um grande potencial de crescimento, com um investimento inicial baixo.

Ser realista é estar preparado para as eventualidades que podem impactar a sua empresa, tanto positiva quanto negativamente. Leve em conta a situação financeira pessoal dos fundadores e seja realista. Cada fundador deve monitorar suas despesas pessoais e avaliar sua própria necessidade mensal. Também deve se considerar o momento de vida dos fundadores, no âmbito pessoal e profissional, para que os sócios consigam estimar o quanto precisam tirar da empresa para manter a si e a sua família mensalmente.

É importante elaborar uma estrutura de custos inicial para a empresa. Determinar os custos inerentes ao modelo de negócio; os recursos-chave mais caros; as atividades principais mais caras; os custos das matérias-primas; os custos referentes às atividades e aos processos dentro da *startup*; os custos unitários por produtos; os

---

24   HEISE, Daniel. **Os Benefícios de Formar um Conselho**. Endeavor, 2020.

custos dos serviços prestados ao cliente; os custos gerais da *startup*.[25]

Um dos primeiros desafios do CEO é definir essa estrutura e a estimativa de custos para a *startup*. Em paralelo, é preciso definir o quanto os sócios pretendem investir inicialmente na empresa – e sob que formato de investimento se dará cada aporte.

É importante que os aportes sejam acordados entre os sócios e minuciosamente descritos nos atos constitutivos, de modo a evitar futuras disputas em eventuais alterações societárias. Os aportes são decisivos para se estabelecer a proporção do domínio de cada sócio sobre a empresa.

Para as *startups* em estágio inicial, o custo de produzir demonstrações financeiras e contábeis em padrões internacionais não é trivial. Recomendamos aos administradores que estejam familiarizados com pelo menos alguns conceitos fundamentais da contabilidade.

No caso das *startups* que desejam captar recursos de investidores, é fundamental a compreensão, da forma mais ampla e plena possível, do conceito de *fiduciary duty* (em português, dever fiduciário ou dever de lealdade).

Uma empresa que visa a ser escalável é diferente de uma empresa "*mum & pop*" ou "*small business*" (pequeno negócio). Esse tipo de empresa pode se dar ao luxo de priorizar a família ou os amigos na hora da contratação, por exemplo. Uma *startup* não deve fazer isso.

Como regra geral, os editais privados que preveem investimento em *startups* têm como objetivo maximizar retornos. O fomento dos governos e das instituições públicas busca aumentar a competitividade e a eficiência da economia por meio da inovação.

O fomento de *startups* é uma prática desenvolvida pelo setor público, para estímulo à inovação. Os editais dessas instituições oferecem linhas de apoio financeiro à inovação. A elaboração do projeto de acordo com as regras destes editais é, por si só, um belo esforço inicial de organização e de compreensão dos desafios jurídicos que virão pela frente.

O acesso a tais recursos de fomento à inovação não é um caminho trivial – os riscos envolvidos são grandes (ex: incertezas e atrasos nos pagamentos são

---

25   Modelo completo de Plano de Ação (*pitch*) disponível em: <www.joaofalcao.com.br>.

frequentes). Fato é que essas verbas de fomento são uma importante alternativa para as *startups*; nessa fase inicial muitas vezes, são o oxigênio que necessitam para sobreviver ao *vale da morte*.

No Brasil, um pequeno grupo de instituições privadas disponibiliza capital privado para financiamento às *startups*. São incubadoras, aceleradoras, investidores-anjo, fundos de capital empreendedor (*venture capitalists*) e fundos de participações (*private equity*) – todos com seus processos de aprovação e regras próprias.

 Propriedade Intelectual

Essa é a etapa de construção e definição da marca, ou seja, a identidade visual e textual da *startup*. Sugerimos verificar se já foi feito o registro da marca perante o Instituto Nacional de Proriedade Intelectual – INPI e a Junta Comercial; em caso negativo, proceder com esses registros o quanto antes.

Deve-se definir o nome da empresa, pesquisar sua disponibilidade no INPI e fazer o registro necessário. A partir da escolha e do registro oficial do nome, buscar e registrar o domínio online desejado e disponível.

Crie seu domínio *online*, adquira o endereço eletrônico e registre-o. Domínio é um nome que serve para localizar e identificar conjuntos de computadores na *Internet*. No Brasil, o registro de nomes de domínio é de responsabilidade do Registro. br, um departamento do Núcleo de Informação e Coordenação do PontoBR (Nic. br). Caso o registro esteja livre, o usuário poderá registrar o domínio e escolher o período desejado, que pode ser renovado sucessivamente.[26]

Recomendamos também que seja elaborado um acordo de titularidade[27] sobre propriedade intelectual, que deverá ser lido e assinado por todos os sócios. Este instrumento é a forma mais simples de garantir a proteção da propriedade intelectual desde a origem da *startup*.

O ativo da *startup* é o conhecimento aplicado dos envolvidos. Reforçamos que todas as pessoas envolvidas nos testes – sejam sócios, funcionários, parceiros, fornecedores ou clientes – devem assinar o acordo de titularidade da propriedade

---

26   Esse registro segue o princípio internacional de que o primeiro a requerer o registro de domínio passa a ser o titular do direito (BRASIL. **Lei 9.279, de 14 de maio de 1996**.

27   Modelo de documento disponível em: <https://www.joaofalcao.com.br/>.

intelectual, que reconhece a propriedade da *startup* em relação a tudo que estiver relacionado aos testes.

É aconselhável que se faça uma apresentação sem dados confidenciais da *startup*. Ou seja: nesse estágio, recomenda-se fazer uma apresentação que contenha informações relevantes, mas que não contenha os *segredos do negócio*. A partir de outras interações, e do interesse das partes, uma segunda apresentação mais detalhada poderá ocorrer. Non-Disclosure Agreement – NDA.

 ## Trabalhista

Como deixar o emprego para se dedicar a uma *startup*? Não existe uma regra única, até porque não há garantias de que a *startup* será bem-sucedida. Mas existem alguns pontos que podem demonstrar se você está pronto ou não para ser sócio de uma *startup*. É sobre isso que estou falando.

Ao deixar seu emprego para empreender, é fundamental verificar se há cláusula de não-concorrência no seu contrato de trabalho. Essa cláusula impede que o funcionário (no caso em questão, o profissional que deseja ser sócio da *startup*) preste serviços aos concorrentes da empresa, para que ele não utilize as informações adquiridas na empresa antiga em seu novo negócio, beneficiando as atividades da sua própria *startup*.

Para evitar questionamentos em relação à validade dessa cláusula, ela deve apresentar os seguintes elementos, dentre outros que os sócios considerarem necessários: prazo razoável (de modo geral, dois anos após o término do contrato, em analogia à CLT); limitação territorial; descrição das atividades abrangidas no escopo da cláusula; e remuneração específica para o período de non-compete.

Atenção! Deveres de não-concorrência podem estar inseridos em cláusula de exclusividade ou de confidencialidade, dependendo da forma como estão redigidos e da natureza do contrato.[28]

Profissionais com contribuições importantes para a empresa nesta fase são os autônomos. Eles são subordinados à *startup* e a prestação de serviço é realizada de forma eventual. Recebem rendimentos por Recibo de Pagamento de Autônomo

---

28 Proteger os negócios da empresa é fundamental e a cláusula de não-concorrência é o melhor instrumento para isso. É recomendável que ela seja incluída nos contratos o quanto antes, no início das atividades da *startup*, ou depois, por meio de um adendo contratual, enquanto o relacionamento não estiver desgastado (AZEREDO, Roberta C. A. **Fixar Cláusula de 'Não Concorrência' Exige Cuidados**. Jota, 2016).

(RPA) ou por nota fiscal (NF).

Faz mais sentido a contratação de fornecedores terceirizados, prestadores de serviços para realização dos protótipos, testes e validações da *startup* – antes mesmo da contratação dos primeiros funcionários.

Fornecedores terceirizados (também conhecidos como *freelancers*) são formatos de organização que permitem a uma empresa transferir a outra suas atividades, de modo a reduzir a estrutura operacional, diminuir os custos, economizar recursos e desburocratizar a administração. Essa prática também é conhecida como *outsourcing*. O profissional terceirizado, então, presta um serviço para o seu contratante, mas não é seu funcionário direto – e portanto não está incluído nos benefícios oferecidos pela empresa, além de poder oferecer livremente seus serviços para outras empresas.

 ## Tributos

Neste início, a *startup* ainda não possui qualquer registro de pessoa jurídica perante a Junta Comercial. Os sócios fundadores devem se organizar enquanto pessoas físicas naturais. E pagar individualmente as taxas, encargas, emolumentos e impostos devidos pela empreitada. Por exemplo: se o grupo precisar contratar algum funcionário, um dos sócios fundadores deverá assinar a respectiva CLT e ficará diretamente responsável pela contratação, "na pessoa física".

Entendemos que, neste estágio tão inicial, de ideação, ainda não se justificam a constituição de uma pessoa jurídica e o início dos gastos com carimbos governamentais, contadores mensais e advogados. Se o protótipo não se validar e se a *startup* não sair do laboratório, o ambiente jurídico-legal-burocrático para se fechar uma *startup* no Brasil não é nada trivial. O esforço para formalização da *startup* perante órgãos judiciais só se justifica com o protótipo validado.[29]

Quando a *startup* ainda não tem a constituição e o registro da pessoa jurídica perante a junta comercial local, a responsabilidade pela empreitada recai sobre os sócios, enquanto pessoas físicas.[30]

Desde essa fase, a *startup* deve começar a pensar sobre a adoção do regime do

---

29   THE WORLD BANK AND PRICEWATERHOUSE COOPERS. *Paying Taxes* 2020 Report. 2019.

30   Essa é a chamada estratégia binária CPF/CNPJ de crescimento institucional-societário.

Simples Nacional, que é voltado para micro e pequenas empresas e possui condições diferenciadas e simplificadas.

A burocracia causa uma incerteza jurídica muito grande. Desde 1988, ano da promulgação da Constituição Federal, foram feitas 15 mil reformas tributárias.[31] Como resultado prático, nesses anos foram criados a COFINS, o INSS, o PIS e o PASEP, além de diversas outros tributos.

 Dia a Dia

No dia a dia operacional da *startup*, o CEO é responsável por gerenciar a operação e ser capaz de prover um fluxo de informações estratégicas. Esse profissional assume uma série de atribuições, como planejar, organizar, dirigir, comunicar, motivar e controlar as atividades da *startup*. Surge a necessidade de contratos de locação em coworkings ou de um espaço próprio, para centralizar o time inicial.

A gestão eficiente de um negócio é fator determinante para o seu desenvolvimento. O CEO precisa estar apto a perceber, refletir, criticar, ensinar, decidir e agir em condições totalmente adversas. Estas habilidades são essenciais para que os objetivos da *startup* sejam atingidos.

Nesta fase inicial, os empreendedores apresentam produtos que não escalam, mas ajudam a validar o seu modelo de negócio em um curto prazo, permitindo que se aprenda com os testes realizados. Isso permite que as próximas fases sejam menos custosas e demoradas.

A nova proposta que surgiu com a Economia do Conhecimento da engenharia de *software* é simples: para chegar aos primeiros 10 mil, 100 mil ou 1 milhão de usuários, a *startup* precisa primeiro conquistar seus 10, 50, 100 clientes. No início, portanto, isso é muito mais importante do que pensar em como chegar à marca de 1 milhão de usuários.[32]

Os empreendedores devem se preocupar em elaborar produtos que atendam às necessidades dos usuários e solucionem problemas do mercado. Devem também, desde já, registrar os negócios da empresa, mesmo que seja por meio de acordos verbais.

Os fundadores aceitam o fato de que possuem apenas uma série de hipóteses não

31   IBELLI, Renato C. **O Monstro que Criamos. In Como os Impostos Emperram o Brasil.** Diário do Comércio, 2015.

32   GORENSTEIN, Guga. **Quer Escalar a sua *Startup*? Então, Esqueça Isso.** Endeavor, 2017.

comprovadas —bons palpites, basicamente[33]. Em vez de redigir um plano de negócios pormenorizado, sintetizam essas hipóteses no *Business Model Canvas*[34], um diagrama que mostra as formas de criação de valor da empresa, um mapa visual pré-formatado, que contém nove blocos do modelo de negócios.

SEGMENTOS DE CLIENTES: Que clientes (mercados, segmentos, nichos) sua empresa quer atingir?

PROPOSTA DE VALOR: Quais os benefícios que sua empresa oferece a seus clientes?

CANAIS: Como a sua empresa atinge (se comunica com) seus clientes e públicos?

RELACIONAMENTO COM O CLIENTE: Quais os relacionamentos que sua empresa estabelece com seus (segmentos de) clientes?

FONTES DE RECEITAS: Quais são as fontes de receitas de cada segmento de clientes?

RECURSOS-CHAVE: Quais são os recursos (ativos) mais relevantes, demandados para que o modelo de negócio planejado funcione?

ATIVIDADES-CHAVE: Quais são as atividades mais importantes que devem ser realizadas para que a empresa consiga implementar seu modelo de negócio?

PARCERIAS-CHAVE: Quais são os fornecedores e parceiros necessários para que o modelo de negócio seja adotado?

ESTRUTURA DE CUSTOS: Quais são os custos (despesas, gastos) que a empresa terá ao pôr em prática o modelo de negócio planejado?

---

33   BLANK, Steve. *Why the Lean Start-Up Changes Everything*. Harvard Business Review, 2013.

34   O *Business Model Canvas* é amplamente adotado pelas *startups*. Teve origem na tese de doutorado de Alexander Osterwalder, defendida na Universidade de Lausanne, na Suíça, em 2004. Mais tarde, em 2009, com a ajuda de Yves Pigneur e de mais de 450 colaboradores ao redor do mundo (OSTERWALDER, Alexander; PIGNEUR, Yves. *Business Model Generation: A Handbook for Visionaries, Game Changers and Challengers*. Hoboken: John Wiley & Sons, 2010).

O *Canvas* é indicado para organizações de todos os tamanhos, mas em especial para as *startups*. É usado para buscar e definir o modelo de negócio de uma *startup* e visualizá-lo de forma sistêmica, integrada, rápida e visual. Permite discutir e integrar diversas percepções sobre como a *startup* deve atuar, os principais elementos de cada parte e como as partes do negócio interagem.

Business Model Canvas

Parcerias Chave	Atividades Chave	Proposta de Valor	Relações com clientes	Segmentos de mercado
	Recursos Chave		Canais	
Estrutura de custos		Fontes de renda		

Neste momento, o principal é descobrir como o produto ou serviço da empresa será capaz de gerar receita: qual a proposta de valor do produto e/ou serviço? O que a *startup* vai oferecer para o mercado? Que segmento de clientes será o foco da *startup*? Qual o perfil dos primeiros usuários, que podem se tornar clientes? Como o cliente compra e recebe seu produto e serviço? Ao longo do caminho, com as constantes alterações de rumo que ocorrem, é natural que o *Canvas* tenha que ser revisitado inúmeras vezes, ao longo do ciclo de vida das *startups*.

Uma forma de levar adiante o esforço inicial de uma *startup* é participar de editais competitivos. Existem editais propostos por incubadoras, aceleradoras e instituições públicas de fomento, por exemplo. Esses editais podem ser lançados por governos e entidades públicas ou por entes privados.

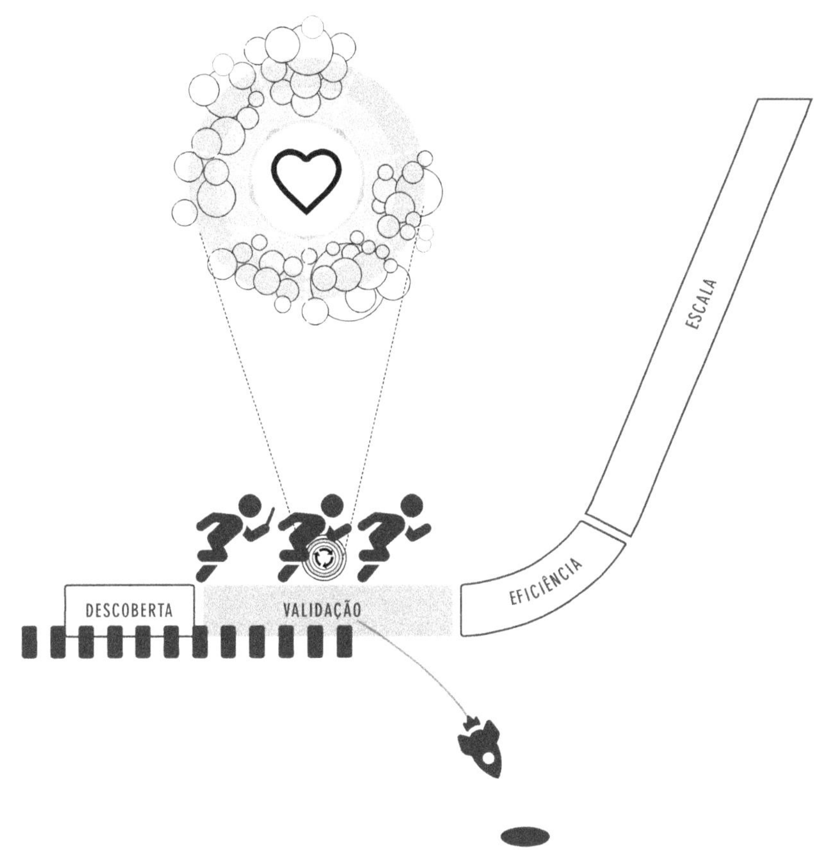

2.2 ♡ FASE DE PROTOTIPAÇÃO: TESTES E VALIDAÇÃO[35]

Estude seu mercado. Entenda quem são seus clientes e como é o produto que eles querem. Para isso, realize pesquisas de campo, converse com potenciais clientes e teste seus modelos de negócios, para entender o que o mercado espera.

---

35   Os termos sublinhados neste capítulo representam as "bolhas" da Mandala e têm sua definição no Glossário disponível em: <www.joaofalcao.com.br>.

É importante pedir a opinião de potenciais usuários, compradores e terceiros sobre o modelo de negócio – inclusive características do produto, preços, canais de distribuição e estratégias econômicas de aquisição de clientes.[36] Para isso, pode-se usar as técnicas de *design thinking*[37], que sugerem fazer perguntas, gerar ideias, compartilhar a história da empresa e reunir inspirações para aproximar seu produto do público.

Criado pelo fundador da IDEO[38], o *design thinking* é uma abordagem para a inovação centrada no ser humano, que se baseia no kit de ferramentas do *design* para integrar as necessidades das pessoas, as possibilidades da tecnologia e os requisitos para o sucesso do negócio. É o momento de receber *feedbacks* e de andar de mãos dadas com o cliente.

Lançar algo novo sempre foi um tiro no escuro. Segundo a fórmula seguida há décadas, a pessoa cria um plano de negócios, apresenta a ideia a investidores, monta uma equipe, lança um produto e, feito isso, parte com tudo para vender. Em algum ponto dessa sequência de eventos, provavelmente, vai sofrer um revés fatal. O ciclo tradicional de desenvolvimento de produtos, que dura anos e pressupõe o conhecimento de problemas e necessidades de clientes, ficou para trás.[39]

É utópico achar que um produto mágico pode ser criado por um time com uma boa ideia, só à base de investimentos, cerveja e pizza. Existem muitos riscos desse produto não se consolidar no mercado e o time deverá refazer meses de trabalho. Muitos fundadores ficam desmotivados por isso e as startups acabam fechando.[40]

O método mais celebrado pelo ecossistema de *startups* chama-se *Lean Startup*[41], um sistema que ajuda a *startup* a lançar e identificar algo que a clientela realmente quer, de uma forma muito mais rápida e econômica do que os métodos tradicionais. Essa estratégia, alega-se, derruba bastante o risco da *startup*: é a

---

36   ENDEAVOR BRASIL. *A Lean Startup te Ajuda a Validar seu Modelo de Negócio*. 2015.

37   IDEO U. *Design Thinking Approach*. Disponível em: <https://www.ideou.com/pages/design-thinking>.

38   KELLEY, Tom. *The Art of Innovation: Lessons in Creativity from IDEO, America's Leading Design Firm*. New York: Crown, 2001."

39   BLANK, Steve. *Why the Lean Start-Up Changes Everything*. Harvard Business Review, 2013.

40   GORENSTEIN, Guga. *Quer Escalar a sua Startup? Então, Esqueça Isso*. Endeavor, 2017.

41   RIES, Eric. *The Lean Startup: How Today's Entrepreneurs Use Continuous Innovation to Create Radically Successful Businesses*. Danvers: Currency, 2011.

experimentação em vez da intuição do empreendedor; o projeto interativo (*work in progress*)[42], em vez da tradicional concepção de um produto acabado já de início.

No método *Lean Startup*, a ênfase está na agilidade e na velocidade: tempo é dinheiro. A *startup* deve criar com rapidez um *MVP (minimum value product)* e buscar imediatamente a opinião do cliente para prototipação e testes. MVP é a versão mais simples de um produto com as características mínimas necessárias para ser inserido no mercado. Esse instrumento tem grande utilidade no começo das atividades da startup, porque, com ele, os empreendedores testam seu produto, para ver se ele vai se consolidar no mercado, sem gastar muito.

A *startup* deve testar hipóteses: pedir a opinião de potenciais usuários, compradores e parceiros sobre todo e qualquer elemento do modelo de negócio – inclusive características do produto, preços, canais de distribuição e estratégias econômicas de aquisição de clientes.

Com base nos *feedbacks* colhidos, os fundadores devem rever suas hipóteses e iniciar novamente o ciclo – ou seja, testar versões reformuladas e voltar a fazer pequenos ajustes ou mudanças mais radicais em ideias que não estejam funcionando.[43]

É hora de testar e provar que o produto e/ou serviço da *startup* existe e tem demanda. O típico ciclo de desenvolvimento de produtos, que dura meses ou anos e pressupõe o conhecimento de problemas e necessidades de clientes, ficou para trás. No *MVP* não há perda de tempo ou de recursos, pois o produto é desenvolvido de forma iterativa e incremental com o usuário final.

Outro método que se tornou comum para validação de novos *softwares* é o Teste A/B. Como o nome já diz, dois *softwares* são comparados por uma variante que pode impactar o comportamento do usuário. A versão A pode ser a versão que vem sendo utilizada (controle), enquanto a Versão B é a modificada (inovação).

O *Startup Genome Project*[44] mostrou que a primeira causa de morte das *startups* de *internet* nos Estados Unidos é justamente a escalada prematura do negócio: 70% dos 3,2 mil negócios pesquisados não estavam preparados para crescer e morreram ao tentar fazê-lo.

---

42   *Work in progress*, ou trabalho em desenvolvimento, diz respeito a um produto que ainda não está finalizado e depende da validação do mercado para seu desenvolvimento e consolidação.

43   BLANK, Steve. **Why the Lean Start-Up Changes Everything**. Harvard Business Review, 2013.

44   BERMAN, Ron et al. **Startup Genome Report on Premature Scaling. Startup Genome, 2011**.

O escalonamento pode ser considerado prematuro por diversos motivos; o mais comum deles é o nível adequado de validação e teste da ideia central da *startup*. O *Startup Genome* mostra que as equipes das *startups* que escalavam prematuramente eram até três vezes maiores do que as equipes das empresas que conseguiram ter um crescimento consistente, durante o mesmo estágio de vida.[45] A chance de *startups* ainda não desenvolvidas, no estágio em que deveriam estar validando suas ideias, tentarem vender seus produtos era 2,2 vezes maior do que a probabilidade de testá-los.

É ao final desta fase de prototipação, testes e validação que podemos confirmar o surgimento de um negócio a ser administrado de fato; antes disso havia apenas um plano. Ao final das validações necessárias, entende-se que a *startup* efetivamente percorreu um determinado caminho. Quando se obtêm os primeiros resultados positivos dos testes de qualidade do produto ou serviço, existe efetivamente uma propriedade a ser protegida.

Durante os testes e validações da *startup*, entenda como gerar dinheiro a partir do seu negócio. Delineie seu processo de precificação e tenha uma estrutura de custos clara, objetiva e sempre à mão. Nesta fase, o desafio maior é dar densidade aos planos criados até aqui e, acima de tudo, transformar a ideia em ação. É hora de se provar, de testar o produto e o serviço da *startup*. Inicia-se o processo de criação da solução inovadora para atender ao problema de mercado, à oportunidade identificada.

Sociedade

Ao longo do ciclo de vida da *startup*, alguns *milestones* indicarão o momento da empresa se registrar na Junta Comercial e adquirir personalidade jurídica própria. Se a intenção dos fundadores for, de fato, a constituição de um modelo de crescimento escalável, nos moldes de uma *startup*, não recomendamos a constituição e registro da personalidade jurídica tão no inicio. Isto anteciparia uma série de custos cartoriais e padrões oficiais de contabilidade desnecessários, dado que a *startup* sequer tem um protótipo validado. Pior: se a empresa não conseguir se validar e fechar, seu processo de fechamento exigirá tempo, paciência e dinheiro.

Até que sejam atingidos os *milestones* de validação indicados a seguir, sugerimos ir adiante com a *startup* na pessoa natural – desde que sejam feitos os pagamentos de todos os impostos, dos encargos trabalhistas (quando houver) e de que 100%

---

45   INSPER. **A sua *Startup* Está Pronta para Crescer?**. 2014.

dos desdobramentos societários do negócio estejam formalizados. É importante destacar que, não havendo personalidade jurídica, quem responde perante a Lei são os próprios sócios, com seu patrimônio pessoal e ilimitadamente. Os riscos neste estágio inicial, porém, são relativamene pequenos e fazem parte da construção de uma *startup*.

Os *milestones* que identificamos como validações para que se possa prosseguir com o registro são os seguintes: investimento de terceiro, alheio a relações de *affectio societatis*[46] entre sócios; assinatura de contrato com o primeiro cliente relevante; contratação de equipe de funcionários; inscrição de proposta em editais competitivos, públicos ou privados; movimentação financeira recorrente e relevante (ex: contratação de fornecedores); e aumento da *liability* (ex: Direito do consumidor).

O registro dos documentos constitutivos da *startup* na Junta Comercial tem como objetivo a efetivação de personalidade jurídica própria. Há registros a serem feitos perante as demais autoridades competentes (NIRE, CNPJ, Inscrição Estadual, Inscrição Municipal etc.). Neste momento, os seguintes valores devem ser considerados: os custos de registro da sociedade e os custos anuais de manutenção da institucionalidade contábil, jurídica e legal da *startup*.

A personalidade jurídica faz com que a empresa adquira titularidade negocial, patrimonial e processual próprias. A partir desse momento, a organização adquire nome, patrimônio e capacidade de negociação distintos de seus sócios. Empresas sem personalidade jurídica levam seus sócios a responderem por todos os seus passivos.

Quando um ou mais desses *milestones* acontecerem, recomendamos então que a *startup* seja constituída, efetivamente, como uma sociedade anônima fechada (S/A). A escolha pela S/A indica que a empresa está em um estágio avançado de desenvolvimento.

A consequência natural de uma governança bem aplicada é o aproveitamento integral do capital intelectual da *startup* – e, por consequência, uma expansão mais rápida e competitiva, além de uma *valuation* maior no futuro.

---

46   *Affectio societatis* é o aspecto subjetivo que diz respeito à vontade dos sócios de constituir uma sociedade entre si. Está mais presente nas sociedades limitadas e companhias fechadas, em que importa a pessoa dos sócios, do que nas companhias abertas.

Para se constituírem como empresas, as *startups* estão sujeitas a uma série de registros e inscrições perante os órgãos e autoridades governamentais brasileiros. O tempo e os custos envolvidos na constituição e registro de uma *startup* no Brasil não são nem um pouco triviais. Antes de iniciar esse processo, há algumas etapas a serem cumpridas pelos sócios iniciais, para a fundação do negócio.

Os sócios investem nas *startups* e, em contrapartida, recebem títulos representativos de suas parcelas no capital social de tais sociedades (quotas ou ações).

A depender do que for negociado entre os sócios, os aportes feitos na *startup* podem se dar por meio de: dedicação de tempo, conhecimento e trabalho; adesão de clientes, contratos comerciais; capacidade de atração de times e novos talentos; alocação de bens móveis (máquinas e/ou equipamentos); alocação de bens imóveis (escritório e/ou estabelecimento comercial); ou contribuições pecuniárias.

De acordo com as condições, a formalização dos aportes, tanto materiais como imateriais, pode ocorrer por meio da integralização do capital social, de mútuo conversível ou de um contrato de opção de compra de participação societária.

Uma vez validado o protótipo, você precisa decidir a sua estrutura societária. Está claro que será uma empresa, mas que tipo de empresa? O memorando de entendimentos deve se transformar nos atos jurídicos constitutivos da nova sociedade, a ser registrada na Junta Comercial competente.

Relacionamos aqui elementos que todo ato constitutivo de uma startup deve apresentar:[47]

QUALIFICAÇÃO DOS SÓCIOS – Deve conter, obrigatoriamente, os seguintes dados de cada sócio: Nome completo ou denominação; endereço residencial ou sede social; estado civil, conforme o caso; nacionalidade ou leis de regência; profissão, conforme o caso; RG, conforme o caso; e CPF ou CNPJ.

ATIVIDADES E SERVIÇOS DESENVOLVIDOS – O empreendedor deve definir os serviços que serão prestados por sua empresa. A partir da definição, é necessário encontrar a atividade ou atividades correspondentes na CNAE (Classificação Nacional de Atividade Empresarial). Essa busca pode ser realizada facilmente no site da Receita Federal. Com o seu próprio CNPJ, a empresa pode emitir notas fiscais e ser tributada de acordo com as atividades por ela desenvolvidas. Se a startup

---

47   FARIA, CENDÃO E MAIA ADVOGADOS. **Contrato Social: 6 Elementos que São Indispensáveis num Bom Contrato**. Parceiro Legal, 2017.

realiza mais de uma atividade, ela poderá ser duplamente tributada, elevando seus custos, e por isso é necessário ter cautela na hora de definir o CNAE e conversar com um tributarista.

TIPO DE EMPRESA E LOCALIZAÇÃO – A *startup* pode assumir diversos tipos societários como: sociedade limitada, sociedade anônima, sociedade individual e sociedade em conta de participação. Para determinar qual a melhor modalidade, é necessário que os sócios conversem com seus consultores jurídicos, considerando as peculiaridades do negócio e o tamanho que se pretende atingir. Também deve se definir o local de sua sede – o que pode não influenciar muito em suas atividades. Isso é importante porque algumas localidades apresentam restrição de atividades ou regulamentações específicas.

PARTICIPAÇÃO SOCIETÁRIA E ADMINISTRADORES – Qual é a participação (direitos políticos e econômicos)[48] de cada sócio na empresa? Além de se definirem os sócios, devem ser eleitos os administradores (diretores e conselheiros), que podem ou não ter participação na *startup*.

REGRAS PARA DELIBERAÇÕES IMPORTANTES – O ato constitutivo é o documento oficial para registro das decisões e regras que irão reger a atividade da empresa. Dentre as deliberações importantes mais comuns, podemos destacar: o formato de distribuição de lucros; regras para entrada de novos sócios; regras para saída de sócios; regras para tomada de empréstimos; e regras para resolução de possíveis conflitos entre sócios, além da aprovação das contas elaboradas pelos administradores.

É preciso que seja documentado se haverá um pro labore para os sócios-administradores da empresa. Ao contrário dos *dividendos*, o *pro labore* representa a remuneração dos sócios que também exercem atividades de gestão na empresa e está sujeito a impostos, como INSS e IRPF. É muito comum haver uma confusão entre *pro labore* e distribuição de lucros; por isto é importante o auxílio de um profissional para definir o modelo de pagamento mais adequado para o seu negócio.

Os administradores recebem *pro labore*, possuem poderes de gestão e representação da sociedade, não recebem adicional por hora extra e são considerados empregados de alto escalão da *startup*.

---

48   Os direitos econômicos do sócio permitem que ele desfrute de benefícios patrimoniais em função da titularidade da participação societária. Já os direitos políticos estão relacionados com sua capacidade de gestão e influência nas deliberações da empresa.

 # Financeiro

A *startup* precisa de recursos para pagar pequenos custos e as despesas iniciais da empreitada, além de definir, desde já, o seu modelo de negócios. Um dos maiores obstáculos de uma *startup* neste estágio inicial são os *custos de transação* – geralmente arcados por familiares, amigos ou pelos próprios empreendedores, na qualidade de sócios-fundadores.

Se tudo corre bem entre os sócios fundadores, os primeiros *custos de transação*[49] e os primeiros investimentos são aportados na empreitada e possibilitam: planejar as ações de longo prazo; realizar pagamento da estrutura de custos; contratar novos colaboradores; comprar equipamentos; e implantar tecnologias.

Nessa fase também aparecem os investidores anjo, pessoas físicas ou jurídicas, que podem estar organizadas em fundos de investimento, por exemplo, com capital próprio e geralmente bem-sucedidas nos negócios. Esse tipo de investidor acaba assumindo também um papel de mentoria, pois sua experiência o habilita (e seus incentivos financeiros o impelem) a acompanhar de perto a *startup* na qual investe, o que é conhecido como *smart money*[50]. Apesar de não terem posição executiva dentro da empresa, os anjos atuam como mentores e conselheiros, recebendo participação minoritária no negócio.[51]

Até pouco tempo, no Brasil, o investidor-anjo se encontrava num limbo jurídico. Sem a categorização formal no Direito brasileiro, ficava vulnerável ao instituto da desconsideração da personalidade jurídica, responsabilizando-se pessoalmente por eventuais perdas, litígios ou ilícitos cometidos pela *startup*, em valores muito superiores aos que investiu na empresa.[52]

Agora, presume-se que o investidor-anjo, independente da sua natureza, pode

---

49 ALCHIAN, Armen A; DEMSETZ, Harold. **Production, Information Cost, and Economic Organization**. The American Economic Review, Vol. 62. n°5. 1972. pp 777-795.

50 *Smart money* é uma forma de investimento efetuada por profissionais experientes que contribuem não apenas com recursos financeiros à *startup*, mas também agregam à empresa seus conhecimentos sobre o negócio e extenso *network* (BANTON, Caroline. **Smart Money**. Investopedia, 2020).

51 ANJOS DO BRASIL. **Guia de Investimento Anjo & Documentos Legais**. Disponível em: < https://www.anjosdobrasil.net>.

52 SUBSECRETARIA DE AÇÕES ESTRATÉGICAS. **Produtivismo Includente: Empreendedorismo Vanguardista**. Roberto Mangabeira Unger et. al. (coord.). Presidência da República, Subsecretaria de Assuntos Estratégicos, 2015.

aportar recursos em microempresas e empresas de pequeno porte sem que eles integrem o capital da empresa. Para isso, celebra-se um contrato de participação que terá como objeto a produção de produtos inovadores, prevendo a remuneração do investidor.

Isso garante que, em alguns casos, o investidor-anjo não seja considerado sócio, estando desobrigado de responder por dívidas da empresa, mesmo no caso de recuperação judicial.[53]

Já o investimento com recursos alheios é chamado de "gestão de recursos de terceiros". Realizado por fundos de investimento e similares, é uma modalidade importante e complementar à do investimento-anjo, normalmente aplicado em aportes subsequentes no ciclo de vida da *startup*.

Salvo quando se alavanca a *startup* via *bootstrapping*, ela não consegue fazer muita coisa, em termos de estratégia, sem a aprovação dos investidores.

Faturamento e recebíveis são a soma de tudo que foi comercializado por uma *startup* dentro de um período determinado. É importante organizar os dados de faturamento de forma simples e objetiva, pois este é um dos principais indicadores que o governo usa para definir os impostos que serão cobrados – em função da natureza do produto/serviço – e o valor a ser recolhido, considerando o regime de tributação da *startup*. Já os recebíveis, ou contas a receber, são todas as obrigações que pessoas ou outras empresas assumiram com a empresa. Trata-se de um ativo importante, que precisa ser bem gerenciado. Inclui pagamentos a prazo, contas atrasadas e outras fontes de recebíveis.

As demonstrações financeiras e os balanços patrimoniais, por exemplo, são documentos de extrema necessidade para se conhecer alguns índices essenciais: faturamento, inadimplência, lucratividade, custos e despesas, entre outros. Para analisar a situação financeira da startup, faz-se necessário o demonstrativo de resultado do exercício[54] e o demonstrativo do fluxo de caixa[55].

---

53   VICTORIANO, Isabela G. **A Nova Regulamentação que Determina o Investidor -Anjo nas Startups (Microempresas e Empresas de Pequeno Porte)**. Migalhas, 2018.

54   As demonstrações de resultado do período resumem o desempenho da *startup* durante determinado intervalo de tempo, apresentam o total das receitas, dos custos, das despesas e o lucro ou prejuízo apurado pela *startup* no período.

55   As demonstrações dos fluxos de caixa apresenta, de forma simplificada, o fluxo de pagamentos e recebimentos em dinheiro ocorridos no período.

De posse dessas demonstrações, consegue-se analisar a situação econômica da empresa; praticamente todas as características do negócio, desde a lucratividade até a produtividade dos empregados, estão resumidas em algum tipo de indicador contábil.

 Propriedade Intelectual

O que há de único no seu produto? Qual é o diferencial em oferecer esse produto ou serviço? O que é preciso para copiá-lo? Quem pode copiá-lo? Como posso aumentar a dificuldade de copiarem a solução?

Quais os procedimentos a serem adotados para proteger os códigos de propriedade da *startup*? É atitude normal, espionagem industrial ou crime levar o código-fonte e as especificações do *software* para casa? O que fazer com um funcionário que leva o código proprietário da *startup* para trabalhar em casa? Quais os riscos envolvidos? E como tratar a relação entre as diferentes áreas da *startup*, seja no manuseio dos códigos proprietários, seja na organização dos dados pessoais dos clientes?

Faz-se necessário, também elaborar termos de uso para descrever como o produto deve ser e realizar uma auditoria nos *softwares* utilizados pela *startup*. Em geral, são muitos, tanto *softwares* livres quanto *softwares* proprietários. Antes da *startup* escalar, todas as licenças devem estar dentro do que determinam as autorizações específicas e a lei.

Os direitos autorais de propriedade intelectual representam o direito de exclusividade do criador e abrangem toda obra científica, artística, literária ou programa de computador. Qualquer transferência de direitos autorais deve ser feita por escrito. O autor é sempre a pessoa física. A pessoa jurídica da *startup* se torna responsável pelos direitos de comercialização.

Toda interação de pessoas na *internet* produz dados pessoais valiosos. Esta relação entre consumidores e serviços digitais traz incertezas e áreas cinzentas, no que tange à legalidade. Por isso é importante que a *startup* tenha sua própria política de privacidade.

A proteção da privacidade e dos dados pessoais ganha cada vez mais importância nos dias atuais. A LGPD – Lei Geral de Proteção de Dados (Lei 13.709, de 14 de agosto de 2018) – busca não só fortalecer a privacidade de indivíduos, mas também trazer segurança jurídica para os modelos de negócio que envolvem dados pessoais, modernizando o Brasil frente aos padrões internacionais.[56]

Segundo a LGPD, dados pessoais são informações que permitem identificar um indivíduo, o que pode incluir não apenas seu nome, mas também endereço, CPF, emprego e quaisquer outros dados que possam ser cruzados para obter seu registro.

Uma espécie de dados pessoais são os dados sensíveis, previstos na lei, e que envolvem informações sobre raça, etnia, opiniões políticas, saúde ou vida sexual e dados biométricos. Esses dados devem ser tratados de forma específica e cuidadosa, para que o indivíduo não venha a ser por eles discriminado. Tal tipo de característica não poderá ser considerada, por exemplo, para direcionamento de anúncios publicitários sem que haja um consentimento específico e destacado do titular. Além disso, a lei também confere proteção especial aos dados pessoais de menores de dezoito anos. E registros médicos não poderão ser comercializados.[57]

Essa lei traz consequências especialmente no mundo *online*, uma vez que os usuários têm registros e atividades coletados e tratados diariamente por uma série de empresas, sem que eles saibam. Muito do valor captado por *startups* está nos dados produzidos pelos consumidores e cidadãos a partir de múltiplas fontes – por exemplo, mídias sociais, celulares, geolocalização, e-mails e mensagens, compras eletrônicas e sensores usados na *internet of things* (IoT), entre outras.

A lei estabelece diversas sanções aplicáveis, caso seja constatada a ocorrência de uma infração. Tais sanções incluem, por exemplo, advertência com indicação de prazo para medidas corretivas, multa de até 2% do faturamento do grupo no último exercício (limitada a R$50.000.000,00), publicização da infração e eliminação dos dados afetados.[58]

As *startups* não devem coletar dados sem uma finalidade específica. Devem também deixar bem claro, em sua política de privacidade, quais os dados que estão sendo coletados e por que motivo.

Trabalhista

A CLT é uma lei que não leva em consideração o nível salarial do tutelado, nem o

---

56   PALMER, Elaine et al. **Brasil Ganha Lei Geral de Proteção de Dados Pessoais**. BMA Law, 2018.

57   MALDONADO, Viviane N.; OPICE BLUM, Renato. LGPD – **Lei Geral de Proteção de Dados Comentada**. São Paulo: Thomson Reuters, 2019.

58   PALMER, Elaine et al. **Brasil Ganha Lei Geral de Proteção de Dados Pessoais**. BMA Law, 2018.

porte da empresa, nem tampouco a natureza do objeto. A CLT também não leva em consideração as diferenças de mercado de trabalho Brasil afora. A legislação que serve aos funcionários de uma *startup* em São Paulo é a mesma que serve aos funcionários de uma mineradora na cidade de Calçoente, no Amapá. Ou seja, um verdadeiro disparate.

Banco de horas é o sistema segundo o qual o acréscimo na jornada de um dia é compensado por meio de folgas. A principal característica do banco de horas é que as horas extras deixam de ser pagas aos empregados, já que são concedidas folgas compensatórias.

O home-office faz parte da cultura organizacional das *startups*. Deve-se adotar um formulário de controle *do home-office* – que é, basicamente, uma planilha com a identificação do empregado, o número de horas autorizadas pela chefia direta, o horário de início e de fim, além do total de horas trabalhadas no dia.

Além dos sócios, há outros tipos de trabalhadores que não se enquadram na categoria de empregado ou funcionário, tais como os estagiários que exercem função educativa escolar supervisionada para estudantes; não são considerados empregados, pois são regidos por regras determinadas por lei específica. Podem, eventualmente, receber benefícios, além de salário.[59]

 # Tributos

Duas perguntas devem ser feitas, no mínimo uma vez por mês: quais impostos a pagar? Quanto pagar de cada imposto devido?

É recomendável, também, que se atente para a questão tributária no momento da assinatura de qualquer pré-contrato com potenciais clientes. Mesmo em se tratando de testes de protótipos, impostos são devidos. É recomendável que se dedique muita atenção à questão tributária no momento da assinatura de qualquer pré-contrato com potenciais clientes.

Se o negócio paga impostos municipais, como o Imposto sobre Serviços de Qualquer Natureza (Municipal – ISS), é preciso solicitar, na Secretaria de Finanças, a baixa do banco de dados da Prefeitura. A lista de documentos necessários, o tempo e as taxas devidas são estabelecidas pelo município. Se a empresa contribui com o Imposto sobre a Circulação de Mercadorias e Serviços (Estadual – ICMS), pode

59   BRASIL. **Lei 11.788, de 25 de setembro de 2008**.

dar baixa na inscrição estadual, procurando uma unidade da Secretaria de Fazenda.[60]

Algumas *startups* procuram sediar suas operações em parques tecnológicos[61], por exemplo, para gozar de benefícios fiscais, já que esses territórios costumam ser áreas sujeitas a incentivos fiscais.

Se perguntar "o que devo pagar", a resposta é: impostos diretos e indiretos. Exemplos de tributos: há os que incidem sobre lucros (Federal – IRPJ e CSLL). Outros incidem sobre receitas, como a Contribuição ao Programa de Integração Social – PIS e a Contribuição para Financiamento da Seguridade Social – COFINS. Alguns incidem sobre a folha de salário (regra geral); há também as contribuições previdênciárias e os impostos indiretos, como ICMS e ISS. Um advogado tributarista pode ajudar muito.

 ## Dia a Dia

Fomente uma cultura de documentação dos acordos internos. Os acordos comerciais e o service level agreement (SLA) que venham a ser celebrados pela empresa também devem ser documentados, mesmo que seja em formato de *side letters*[62].

O contrato será verbal quando se tratar de uma combinação entre as partes, sem utilizar a forma escrita. Ainda que seja difícil provar sua validade, a lei permite que o contrato verbal seja provado por todos os meios admitidos em Direito, como testemunhas, confissões, atos processados em juízo, entre outros.[63]

Durante os testes e validações, é recomendável firmar pré-contratos com os potenciais clientes. Há um modelo de pré-contrato que adotamos para esses momentos de teste, denominado Carta Acordo Teste. É um pré-contrato que estipula as regras, responsabilidades, preço e pagamento (se houver), prazos e expectativas dos testes a serem realizados.

---

60   SEBRAE. **Como Fechar uma Micro ou Pequena Empresa**. 2020.

61   Um exemplo dessas áreas é o Porto Digital, localizado em Recife/PE e fundado em 2000. Já a Associação Nacional de Entidades Promotoras de Empreendimentos Inovadores – ANPROTEC foi criada em 1987 e reúne mais de 300 associados, incluindo parques tecnológicos, incubadoras e aceleradoras.

62   *Side letter* é um contrato formal entre as partes que não integra o documento principal, mas que complementa o negócio jurídico estabelecido por elas. Também possui força vinculante entre os contratantes, como o contrato originário.

63   Art. 107 do Código Civil Brasileiro (BRASIL. **Lei 10.406, de 10 de janeiro de 2002**.

Um ponto que merece destaque na Carta Acordo Teste é a cláusula de limitação da responsabilidade (ou cláusula de limite de penalidade) da *startup*, que estabelece uma multa máxima de acordo com o valor do contrato. Essa cláusula é basicamente um parágrafo que determina um teto, em caso de indenizações futuras. A princípio, sequer será utilizada; mas se ocorrer algum incidente que cause prejuízo aos envolvidos, esta cláusula garante uma limitação de responsabilidade da *startup* perante os potenciais clientes, em cujas instalações se realizam os testes.

Atenção na assinatura de documentos de pré-acordo ditos "padrão". Por vezes, tais documentos contêm cláusulas não convencionais, que podem custar caro aos fundadores – como, por exemplo, a assinatura desavisada de uma cláusula de exclusividade que veta a possibilidade de a *startup* prestar serviços a outro cliente.

A contratação de fornecedores, por sua vez, deve se dar apenas mediante emissão de nota fiscal. A contratação de prestadores de serviço que emitam nota fiscal garante que não haverá qualquer sonegação de impostos e que a legislação tributária será cumprida.

Têm proliferado no Brasil instituições cujo propósito é investir em *startups*, assim como seus modelos de investimento. Em geral, além de fornecerem toda a infraestrutura necessária para o desenvolvimento das *startups*, as instituições financiadoras podem deter participação societária nessas empresas. As instituições também possuem programas de caráter educativo, voltados para os personagens envolvidos nas *startups*. A seleção das empresas é feita por processos seletivos altamente competitivos, que são abertos regularmente.

Há instituições que realizam investimento financeiro na *startup*, além do processo de aceleração, das ferramentas e das mentorias. Outras contribuem apenas com o processo de aceleração e não realizam aporte financeiro. Outras, ainda, adotam modelos mistos, que começam com um processo de aceleração e acenam com a possibilidade de um futuro aporte financeiro.

As instituições devem oferecer boas condições às *startups* que participam de seus projetos, porque existe uma grande oferta no mercado. Destacamos aqui o que não pode faltar em um contrato entre uma instituição de fomento e uma *startup*:[64]

SE FOR FINANCEIRA, DEFINIR CONDIÇÕES, PERIODICIDADE DO INVESTIMENTO, NATUREZA DO APORTE FINANCEIRO, MOMENTO EM QUE SE TORNARÃO SÓCIAS

---

64   WOW ACELERADORA. **O Que não Pode Faltar em um Contrato entre uma *Startup* e uma Aceleradora?**. 2018.

– Se for prestação de serviço (espaço de *co-working*, acesso a ferramentas disponibilizadas pela aceleradora, mentorias etc.), é importante constar, no contrato, o período em que a *startup* terá acesso a esses recursos, e as condições para seu uso.

CONSEQUÊNCIAS EM CASO DE SUCESSO – Deve estar previsto se a instituição de fomento terá direito a participação societária, assim como o respectivo percentual. E se há a possibilidade de redução do percentual, em caso das metas serem atingidas. Também deve se estabelecer o prazo que a instituição de fomento tem para definir se quer ou não ser sócia da *startup*, bem como seus direitos e as regras relacionadas a essa incorporação. Algumas das cláusulas que podem ser utilizadas são de direito de preferência, direito de veto e direito de acompanhar o aporte financeiro.[65]

CONSEQUÊNCIAS EM CASO DE INSUCESSO DA *STARTUP* – Existe a obrigação da *startup* retornar para a instituição de fomento os recursos financeiros investidos? Quais as condições para o retorno do capital investido? A instituição reconhece a perda do capital, em caso de insucesso da *startup*? Não são usuais as cláusulas que determinam o retorno desses recursos, podendo ocorrer somente em casos excepcionais, como de fraude por parte da *startup* e/ou seus sócios.

ENTIDADE COMO FUTURA SÓCIA – Nesse contrato, como já indicamos, devem constar os direitos da instituição de fomento como sócia da *startup* e como funcionará a governança da sociedade. Deve-se decidir a forma de tomada de decisão bem como a possibilidade de ingresso de novos sócios – e quais os direitos que os atuais sócios possuem nesse caso. Dentre as cláusulas que podem ser incluídas, destacamos o direito de preferência, direito de primeira oferta, *tag-along*, *drag-along* e opção de liquidação de participação.[66]

AUTONOMIA DO EMPREENDEDOR E CONTROLE PELA ENTIDADE – O contrato também deve considerar quais os direitos que a entidade terá caso deseje se

---

65   O direito de preferência atribui aos sócios prioridade para comprar ações da sociedade, em detrimento de terceiros. O direito de veto pode ser atribuído contratualmente e corresponde a um mecanismo que garante que uma pessoa ou um grupo de pessoas possa deliberadamente impedir que seja tomada uma decisão. Já o direito de acompanhar o aporte financeiro permite que os atuais sócios não tenham sua participação na sociedade diluída.

66   O direito de primeira oferta incide quando o sócio deseja comprar a participação do outro, e o de primeira recusa, quando este deseje vendê-la para terceiro. Já a cláusula de *tag-along* garante o direito de venda conjunta quando o sócio aliena sua participação para pessoas estranhas à empresa e a de *drag-along*, torna essa saída conjunta uma obrigação. Por fim, o direito de liquidação permite ao sócio investidor liquidar seus haveres com a entrada de outros sócios.

retirar da sociedade e vender sua participação. Algumas cláusulas comuns são as de não-concorrência e confidencialidade. Além disso, pode-se exigir a anuência dos demais sócios para a transferência da participação, ainda que seja realizada entre os próprios fundadores. Os empreendedores devem permanecer com o controle do negócio em suas mãos, cientes de que têm um parceiro que decidiu compartilhar riscos – mas que, por não estar no dia a dia e para não interferir em demasia nos negócios, busca se proteger contra mudanças abruptas no destino da *startup*.

Além das aceleradoras existem as incubadoras, que são organizações semelhantes, em geral criadas por instituições de ensino ou órgãos públicos. As incubadoras também iniciam sua relação com as *startups* na primeira fase de seu ciclo. Ao contrário das aceleradoras, as incubadoras não aportam recursos nas empresas, apesar de oferecerem toda a infraestrutura e mentoria de um ambiente universitário e profissional[67].

Na hora de apresentar seu pitch para potenciais investidores, foque em itens como qualificação da equipe, validação do plano de negócio, dados de mercado e nas formas pelas quais a *startup* considera possível a obtenção de lucros. Já para potenciais parceiros, o *pitch* deve abordar o que sua empresa está construindo, por que a solução oferecida é importante e como ela irá fazer sucesso.[68]

A partir dos resultados desta fase, deve-se decidir se a empresa tem ou não o potencial de crescimento necessário, o que decretará sua continuidade ou o encerramento das atividades.

Cooperações científicas e estratégicas também são importantes. Estabelecem medidas de incentivo à inovação e à pesquisa científica e tecnológica no ambiente produtivo da *startup*. São parcerias entre as *startups* e instituições, públicas e privadas, para cooperação dentro dos centros de pesquisa das universidades, por exemplo. O papel da universidade, neste caso, é ser agente do desenvolvimento econômico e fomentadora do desenvolvimento tecnológico da *startup*. Esse tipo de apoio pode vir de universidades nacionais ou internacionais. É importante se certificar de que a propriedade intelectual da *startup* pertencerá única e exclusivamente à própria *startup*[69].

---

67 ANPROTEC. **Ambientes de Inovação.**
    Disponível em: <http://anprotec.org.br/site/sobre/incubadoras-e-parques/>

68 SMARTALK. 9 **Dicas para Apresentar o** *Pitch* **da sua** *Startup.* Academia Smartalk, 2014.

69 MARQUES, Fabrício. **Muito Além das Patentes: Escritórios de Transferência de Tecnologia das Grandes Universidadades Ampliam seu Papel e Estreitam a Cooperação com Empresas.** In Revista Pesquisa da FAPESP, 2012.

Uma forma importante de geração de riqueza nos países desenvolvidos é a criação de empresas *startups*[70] a partir de resultados da cooperação científica entre alunos e professores universitários. Nestes casos, a *startup* nasce a partir de uma ideia ou de um resultado de pesquisa gerado em um laboratório universitário – que pode, então, ser transformada em tecnologia para gerar um produto ou serviço especializado.[71]

Quando os fundadores de uma *startup* são estudantes e professores que se conheceram nos laboratórios de uma universidade (pública ou privada) e, a partir de pesquisa conduzida por eles, em conjunto e dentro da universidade, tiveram a ideia e os insumos para criar a *startup*, há questões relacionadas à propriedade intelectual que merecem atenção:

> Como deve ser tratada a questão da inovação gerada nas universidades, para que se tenha segurança jurídica em relação à propriedade intelectual?

> Quais os direitos da universidade sobre a propriedade intelectual da *startup* cujos sócios são os alunos e professores?

> Quais as precauções e salvaguardas a serem adotadas para evitar confusão em relação à propriedade intelectual das *startups* geradas dentro das universidades?

> Quais as diferenças (riscos) entre as *startups* geradas dentro das universidades públicas e as geradas dentro das universidades privadas?

Um dos grandes dilemas da Economia do Conhecimento, no Brasil, é a baixa vazão das tecnologias produzidas nas universidades para o mercado. Não faz parte da nossa cultura transformar pesquisas acadêmicas de ponta em soluções de mercado para construção de riqueza.[72]

Um fator determinante do sucesso das *startups* nas universidades é a segurança da obtenção de retornos, advinda da adequada proteção aos direitos de propriedade

---

70   WORLD BANK. *Entrepreneurs and Small Businesses Spur Economic Growth and Create Jobs*. 2016.

71   ZIVIANI, Nivio. **Start-Up: Modelo Inédito de Transferência de Tecnologia**. Boletim UFMG, No. 1768, ano 68. Universidade Federal de Minas Gerais, 2012.

72   Em entrevista, Carlos Brito, ex-Presidente da FAPESP, afirma que a interação entre pesquisas acadêmicas e empresas no Brasil é subestimada (VASCONCELOS, Gabriel. **Interação Entre Universidades e Empresas é Subestimada**. Valor Econômico, 2020).

intelectual. No Brasil, este processo enfrenta uma série de problemas[73]. Na busca de uma solução institucional para esta questão, a Lei de Inovação instituiu a figura do Núcleo de Inovação Tecnológica, obrigatória em todas as instituições de Ciência e Tecnologia.[74]

Ainda há muita insegurança jurídica nesta relação entre o interesse privado e a universidade pública. É preciso ter cuidado: nem tudo que é criado dentro de uma universidade pública pode ser explorado comercialmente pelo ente privado. Certifique-se de que há segurança jurídica na relação entre alunos, pesquisadores e professores trabalhando em conjunto dentro das universidades, antes de fazer qualquer investimento.

É triste, mas a recomendação mais conservadora para se evitar qualquer questionamento em relação à propriedade intelectual gerada por alunos, pesquisadores e professores é conduzir as atividades da *startup* para um espaço físico fora dos limites territoriais da universidade, sobretudo se for uma universidade pública[75].

É comum que a *startup* tenha que apresentar sua ideia para investidores (mesmo que, nesse momento, sejam os amigos e familiares). Na hora de preparar a apresentação – o chamado *pitch*[76] – é importante tomar alguns cuidados.

Na hora de apresentar seu *pitch* para potenciais investidores, concentre-se em itens como qualificação da equipe, validação do plano de negócio, dados de mercado e as formas pelas quais a *startup* considera possível obter lucros. Um bom *pitch* conta uma história consistente. É preciso que você e sua equipe acreditem em cada palavra que está sendo dita, pois há desdobramentos jurídicos, éticos e morais envolvidos. Um *pitch* de sucesso é claro, conciso e descreve a *startup* com precisão verdadeira.

73   UBSECRETARIA DE AÇÕES ESTRATÉGICAS. **Produtivismo Includente: Empreendedorismo Vanguardista**. Roberto Mangabeira Unger et. al. (coord.). Presidência da República, Subscretaria de Assuntos Estratégicos, 2015.

74   A Lei No. 10.973, de 02 de dezembro de 2004 (Lei de Inovação) foi instituída com o objetivo de conectar universidades ao mercado. Anos depois, a Lei No. 13.243, de 11 de janeiro de 2016 (Marco Regulatório da Inovação) alterou alguns dispositivos do primeiro diploma para prever a possibilidade de contratação direta de tecnologias por empresas, permitir o ressarcimento de despesas e garantir a dispensa de licitação em contratações de baixo valor.

75   Essa preocupação surgiu em conversas com o advogado Álvaro Palma de Jorge, professor da FGV Direito Rio e sócio fundador do escritório Palma Guedes Advogados.

76   KAWASAKI, Guy. A **Arte do Recomeço**. São Paulo: Editora Best Seller, 2011.

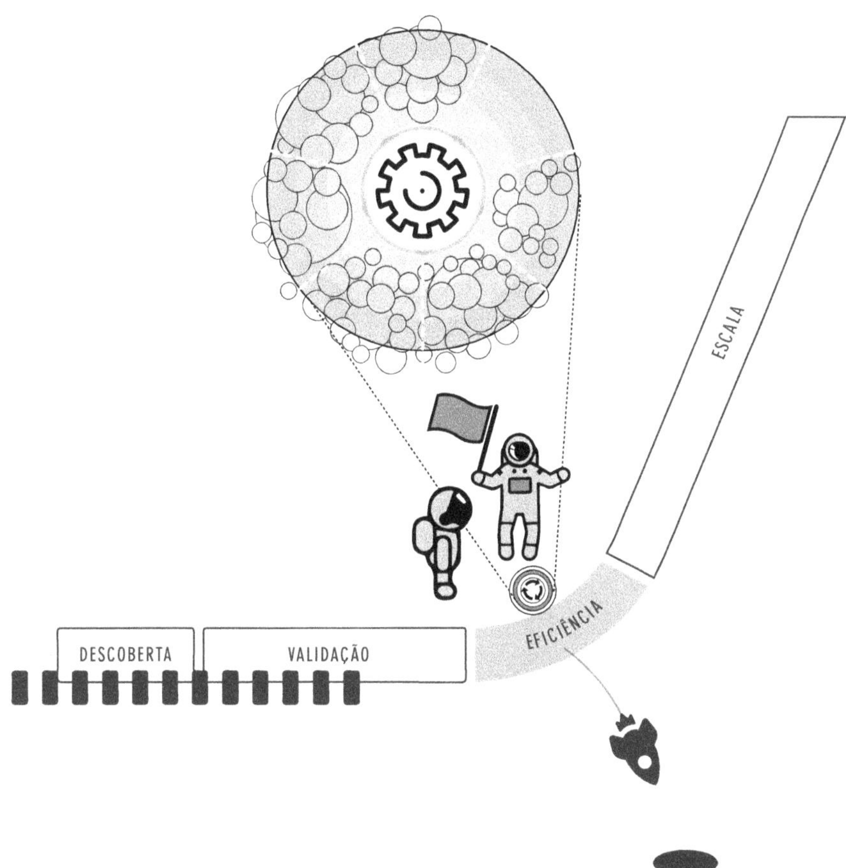

2.3   FASE DE EFICIÊNCIA: GESTÃO & GOVERNANÇA[77]

Se o negócio seguir adiante da Fase de Prototipação, é necessário que a *startup* possua um CNPJ próprio e maior governança, para a chegada de maiores aportes financeiros. A organização inicia então sua jornada em direção ao crescimento, com

---

77   Os termos sublinhados neste capítulo representam as "bolhas" da Mandala e têm sua definição no Glossário disponível em: <www.joaofalcao.com.br>.

eficiência operacional, regras de governança interna e clareza na relação societária entre empreendedores e investidores.

Ter uma ideia, colocá-la no papel, prototipá-la e validá-la são as primeiras atitudes tomadas pelos fundadores de uma *startup*. Com o projeto testado e se transformando em um negócio de verdade, chega-se à Fase de Eficiência: a *startup* precisa se provar escalável, com baixos custos. É nesta fase que todo o alicerce da empresa deve ser construído, tanto em relação ao produto e/ou serviço quanto aos aspectos negociais e jurídicos.

É hora de mapear as principais dificuldades e gargalos de crescimento, bem como de se ter um plano de médio-longo prazo para cada um deles. De ativar a seleção e contratação de equipe operacional. E de se preparar para escalar.

É hora de concentrar o foco em distribuir o produto para todos os potenciais consumidores que têm o problema que a *startup* resolve. Para isso, a *startup* precisa aprender a encontrar seus clientes ideais e a se comunicar com eles de forma precisa, montando as primeiras peças de uma máquina de vendas, com muitos contratos atrelados (teoria da empresa enquanto feixe-de-contratos).[78]

Na relação contratual com os fornecedores e outros *stakeholders*, vale destacar as seguintes garantias jurídicas a serem negociadas: multas por atraso, multas punitivas e indenizações pré-fixadas. Outras medidas cabíveis de se estipular em contrato são a retenção de pagamentos, a recusa de entrega mal feita, a execução de garantias, a substituição do fornecedor, o encerramento rápido do contrato e a regulação dos riscos de fatos imprevisíveis. Todas elas objetivam realizar a gestão de conflitos que possam surgir.

Estipule um mercado para atuar e reflita sobre o ramo de atividade em que pretende lançar o seu negócio. Procure saber se já há alguma empresa desenvolvendo as atividades que você pretende desenvolver.

Identifique seu cliente e segmente o mercado. Selecione um mercado-alvo (ou nicho de mercado). Construa um perfil de usuário final. Calcule o total endereçável do mercado-alvo. Delineie a *persona* do mercado-alvo. Identifique seus próximos 10 consumidores/clientes. Como seu cliente adquire o seu produto? Determine as unidades decisórias do seu cliente. Mapeie o processo de vendas para adquirir um

---

78   COASE, Ronald. *The Problem of Social Cost*. In the Journal of Law & Economics, vol. III. Chicago: The University of Chicago, 1960.

cliente pagante. Descubra quantos contratos e quais responsabilidades jurídicas fazem parte desta cadeia e quais os potenciais riscos envolvidos.[79]

Os clientes estão entre os *stakeholders*[80] fundamentais para a existência do negócio e podem ser de diferentes naturezas: pessoas físicas (negócios *business to consumer* – B2C), pessoas jurídicas (negócios *business to business* – B2B) ou governos (negócios *business to government* – B2G). A depender do caso, há uma regulação específica para se compreender e avançar com segurança e eficiência jurídica.

É o momento de profissionalizar a gestão, de profissionalizar o *"back-office"* estratégico e operacional. Como refinar os processos e modelos de gestão jurídica necessários à aquisição de novos clientes e ao aumento considerável da operação, num período curto de tempo?

É hora de um "freio de arrumação" antes de escalar, para refinar os processos e os modelos de gestão e de operação para aquisição de novos clientes, o que garante que os investimentos na empresa aumentarão. Junto com eles, virão mais responsabilidades e os contratos mais complexos, que são os de investimentos.

Também deve se verficiar se o diferencial competitivo da startup garantirá seu crescimento escalável. Ou seja, verificar se a *startup* de fato se provou nos testes da fase anterior, de validação, e se foi capaz de criar uma tecnologia única que escale.

Na busca da *eficiência*, as principais dificuldades são a burocracia e a departamentalização da própria *startup*. Para escalar, é fundamental implantar processos e controles. E chegar a um custo viável. Esse processo de transformação é bem difícil, sobretudo do ponto de vista jurídico. No Brasil, ainda estamos na primeira infância e não há massa crítica de *startups* que passaram dessa fase.

É fundamental escalar na hora certa, com eficiência e *compliance*. O desafio é atingir um elevado volume de produção, com custos competitivos, além de montar uma rede de distribuição com grande capilaridade. É nesse momento que a *startup* se revela um *"arranjo institucional complexo"*.

79   AULET, Bill. *Disciplined Entrepeneurship Workbook*. Hoboken: John Wiley & Sons, Inc., 2017.

80   FREEMAN, Robert Edward. *Strategic Management: A Stakeholder Approach*. Cambridge: Cambridge University Press, 2010.

Sociedade

Como escolher o melhor modelo societário para sua *startup* escalar? Não existe uma resposta padrão e nem uma fórmula pronta para definir essa questão. Em conjunto com o acordo de sócios, esse modelo estabelece as condições de gestão da empresa, bem como os direitos e deveres de cada sócio.

A partir desse momento, todos os compromissos, direitos e obrigações da *startup* devem estar documentados por escrito e firmados, inclusive promessas verbais e side *letters*, que envolvam promessas de concessão de participação societária – e que uma *startup* ofereça *equity* para atrair talentos.

Num momento de fusão, incorporação ou aquisição da *startup*, uma simples auditoria dos documentos (*side letters* e acordos verbais inclusive) deve ser suficiente para qualquer pessoa compreender e administrar o que foi acordado, mesmo sem a presença dos envolvidos na negociação propriamente dita. Na hora do *valuation* da *startup*, valerá o que está escrito e assinado.

O Brasil sempre ocupou posições ruins nos *rankings* que indicam a facilidade de se fazer negócios no país. Isso pode ser explicado pelo longo prazo estimado para se abrir uma empresa por aqui (e fechar também). São situações que variam entre os estados da federação.

O Governo e as empresas têm feito tentativas de melhorar o ambiente empreendedor do Brasil, para estimular a abertura de empresas, principalmente de pequeno porte. O foco está em reduzir a burocracia exigida para esse processo e valorizar a autonomia da vontade na celebração dos contratos.[81]

A lei brasileira estabelece vários tipos de sociedades que uma empresa pode escolher para o exercício de suas atividades; nenhum deles, porém, foi pensado para atender à essência e aos desafios da *startup*.

Ainda nos falta uma modalidade de organização societária mais condizente com a flexibilidade das empresas *startups*, que rapidamente avançam na escala de progressão econômica.[82] Passo inicial para começar a resolver este problema é criar uma modalidade empresarial de sociedade anônima simplificada, com responsabilidades

---

81   WORLD BANK GROUP. *Doing Business 2020 – Economy Profile: Brazil.* Washington, 2019.

82   SUBSECRETARIA DE AÇÕES ESTRATÉGICAS. **Produtivismo Includente: Empreendedorismo Vanguardista.** Roberto Mangabeira Unger et. al. (coord.). Presidência da República, Subscretaria de Assuntos Estratégicos, 2015.

e obrigações progressivas, a serem incorporadas à medida que a empresa aumenta seu faturamento.[83]

O modelo de sociedade anônima (S/A) é o mais adequado às necessidades de investimento e rápido crescimento das *startups*. Entretanto, as obrigações e responsabilidades atribuídas às sociedades anônimas muitas vezes impõem custos incompatíveis com a realidade da *startup*, assim como a abstenção das verbas de fomento e a ausência de benefícios fiscais à inovação e a pesquisas de ponta.

A S/A possui uma estrutura societária complexa; isso costuma fazer a diferença quando as *startups* possuem um grande número de sócios e buscam ferramentas flexíveis de controle financeiro e de gestão. Essa complexidade da S/A está vinculada a várias obrigações legais que precisam ser cumpridas, como a obrigatoriedade de haver uma diretoria e as tão custosas publicações dos documentos referentes à aprovação de contas do exercício.

Numa S/A, o capital social da empresa está dividido em ações, que podem ser negociadas com qualquer um, em regra. Nesse tipo societário, pouco importa a pessoa do sócio; as ações podem ser mais facilmente transacionadas. Esse mecanismo favorece a *transitoriedade societária permanente*.

Um dos princípios de uma Sociedade Limitada (Ltda.) é que os sócios são próximos, confiam uns nos outros e trabalham juntos em prol do crescimento da sociedade.

Na S/A é diferente: a legislação que rege esse tipo de organização é mais potente para proteger os direitos dos acionistas minoritários (desde que associada a um acordo de acionistas). A S/A atrai investidores porque garante que a responsabilidade do acionista está limitada ao preço de emissão das ações que comprou. Os acionistas, independentemente de sua posição, possuem direitos essenciais – que não podem ser suprimidos nem pelo Estatuto e nem pela Assembleia. São eles: direitos de participação nos lucros sociais e no acervo patrimonial, em caso de liquidação; direito de fiscalização da administração da empresa, por meio das determinações legais; direito de preferência na subscrição de alguns valores mobiliários; e direito de retirar-se da sociedade nos casos previstos em lei.

---

83 SUBSECRETARIA DE AÇÕES ESTRATÉGICAS. **Produtivismo Includente: Empreendedorismo Vanguardista**. Roberto Mangabeira Unger et. al. (coord.). Presidência da República, Subsecretaria de Assuntos Estratégicos, 2015.

Receber novos sócios, assim como passar por operações de fusão e aquisição, são situações muito semelhantes a um casamento: você precisa saber muito bem onde está se metendo antes de casar. Tem que passar pelas etapas de paquera, namoro, noivado e, somente então, casamento – e, como em todo casamento, nem tudo é um mar de rosas. É preciso saber que, além de buscar o sócio certo e conquistá--lo, será preciso estar bem organizado e seguro de si, para estruturar muito bem os termos em que essa relação vai se desenrolar no futuro, por meio do acordo de investimentos.[84]

Em linhas gerais, os documentos societários devem ser levados a registro perante a Junta Comercial por meio de um processo administrativo que terá tramitação interna entre as autarquias competentes, e aguardará a manifestação da Receita Federal. A exemplo do que acontece com a Junta Comercial do Estado do Rio de Janeiro, em geral não é permitido dialogar e/ou despachar com os julgadores vogais das Juntas Comerciais acerca dos processos em trâmite na Junta. Recomenda-se a contratação de assessores com expertise em tais processos, de modo a minimizar riscos de exigências que atrasem o processo decisório.

Os documentos constitutivos da *startup* são de extrema importância para seu funcionamento e devem ser plenamente compreendidos por todos que os assinam. O fato de o empreendedor não ler, ou não compreender o que está num determinado documento ou contrato, não é justificativa para o que foi assinado não valer... Vale sim. Assinou, dançou!

Para que os documentos constitutivos da sociedade passem a produzir efeitos perante terceiros, adquire-se a personalidade jurídica através do registro na Junta Comercial.

Deve-se sanear e organizar a aprovação de todas as contas passadas, além de podar e ajustar os *penduricalhos* que certamente foram criados para todos os lados. Sim, pois se as fases anteriores foram bem-sucedidas, é normal haver penduricalhos. É hora de trabalhar para conseguir apresentar o balanço da *startup* sem ressalvas.[85]

O relacionamento das *startups* com a Junta Comercial varia de estado para estado, considerando que cada estado possui suas próprias autarquias, com diferentes

---

84   ENDEAVOR BRASIL. M&A: **Mais um Caminho para sua Empresa Crescer**. 2017.

85   No período de 2017 a 2019, o autor se reuniu com a equipe técnica da Diretoria de Investimentos do BNDES, à época sob lideraça de Eliane Lustosa, oportunidades em que se desenvolveram essas ideias.

regramentos internos e exigências para cada ato que se pretenda registrar. No entanto, existem alguns pontos comuns, como a utilização de ficha cadastral conforme modelo aprovado pelo Departamento Nacional de Registro de Comércio, o pagamento de custas previamente ao registro e a prova de identidade dos titulares e dos administradores da empresa.

Há determinados atos que, além de registrados na Junta Comercial, devem ser considerados para atualização perante outros cadastros. Por exemplo: a criação de filiais e a transformação de tipo societário demandarão alteração do CNPJ e das demais inscrições municipais e estaduais. Na eventualidade de se admitirem sócios estrangeiros na sociedade, serão exigidos, ainda, documentos e registros específicos para fins de regularização junto ao Banco Central do Brasil.

A legislação brasileira proíbe que estrangeiros ocupem cargos de administração nas sociedades, sejam elas anônimas ou limitadas, salvo se tiverem vistos permanentes. Aqueles que não os tiverem podem ser indicados para cargos na administração, desde que não tomem efetivamente posse ou não sejam investidos no cargo.[86]

Esses vistos permanentes podem ser o de investidor, para aqueles que desejam deter participação em uma sociedade brasileira, ou de executivo, para os que têm a intenção de atuar somente como diretores ou conselheiros dessas empresas.

É hora de revisitar o memorando de entendimentos firmado anteriormente e avançar com negociações mais complexas e de longo prazo entre os sócios. O objetivo é assinar o acordo de sócios – um contrato entre os sócios que visa a regulamentar os mais diversos aspectos de suas relações. Neles, os sócios precisam criar formas de evitar conflitos, nos casos em que um discorde do outro. O valor do negócio pode cair, se não houver alinhamento e um mínimo de transparência.

O acordo de sócios diminui o risco inerente a qualquer sociedade. Traz segurança para a relação societária. Quando bem feito, possibilita que os empreendedores dediquem toda sua energia à viabilização da *startup*. Sem ele, os sócios se expõem mais ao risco de perder todo o trabalho que desenvolveram na empresa em função de discussões, negociações e brigas judiciais – questões que se repetem e que podem ser facilmente revisadas.

86   ADVOCACIA GERAL DA UNIÃO. **Segurança Jurídica do Investidor Estrangeiro no Brasil**. Brasília, 2013.

STOCK OPTIONS, VESTING E CLIFF — *Stock options* são uma forma de remuneração de administradores da *startup*, por meio de contratos de opção de compra de ações por um valor determinado.

O *vesting* é um processo que atrela as *stock options* de forma definitiva a quem as possuir, para que se mantenham em sua posse mesmo em caso de sua saída da empresa.

Já o *cliff* é um período de tempo mínimo para que um fundador de uma *startup* ou um proprietário de *stock options* obtenha os seus direitos. Normalmente o *cliff* é de um ano, mas esse tempo pode variar de acordo com a *startup*.

O *vesting* se mostra como uma das ferramentas mais interessantes para a divisão societária porque ele representa uma modalidade de compra de participação em que as posições do sócio vão sendo adquiridas à medida em que o prazo de carência passa, permitindo que os sócios aumentem sua participação nesse período para não serem diluídos. Geralmente, o *vesting* é celebrado na forma de um contrato em que os sócios estabelecem critérios objetivos para que aquele que recebe esse mecanismo adquira participação na socidade, tais como lealdade, dedicação e resultados.

Isto evita que uma pessoa se torne sócia e depois se revele descomprometida ou incompetente, pois os resultados são mensurados através de mecanismos como metas pré-estabelecidas, por exemplo, que devem ser atingidas pelo futuro sócio. Ele também é um incentivo por remunerar com participação societária aqueles que se esforçam. O *vesting* poderá ser oferecido a qualquer pessoa que se mostre estratégica para o crescimento escalável da *startup* – seja funcionário, diretor, conselheiro ou mesmo um parceiro estratégico externo à *startup*[87].

A ideia é que, colocando esses talentos como sócios da empresa, evita-se riscos trabalhistas e tributários gerados por funcionários externos. O trabalho não equivale a um recurso de aporte, mas ele precisa ser considerado na hora da divisão societária, para premiar aqueles que se dedicam mais à startup.

É possível também acelerar o *vesting*. Antecipar o seu vencimento, para que a participação possa ser exercida antes do prazo fixo estabelecido no contrato. Isso pode

---

87   De acordo com a Lei das Sociedades Anônimas (art. 168 da Lei No. 6.404/76, especificamente em seu parágrafo 3o), o ato constitutivo pode prever que a companhia, dentro do limite de capital autorizado e de acordo com o plano aprovado pela Assembleia Geral de Acionistas, outorgue opção de compra de ações a seus administradores ou empregados, ou às pessoas naturais que prestem serviços à companhia ou à sociedade sob seu controle.

ser feito caso venha a ocorrer um evento como abertura de capital ou reorganização societária da *startup*, por exemplo. Todas as condições para o *vesting* deverão estar detalhadamente descritas no instrumento celebrado entre as partes.

No Brasil, um dos riscos a se evitar é que o *vesting* seja considerado remuneração – da qual fazem parte, segundo a legislação trabalhista, o salário devido pelo trabalho efetivamente realizado pelo empregado e também quaisquer gratificações e gorjetas que porventura venha a receber. Se o *vesting* for enquadrado como remuneração, os encargos trabalhistas incidirão sobre ele. Já existem boas práticas para se desenhar o mecanismo de *vesting* de modo a evitar que venha a ser considerado salário.

Existe ainda o chamado "*vesting* invertido": trata-se de uma situação em que qualquer sócio da *startup* poderá ter sua participação societária reduzida, caso não atenda às expectativas de produtividade da empresa. Neste caso, o valor da redução será distribuído entre os demais sócios ou adquirido por um novo investidor[88].

Financeiro

Toda a prestação de contas da *startup* precisa ser organizada e transparente, o que pode ser muito trabalhoso. Recomenda-se ter um ou dois responsáveis pelo relacionamento com os profissionais da fonte dos recursos, fornecedores e prestadores de serviços – e por organizar os documentos e elaborar os relatórios de prestação de contas.

Desse ponto em diante, a *startup* precisará, necessariamente, ter um CFO (*chief financial officer*, ou diretor financeiro) para colocar o financeiro a serviço da empresa escalável. O CFO deve agregar praticidade e eficiência à *startup* e resolver as mais diversas pendências estratégicas e operacionais, financeiras e contábeis; negociar crédito junto aos bancos, para que já esteja aprovado se e quando a empresa precisar; desenvolver e executar um planejamento tributário permanente; realizar a modelagem financeira de novos projetos, antes da ação; ter o fluxo de caixa na ponta do lápis, com acompanhamento e controle diário; e elaborar o balanço patrimonial.

Os mercados relevantes estão caminhando para um padrão internacional de contabilidade que facilite, para os investidores, a tarefa de analisar o desempenho da

---

88   WITTE, Natalie. **Equidade ou Igualdade: Como Garantir o Equilíbrio entre os Fundadores no Longo Prazo**. 2019.

sociedade empresarial e compará-lo com o de seus pares.[89]

A contabilidade foi criada para cumprir três objetivos principais: registro das operações, controle do fluxo de capitais e divulgação das informações a respeito dos negócios. É muito vasto o potencial de informações que esse setor pode proporcionar. São informações valiosas; em alguns casos, são insubstituíveis – e será impossível obtê-las por outros meios.[90]

É um mecanismo imprescindível para a gestão de uma *startup* ou de qualquer outro negócio. A contabilidade é, efetivamente, uma ferramenta gerencial que, por meio da análise dos registros de origem contábil, contribui para gerenciar a *startup*. Não se deve encarar a contabilidade apenas como uma burocracia do governo, mas sim compreender que é possível extrair dela informações importantes, que não devem ser desperdiçadas.

A contabilidade é uma rica fonte de informações extremamente relevantes para a *startup*, como projeções do fluxo de caixa, análise de indicadores, cálculo do *break-even*, determinação dos custos-padrão, viabilização da realização de um planejamento tributário e viabilização da elaboração do orçamento e do controle orçamentário.

Como qualquer sociedade (pessoas jurídicas com fins lucrativos), as startups precisam gerar lucros para se manter, mas muitas vezes, as receitas acabam sendo menores do que os custos – principalmente por conta da ausência de novos investimentos ou da incapacidade de se gerar capital de giro com os produtos. Isso pode ser mitigado se a empresa pensar, desde o início de suas atividades, por exemplo, analisando cuidadosamente suas fontes de receitas e de custos, aí incluída sua estrutura fiscal.

É possível que os investidores venham a conceder novas oportunidades de investimento, desde que o negócio tenha governança, com contratos assinados, ainda que sem lucros.

---

89 A contabilidade surge no contexto primitivo, na busca do homem pelo controle de suas posses. A evolução torna-se dinâmica, trazendo a expansão dos negócios, a organização e o controle do patrimônio e das atividades a este ligadas. A Contabilidade, tal como a conhecemos hoje, é fruto da iniciativa da Família Medici, de Florença – provavelmente a família mais rica que jamais existiu. Para controlar sua imensa fortuna, os Medicis comissionaram o frei Francisco Luca Pacioli para criar alguma forma de acompanhamento e supervisão dos investimentos da família. Pacioli criou o famoso método das Partidas Dobradas, que permanece imutável desde sua formulação, há mais de 500 anos (CARDOZO, Julio Sergio de Souza. **Contabilidade para Leigos**. Rio de Janeiro: Alta Books, 2016).

90 CARDOSO, Julio S. de S. **Contabilidade para Leigos**. São Paulo: Alta Books, 2016.

Então todos os anos, no primeiro quadrimestre de cada exercício social, os sócios devem se reunir em assembleia para analisar as contas dos administradores, aprovar a destinação dos resultados e distribuir lucros, caso existam. Apesar de ser necessário arquivar a ata redigida durante a assembleia na Junta Comercial, as publicações não dependem da mesma obrigatoriedade. Também não são obrigatórias as de uma sociedade limitada; a obrigatoriedade existe apenas quando o seu capital sofrer redução, se a sociedade for dissolvida ou encerrada e quando for considerada de grande porte, com ativo total superior a R$ 240.000.000,00 ou receita bruta anual superior a R$ 300.000.000,00.

As publicações são atos formais que devem ser divulgados em jornais de grande circulação e no Diário Oficial da União ou do respectivo estado. Esses atos incluem os documentos constitutivos, convocações para assembleias, atas de assembleias, atas aprovando as demonstrações financeiras do exercício social e anúncio de ofertas públicas de valores mobiliários, dentre outros.

 ## Propriedade Intelectual

Nesta fase, é preciso garantir que o nome e a marca já estejam registrados e, quando for o caso, que já tenham sido feitos os depósitos dos softwares da *startup*. Sugere-se, ainda, verificar se a empresa conta com algum produto patenteável. Em caso positivo, é essencial verificar se a patente já existe ou se a empresa já deu entrada no processo competente, junto ao Instituto Nacional de Propriedade Industrial – INPI.

O INPI é um órgão federal brasileiro criado na década de 1970. É responsável por executar as normas nacionais referentes a marcas, concessões de patentes, averbações de contratos de franquia, desenho industrial, transferência de tecnologia, *software* e tipografias de circuitos e das demais modalidades de transferência de tecnologia.

Com esses processos perante o INPI concluídos ou em andamento, a *startup* pode pensar no licenciamento da sua propriedade intelectual, monetizando-a a partir da celebração de um contrato com esse fim. Tal documento deve estipular as condições do direito que está sendo licenciado, inclusive os pagamentos devidos, tempo de vigência da licença, exclusividade, remuneração e possibilidade de sublicenciamento. Um advogado especialista em propriedade intelectual deve ser ouvido neste momento.

☖☖☖ Trabalhista

Esta fase coincide com o início da contratação dos primeiros funcionários – e com o recolhimento integral dos direitos e encargos trabalhistas.

Os sócios da *startup* que trabalharem na operação não devem estar submetidos ao regime da CLT e sim receber *pro labore*.

No Brasil, é comum o desempenho de uma *startup* ser calculado com base no número de funcionários por ela contratados, enquanto nos Estados Unidos valorizam-se empresas que tenham bons resultados, mas poucos funcionários[91].

Contrate pessoas melhores que você. Construa um time complementar. Mantenha o foco nos resultados. Invista no desenvolvimento de sócios e colaboradores. Gente é o maior ativo da *startup*.

É importante contar com profissionais do mercado e também com pesquisadores. Estes, serão remunerados com bolsas de pesquisa, benefícios financeiros que têm como objetivo desenvolver a produção de novas tecnologias. Assim, o desenvolvimento de pesquisas pelo profissional e sua equipe é financiado por órgãos de fomento ou por empresas privadas.

As questões relacionadas ao Direito do Trabalho estão em plena mudança. Recentemente, a Reforma Trabalhista[92] criou a figura do funcionário hipersuficiente, que pode negociar alguns pontos que, historicamente, são determinados como indisponíveis pela CLT. Passou-se a considerar hipersuficiente o trabalhador que possui diploma de nível superior e recebe salário mensal igual ou superior a duas vezes o limite máximo dos benefícios do regime geral da Previdência Social, além de ser dotado de autonomia para negociar suas relações de trabalho.

Funcionário é toda pessoa física que presta, pessoalmente, serviços contínuos à *startup*, subordinada a ela e mediante pagamento de salário. Veja, a seguir, as características e definições de empregado. A ausência de qualquer um desses cinco pressupostos afasta o vínculo empregatício: empregado é a pessoa certa e determinada, que não pode ser substituída por outra. Só pode haver relação de

---

91   Destaca-se o caso do Snapchat, que tinha aproximadamente 20 funcionários quando foi considerado um unicórnio, isso é, avaliado em mais de US$ 1 bilhão e abriu seu capital. O Instagram também tinha apenas 13 funcionários quando foi vendido para o Facebook por bilhões de dólares.

92   BRASIL. **Lei 13.467, de 13 de julho de 2017**.

emprego se o contratado for uma pessoa física e não uma empresa (princípio da pessoalidade); os serviços devem ser contínuos e não eventuais (princípio da habitualidade); o empregador possui direitos sobre a atividade do empregado, que está sujeito às suas determinações (subordinação); o trabalho é desempenhado mediante a contraprestação, em dinheiro ou algum outro bem que se expresse em dinheiro (onerosidade); e o empregado utiliza infraestrutura e equipamentos do empregador (ex: computador e telefone celular).

Relação de emprego é diferente de relação de trabalho. Relação de trabalho é apenas um vínculo que se estabelece entre duas pessoas, em que uma delas realiza uma prestação de serviço em favor da outra. Relação de emprego é um tipo especial de relação de trabalho, estabelecida entre empregado e empregador, e que se dá através de um contrato individual de trabalho, que estabelece vínculo jurídico entre empregado e empregador, e que se desenvolve de acordo com as regras da CLT. Diante do vínculo empregatício, o empregado pode usufruir de direitos que não teria, caso fosse um trabalhador comum.

Atenção, entretanto, para não cair na tentação das fraudes mais comuns nos contratos de trabalho. Contratar empregados por meios que afastem o vínculo empregatício, de modo a desobrigar a *startup* do pagamento de verbas às quais o empregado tem direito, é considerado fraude. Exemplos: contratação de empregado como prestador de serviço pessoa jurídica, fraude conhecida como "pejotização do empregado". Outro artifício que maqueia a relação de emprego: quando a *startup* afirma que o empregado não é seu dependente – ou seja, que entre o empregado e a empresa não há subordinação. Na verdade, porém, o empregado deve cumprir horários e metas que lhe são impostas pela *startup* – que, no caso, figura como empregador.

Esses riscos trabalhistas, no futuro, podem causar enormes problemas. Os créditos trabalhistas têm uma série de privilégios em relação aos demais credores, perante a legislação – e podem, inclusive, atingir o patrimônio dos sócios. De modo geral, a rotina trabalhista – assim como o enquadramento dos empregados de acordo com a legislação trabalhista – são pontos muito sensíveis para investidores e podem criar responsabilidades a serem administradas no futuro. Este é um ponto que deve ser analisado e planejado com cautela, de forma preventiva e conservadora.

Mesmo que a relação com os principais funcionários seja antiga e aparentemente tranquila, é recomendável que a *startup* tenha um plano alternativo para o caso de alguém interromper as entregas de uma hora para outra. Como estar protegida contra rupturas nas suas relações trabalhistas?

Recomenda-se que todo funcionário da *startup* tome ciência de algumas informações importantes: (1) organograma da *startup;* (2) termo de confidencialidade; (3) regras do banco de horas e horas extras; (4) regras de *home-office* (teletrabalho)[93]; (5) Acordo coletivo de trabalho, se houver; (5) termo de responsabilidade sobre equipamentos (computadores, celulares, etc.); (6) alinhamento dos regimes de trabalho excepcionais: gestão de crises, feriados etc; (7) modelo de avaliação profissional; (8) programa de participação nos lucros e resultados; (9) regras e procedimentos para reembolso de despesas de representação comercial, viagens aéreas, traslados, hospedagens, alimentação etc; (10) questionário de demissão; e (11) carta acordo de propriedade intelectual.

É essencial elaborar uma Política de Cargos e Salários. A peça fundamental é a tabela salarial, que exibe os cargos organizados em classes, com uma faixa salarial para cada classe. Com a tabela, cada funcionário pode ter uma visão completa do que cada cargo representa para a empresa, das faixas salariais atreladas a cada atividade e dos termos em que se dá todo o processo de evolução da carreira profissional na empresa.

Deve-se estabelecer uma política de remuneração variável (seja bônus, PPLR ou *stock option*), atrelada ao desempenho individual, da equipe imediata e da *startup* como um todo. Existem vários modelos. É a recompensa relativa aos resultados computados em um determinado período de tempo. É aplicável em qualquer situação em que haja indicadores de desempenho, ou seja, notas atingidas de acordo com um determinado grupo de regras previamente estabelecidas pela organização ("regras do jogo"). Uma vez definidas, as regras do jogo para o período não podem ser alteradas, a fim de preservar a confiabilidade da remuneração variável.

A empresa deve se informar sobre a existência de acordos, convenções e dissídios coletivos que se apliquem ao seu segmento de atuação. Com o crescimento do time, será necessário estabelecer um relacionamento com o sindicato da categoria profissional dos funcionários.

Os sindicatos são associações, compostas por trabalhadores de determinada categoria econômica e profissional, que se destinam a defender seus direitos na

---

93 O regime de teletrabalho também foi introduzido na lei pela Reforma Trabalhista de 2017 (BRASIL. **Lei 13.467, de 13 de julho de 2017).**

atividade laboral. Aspectos como salários, férias, licenças e capacitação devem ser objeto de negociação entre o sindicato e o empregador.

Em determinado momento, ao longo do caminho, a *startup* será obrigada por lei a firmar acordo coletivo com o respectivo sindicato. A criação de um Programa de Participação nos Lucros e Resultados (PPLR), por exemplo, pode ensejar essa obrigatoriedade.

No acordo coletivo, a maior parte das cláusulas são padrão – e são enviadas pelo sindicato. Há, no entanto, alguns pontos que devem ser considerados com atenção: reajuste salarial; os valores do vale-refeição e do vale-transporte; a política do seguro de saúde; e o horário de funcionamento da empresa.

Como não há regulamentação do procedimento a ser adotado pelo sindicato na formalização do acordo coletivo, o bom relacionamento com o sindicato é crucial. Em tese, o processo pode ser bastante simples, com poucos custos para a empresa. Em geral, o custo maior se dá quando há reuniões presenciais com os funcionários fora da empresa, na sede do sindicato. Esse tipo de agenda demanda tempo dos funcionários durante o horário de trabalho. A rigor, se todos os funcionários quiserem estar presentes numa reunião sobre o Acordo Coletivo no sindicato, não se pode fazer nada. Daí a necessidade, na prática, de um bom relacionamento com o sindicato, para que os acertos e formalizações se dêem com um mínimo de impacto na operação, evitando intermináveis idas e vindas.

Os representantes comerciais, de modo geral, não são considerados empregados; são regulados por lei específica e registrados no conselho regional. Possuem direitos específicos, como o direito a indenização em caso de rescisão contratual, fora dos casos determinados em lei.

Para escalar uma *startup*, é importante a figura do representante comercial, que é o profissional responsável por atuar diretamente na área de vendas de produtos da empresa. Esses profissionais devem estar registrados em seus respectivos Conselhos Regionais.

 Tributos

A complexidade dos aspectos tributários aumenta – e, em geral, demanda altos *custos de transação,* para entendimento e planejamento do recolhimento dos impostos. O ideal é que a *startup* faça um planejamento tributário de médio-longo prazo, atrelado às suas metas de crescimento, para que eventuais problemas não se agravem à medida que a empresa for crescendo.

Um bom planejamento fiscal deve cumprir a legislação, de forma que o Estado não receba mais do que o estritamente determinado por lei. Sem um bom planejamento, o Estado, de modo geral, se beneficia (Custo Brasil) – e recebe mais do que deveria receber. Os recursos otimizados permanecem na iniciativa privada e podem ser compartilhados pelas *startups* de forma mais eficiente e democrática.

Algumas das opções de regimes tributários são: o lucro presumido, uma forma simplificada de se determinar a base de cálculo do IRPJ e do CSLL, na qual se estima o lucro trimestral ou anual da empresa; e o lucro real, calculado sobre o lucro líquido efetivamente auferido no período.

Não existe um regime de tributação que seja mais benéfico para as *startups*, já que cada empresa possui suas particularidades e cada caso deve ser estudado individualmente. Para garantir um planejamento fiscal adequado, é fundamental ter conhecimento dos tributos pagos para o governo.

O ideal é realizar simulações e fazer a opção pelo sistema mais benéfico, que tenha como consequência a menor carga tributária. Ou seja, recomendamos que as *startups* realizem cálculos, de modo a reunir subsídios para a tomada de decisão. Deve-se estimar receitas e custos, com base em orçamento anual ou em valores contábeis históricos, permanentemente ajustados a partir de expectativas realistas.

A opção do planejamento fiscal deve recair sobre a modalidade em que o pagamento de tributos, compreendendo não só o IRPJ e a CSLL, mas também PIS, COFINS, IPI, ISS, ICMS e INSS, se dê da forma correta e mais econômica.

É importante destacar os incentivos, isenções e benefícios fiscais, que implicam redução da receita pública. São instrumentos para fomento econômico de determinado segmento ou atividade. O intuito é desenvolver economicamente determinada região ou setor de atividade. Há incentivos fiscais disponíveis para as *startups*, como fomento à inovação tecnológica, que não são nada desprezíveis.

No âmbito de pesquisa e desenvolvimento, existem leis que atribuem incentivos fiscais a empresas que desenvolvem inovação. É o caso da Lei do Bem[94], que permite que a *startup* que investe em pesquisa básica ou aplicada deduza valores da base

94   BRASIL. **Lei No. 11.196, de 21 de novembro de 2005.**

de cálculo de tributos, como o CSLL. Outro exemplo é o da Lei de Informática[95], que concede incentivos fiscais, tais como redução de IPI e ICMS, para empresas que produzem *software* e *hardware* no país. A Lei de Inovação[96] também apresenta incentivos para desenvolvimento da pesquisa científica e tecnológica no país.

 Dia a dia

À medida que a *startup* cresce, é preciso saber quem toma as decisões e quais os processos por meio dos quais essas decisões são tomadas. É o que tecnicamente se denomina governança corporativa. Existem cláusulas que regulam a governança da sociedade: como e em que instâncias são tomadas as decisões importantes; qual o quórum para a tomada dessas decisões; e se alguém possui direito de veto, por exemplo.

Ao contrário do que se pensa, governança não é um conceito restrito às grandes companhias. Pelo contrário: a governança é determinante para as empresas em fase embrionária. Boa governança consegue transformar os processos de decisão compartilhados em algo consistente e transparente, por meio de uma cultura de prestação de contas. Será obrigatória a criação de relatórios para informar, a todos os *stakeholders*, os resultados das estratégias adotadas.

Para dar conta desse desafio, os fundadores da empresa precisam implementar uma governança, ainda que incipiente. Na prática, trata-se de arquitetar as estruturas e os cargos deliberativos. Isso inclui, basicamente, os sócios-fundadores, um conselho consultivo e uma assembleia de sócios (no caso de a *startup* ter recebido investimentos).

Quando uma *startup* obtém financiamento para transformar a ideia em realidade e criar a empresa, os primeiros erros geralmente envolvem lidar com minúcias da administração do próprio negócio. Ou as *startups* gastam muito tempo e energia tentando criar processos de *back-office* que não são eficazes ou, pior, ignoram completamente essas responsabilidades. É incrível a quantidade de *startups* com as quais trabalhamos que não dedicaram tempo para estabelecer procedimentos jurídicos cruciais.

Deixar de configurar, logo no início, rituais apropriados de *back-office* jurídico,

---

95   BRASIL. **Lei No. 8.248, de 23 de novembro de 1991.**

96   BRASIL. **Lei No. 10.973, de 02 de dezembro de 2004.**

contábil, financeiro ou de pessoas cria uma bagunça da qual você precisará se desenterrar mais tarde, caso a *startup* queira contar com investidores externos – que vão querer, com toda certeza, conduzir uma *due-diligence* para avaliar como a *startup* está.

Se você não implementou os sistemas e procedimentos adequados, não poderá compartilhar seus dados de maneira a promover o crescimento. Mais importante: não conseguirá extrair deles segurança e inteligência para avaliar a *startup*.

A parte da gestão de uma empresa também se volta para a gestão de conflitos. Podem ocorrer conflitos entre indivíduos e grupos internos à organização (indivíduos e investidores, por exemplo); entre grupos pertencentes à organização (entre investidores, por exemplo); ou conflitos da organização com outras organizações, em virtude de técnicas, práticas e processos que possam vir a ser prejudiciais para o bem-estar da *startup*. Para determinar como esta gestão deve ser feita, é necessário estudar o processo do conflito, seu início e todos os seus estágios. Gerenciar conflitos significa propor e executar, em cada caso, uma solução que seja satisfatória para todos os *stakeholders* envolvidos na negociação.

Como mecanismo de solução de conflitos, observa-se um crescimento do uso da cláusula de arbitragem[97] pelo ecossistema nacional de *startups*, como forma de evitar a morosidade e a imprevisibilidade das cortes brasileiras.

À medida que o negócio avança em suas diferentes fases, do estágio inicial aos estágios mais evoluídos, a recomendação é que o nível de compliance da *startup* se torne mais rigoroso. O termo *compliance* tem origem no verbo em inglês *to comply*, que significa agir de acordo com uma regra, uma instrução interna, um comando ou uma solicitação. Estar em *compliance* é estar em conformidade com as leis e regulamentos externos e internos da *startup*.

Manter a *startup* em conformidade significa atender aos princípios normativos dos órgãos reguladores, de acordo com as atividades desenvolvidas pela empresa – e também aos regulamentos internos, principalmente aqueles inerentes ao controle interno da *startup*. Recomenda-se desenvolver auditorias internas periodicamente, com o objetivo de identificar eventuais descumprimentos e adotar medidas corretivas. *Startups* com fortes políticas de *compliance* tendem a ser mais bem avaliadas por investidores e a ter mais valor de mercado do que outras que, ainda que

---

97   BRASIL. **Lei No. 9.307, de 23 de setembro de 1996.**

estejam em igualdade de condições do ponto de vista da tecnologia e do mercado, não sejam tão fortes no quesito *compliance*.

Uma das principais questões que surgem nesta fase envolve os riscos relacionados ao Direito do Consumidor. Se a sua empresa vende um produto ou presta qualquer tipo de serviço para o consumidor, você precisa observar a legislação específica sobre os direitos do consumidor. Caso haja alguma dúvida quanto à necessidade de sua empresa observar o Código de Defesa do Consumidor, solicite um parecer de um advogado especialista.

No Brasil, o Código de Defesa do Consumidor estabelece que *consumidor* é toda pessoa física ou jurídica que adquire ou utiliza produto ou serviço como destinatário final – ou seja, utiliza o produto ou serviço em proveito próprio, para satisfazer uma necessidade pessoal. Não o utiliza em atividade comercial, produtiva ou profissional[98]. No que tange ao Direito do Consumidor, a comunicação é uma das principais variáveis de risco.

Nesse momento, também é natural que a *startup* precise de mais espaço físico para se instalar. É hora de adquirir seus próprios imóveis, assim como infraestrutura, para desempenho de suas atividades ou como forma de investimento.

Nesta fase, a *startup* só conseguirá avançar com uma boa administração das questões jurídicas. O momento de alavancagem precisa ser bem planejado. Um dos fatores que mais levam *startups* à bancarrota é escalar sem ter eficiência. Ou fazer os investimentos para adquirir eficiência e, ao final, não conseguir escalar. Acertar o *timing* é tudo.

---

98   TARTUCE, Flávio et. al. **Manual de Direito do Consumidor – Direito Material e Processual.** São Paulo: Método, 2019.

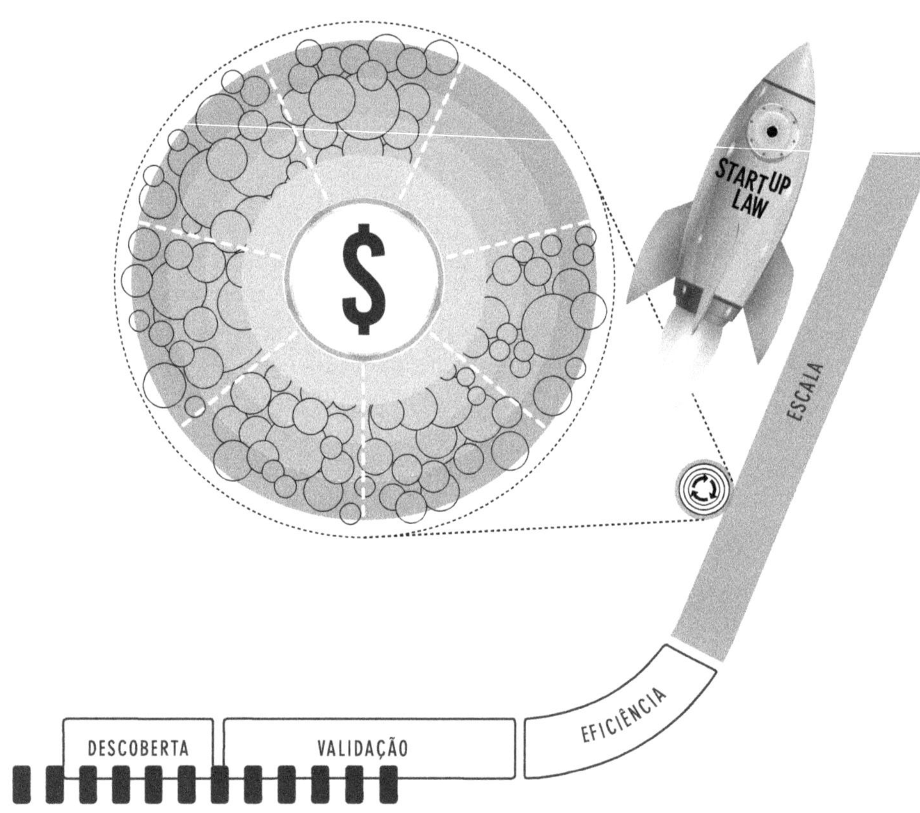

2.4 $ FASE DE ESCALA: CRESCIMENTO
EXPONENCIAL & *COMPLIANCE*[99]

Na fase de escala, pensa-se em expansão. Mas abrir uma filial no exterior não é simples, tal como não será fácil fazer a *startup* crescer no Brasil. Esse processo pode ser facilitado se o empreendedor adotar práticas jurídicas preventivas e uma

99 Os termos sublinhados neste capítulo representam as "bolhas" da Mandala e têm sua definição no Glossário disponível em: <www.joaofalcao.com.br>.

cultura forte, garantindo que todos que se juntem ao time estejam alinhados com seus valores.[100]

Se você quer vender a sua empresa, vai precisar garantir que tudo esteja em ordem. O comprador investigará, como de praxe – e quaisquer questões, problemas ou irregularidades detectadas podem inviabilizar o fechamento do negócio.

Neste estágio, é comum os primeiros empreendedores e investidores venderem suas participações iniciais e colocarem algum dinheiro no bolso. A *startup* já sabe qual é o produto, quanto custa adquirir clientes e já recebeu investimento. Já passou pelo vale da morte, foi bem-sucedida nos testes e validações e adquiriu eficiênica operacional. Agora, está pronta para escalar comercialmente. O desafio é crescer, crescer, crescer. Vender, vender, vender, para mais e mais clientes.[101]

Construa parcerias com empresas-chave. Consiga autorizações legais difíceis e demoradas para ser obtidas. Construa uma marca forte, na qual os consumidores confiem. Tenha acesso a fornecedores diferenciados em sua indústria, que te permitam ter custo/matéria-prima/prazo diferenciados.

Apesar dos custos, é preciso investir em planejamento e em ferramentas tecnológicas avançadas, que protejam seus sistemas e seu banco de dados – e que garantam a proteção das informações do usuário, em conformidade com o que determinam as leis aplicáveis no Brasil e as regulamentações técnicas internacionais[102]. Esse esforço é fundamental para que a empresa cresça no cenário de riscos inerente à atuação no campo digital e que isso se torne, cada vez mais, um diferencial na obtenção de investimentos maiores.

Neste estágio, a saída mais desejada é o IPO, ou a oferta pública inicial de ações, quando a empresa é lançada na bolsa de valores e suas ações passam a ter muito mais liquidez, como será detalhado mais adiante neste livro. Situações desse tipo permitem que um fundo de investimento reduza sua participação de forma fácil

---

100 KLEIN, Cláudia. **Novos no Pedaço: Como Recrutar Talentos Durante a Internacionalização?**. Endeavor, 2016.

101 Nesta etapa do seu ciclo de vida, a *startup* deve estar apta para cumprir os requisitos societários previstos na lista de *due diligence* disponível em: <www.joaofalcao.com.br>.

102 Como as normas publicadas pela International Standardization Organization (ISO) da família 27.000, que dispõem a respeito de sistemas de gestão de segurança da informação.

e ágil, ou até mesmo que considere continuar na empresa por mais um período, se assim desejar. O IPO só vai ocorrer em situações muito especiais, para *startups* que, de fato, tenham atingido maior musculatura empresarial e considerável porte econômico.

Um dos aspectos mais delicados de uma *startup* é o momento da saída de um dos sócios. Qualquer investidor, quando planeja investir em uma empresa, considera desde o primeiro momento as diferentes possibilidades de "porta de saída". É no momento da saída que o investidor terá a oportunidade de concretizar o retorno do investimento realizado.

Na maior parte das vezes, a porta de saída vai se abrir apenas em duas circunstâncias: venda para outro investidor ou aquisição da empresa por uma organização de porte maior. E essas duas situações envolvem várias decisões difíceis. Para lidar com tais dificuldades, os fundos de investimento foram desenvolvendo, ao longo do tempo, um conjunto de cláusulas contratuais que, no momento do investimento, já estipulam as regras relacionadas à saída, de modo que essas questões sejam negociadas no início da relação. O empreendedor deve ficar bastante atento às regras desse tipo, pois elas podem ter grandes consequências no longo prazo.[103]

 Sociedade

São quatro os principais modelos de saídas para resgatar o investimento em *startups*:

SAÍDA ESTRATÉGICA — ocorre quando grandes empresas compram *startups* para complementar seu portifólio, aprimorar produtos, otimizar processos internos, etc.

FUNDOS DE VENTURE CAPITAL — investem o dinheiro de seus cotistas, ajudam as empresas aportadas a crescer em um período de médio prazo e capitalizam o investimento na posterior venda; ou

VENDER PARA OUTROS INVESTIDORES — que podem se interessar em entrar no investimento, comprando a participação do investidor atual.

OFERTA PÚBLICA — ocorre quando a *startup* transforma-se em uma companhia aberta, se já não o for, e oferta suas ações no mercado de capitais para o público em geral ou para investidores qualificados, conforme o caso.

---

103 GORINI, Marco; TORRES, Haroldo da Gama. **Captação de recursos para *Startups* e empresas de impacto**. Rio de Janeiro: Alta Books, 2016.

Fundar uma empresa e levá-la à abertura de capital não é algo trivial. O Brasil possui um dos processos mais demorados e burocráticos do mundo, com a necessidade de mais de 100 dias só para cumprir todas as burocracias exigidas para abertura de uma empresa.

A título de ilustração das responsabilidades envolvidas em uma oferta pública de títulos mobiliários no Brasil, apresentamos uma lista dos principais documentos da empresa que devem ser publicados. São eles: (1) ato constitutivo; (2) acordo de sócios; (3) anúncio de início e encerramento da oferta; (4) atas e convocações das respectivas Assembleias Gerais e reuniões do Conselho de Administração deliberando a oferta pública e/ou a reorganização societária; (5) pareceres do Conselho Fiscal; (6) demonstrações financeiras e balanços contábeis; e (7) fatos relevantes relacionados à oferta.

O mais comum, nesta etapa do ciclo de vida da *startup,* é ela ser comprada, através de operações societárias, como reestruturações e fusões. Modalidades de reestruturações societárias comuns às *startups* incluem as fusões e as incorporações.

As fusões são processos em que uma sociedade se une a outra para formar uma nova empresa, que sucederá a anterior em seu conjunto de direitos e obrigações. As duas sociedades fundidas são extintas, enquanto a nova sociedade recebe uma personalidade jurídica distinta. O patrimônio da sociedade que surge será contabilizado como a soma das empresas anteriores à fusão. Mas essa não é uma prática comum no Brasil, devido à burocracia para se constituir uma nova pessoa jurídica.

Já na incorporação uma empresa absorve outra, de forma que os sócios da sociedade incorporada passarão a deter participação proporcional na incorporadora. Nesse procedimento, somente a empresa absorvida tem sua personalidade jurídica extinta, o que não ocorre na incorporação de ações, pois somente os valores mobiliários serão incorporados por uma outra empresa, o que transformará a incorporada numa subsidiária integral.

Na ocorrência de reestruturações e fusões de uma *startup*, as empresas classificadas como S/A são obrigadas a publicar suas demonstrações financeiras, contanto que seu patrimônio líquido seja maior que R$ 2 milhões. Neste caso, também é obrigatória a publicação da Ata da Assembleia Geral que aprovou as contas e demonstrações. Fora estas obrigações, a Ata da Assembleia deve ser acompanhada das demonstrações financeiras; ambos os documentos serão arquivados na Junta Comercial responsável.

As fusões, incorporações e aquisições – em inglês, operações de *mergers and acquisitions (M&A)* – são processos que envolvem intensas negociações entre ambas as partes e devem passar pelas seguintes etapas:[104]

TEASER – A potencial empresa adquirida (*target*) organiza uma apresentação indicando as principais informações jurídicas, operacionais e financeiras a respeito de seu negócio, sem divulgar pontos sensíveis.

ACORDO DE CONFIDENCIALIDADE – O potencial comprador se compromete a não divulgar quaisquer informações sensíveis que venha a obter exclusivamente no âmbito das conversas para a aquisição ou fusão da *startup*.

MEMORANDO DE ENTENDIMENTOS – As partes celebram um contrato preliminar não vinculante, definindo os termos e condições que deverão ser refletidos nos documentos definitivos da operação, a serem elaborados depois da *due-diligence*.

DUE-DILIGENCE – Auditoria jurídica e financeira completa que o potencial comprador deve realizar na *startup*. Os consultores do potencial comprador analisarão todos os documentos e informações disponibilizados pela *target*, para definição da melhor estratégia para a operação.

VALUATION – A target é avaliada pelos consultores financeiros com base nas informações preliminares, obtidas em conversas entre as partes – e também a partir da análise dos documentos disponibilizados durante a *due-diligence*.

DOCUMENTOS DEFINITIVOS – Negociação entre as partes a respeito das versões finais dos documentos definitivos, elaborados pelos consultores jurídicos das partes, que deve incluir o Contrato de Compra e Venda de Ações (*Share Purchase Agreement – SPA*) e quaisquer outros documentos que sejam necessários para concluir a operação, bem como a assinatura dos referidos documentos. No SPA poderão ser estabelecidas algumas condições precedentes, que deverão ser cumpridas entre a assinatura dos documentos (*signing*) e uma data estabelecida de comum acordo entre as partes (*closing*), para que a transação seja efetivada.

No processo de desinvestimento, as pessoas físicas e jurídicas dependem dos *exit rights* de venda da *startup*, normalmente presentes dentro do acordo de sócios, para esclarecer as possibilidades de novas ações, direitos e obrigações para com a empresa e para com os novos acionistas.

---

104 LISBOA, Tatiana Campos (coord.) et al. **Cartilha de Fusões e Aquisições**. Instituto Mineiro de Mercado de Capitais – IMMC, 2015.

Mas se tudo correr bem com a *startup*, o próximo passo será tornar a companhia aberta no mercado de capitais. Até aqui, o regime jurídico aplicável é de uma companhia fechada, uma S/A sem registro perante a Comissão de Valores Mobiliários – CVM. As companhias abertas, por outro lado, são S/A devidamente inscritas no ente regulador e, por isso, podem negociar títulos no mercado, ofertando-os através de ofertas públicas. São títulos mobiliários, por exemplo, ações, debêntures, notas promissórias e derivativos. Estas companhias estão sujeitas a regras mais rigorosas de governança e de transparência, nos termos da CVM e da Bolsa de Valores. A partir de agora, o regime desejado é o das companhias abertas[105].

No Brasil, abrir o capital significa obter o registro de companhia aberta perante a CVM, o que qualifica a companhia para realizar ofertas públicas de valores mobiliários – que são assim qualificados pela Lei do Mercado de Valores Mobiliários e podem ser emitidos ou negociados no mercado, observadas as restrições previstas na lei e nas normas expedidas pela CVM.

Será necessário preparar a documentação e realizar uma reforma estatutária para solicitar o registro de companhia aberta, além de elaborar um prospecto[106] que é exigido pela CVM para as ofertas públicas destinadas ao público em geral. A partir daí, será necessário cumprir vários procedimentos – como, por exemplo, entregar demonstrações financeiras em padrões pré-definidos e submetê-las a uma auditoria externa independente.

Mas antes de decidir que sua empresa irá abrir o capital, avalie se a venda das ações para acionistas minoritários no mercado realmente proporcionará o crescimento da *startup*. Vantagens dessa operação podem incluir: aumento de liquidez patrimonial; retorno dos investimentos realizados para a abertura de capital; redução do custo de capital da empresa; e melhoria da perfomance devido à governança corporativa e transparência exigidas para negociar ações na bolsa.[107]

Para tomar essa decisão, compare esses benefícios aos gastos incorridos para a realização do IPO na bolsa de valores, para garantir a transparência exigida pelos

---

105 Que é determinado pelas Leis No. 6.404/76 e No. 6.385/76 e por instruções normativas emitidas pela CVM, além da regulamentação da bolsa de valores.

106 O prospecto é o principal documento de uma oferta pública de distribuição, especificando as principais informações contábeis, jurídicas e operacionais da sociedade emissora. As informações que ele deve abranger estão indicadas na Instrução CVM No. 400, de 29 de dezembro de 2003.

107 ENDEAVOR BRASIL. **Você quer Realizar Aquele Sonho Grande? Um IPO Pode ser o Caminho**. 2016.

níveis de negociação e para cumprir um plano de crescimento sólido, que atenda à demanda desses novos investidores.

Busque também um parceiro estratégico, conhecido no mercado como white knight, ou seja, indivíduo ou empresa que adquire outra empresa à beira de ser tomada por outro *player* (*black knight*, considerado indesejável por funcionários, diretores, investidores). Enquanto a empresa-alvo não permanecer independente, um *white knight* é visto como uma opção preferencial, para evitar que aconteça uma aquisição hostil da *startup*.

Discuta com seus consultores a modalidade de oferta pública que será adotada, de acordo com as necessidades da companhia e com as expectativas de curto e longo prazo. A legislação e a regulamentação do mercado de valores mobiliários traz, como principais modalidades de ofertas públicas de distribuição, as seguintes:[108]

OFERTA PÚBLICA DE DISTRIBUIÇÃO REGULAR – O IPO clássico está previsto na Instrução CVM n° 400/03 e depende do registro do emissor como companhia aberta perante a CVM, o que poderá ser realizado simultaneamente ao registro da oferta. Nesse procedimento, devem ser elaborados memorandos de entendimento entre os consultores contratados; é necessário publicar anúncios de início e de encerramento; é essencial que sejam distribuídos documentos completos.

A realização de um IPO envolve um processo demorado, que se baseia em um cronograma a ser elaborado pelos consultores contratados. Para que seja elaborado o prospecto – principal documento dessa oferta, que informará os investidores sobre as características dos ativos ofertados – é necessário realizar uma *due-diligence* da empresa, com o objetivo de reconhecer os possíveis riscos inerentes aos títulos. Os integrantes do grupo de trabalho do projeto, formado por representantes da *startup* e consultores externos, devem permanecer em silêncio a respeito da oferta até que o pedido seja efetivamente protocolado na CVM. Com os documentos finais preparados, a empresa deve conversar com potenciais investidores (*road show*) para determinar o preço de emissão dos títulos.

OFERTA PÚBLICA COM ESFORÇOS RESTRITOS – Essas ofertas contam com um procedimento acelerado, dispensando qualquer registro perante a CVM e a

---

108 CAVALCANTI, Fabíola A; PEREIRA, Atademes B. **A Oferta Pública Inicial de Ações – O IPO.** In Brasil S/A: Guia de Acesso ao Mercado de Capitais para Companhias Brasileiras. Rio de Janeiro: RR Donnelley Financial Comunicação Corporativa, 2014.

ANBIMA[109]. Reguladas pela Instrução CVM n° 476/09, somente poderão ser destinadas a um dado número de investidores profissionais (instituições financeiras, fundos e clubes de investimentos, além de investidores com mais de R$ 10.000.000,00 investidos), limitado a 75. No entanto, somente 50 poderão de fato adquirir os valores mobiliários, sem limite no caso de haver investidores estrangeiros. Não há restrição quanto ao tipo societário dos emissores de valores mobiliários que façam opção por essa modalidade, de forma que os fundos de investimentos e as companhias fechadas também podem recorrer à oferta de esforços restritos.

O procedimento das ofertas com esforços restritos é mais simples e célere quando comparado ao das ofertas públicas regulares. Não há necessidade de se registrar essa oferta restrita perante a CVM ou de preparar um prospecto aos investidores. Os anúncios de início e encerramento referentes a essa modalidade de oferta não precisam ser divulgados na rede mundial de computadores, mas apenas arquivados na CVM.

OFERTA PÚBLICA POR *EQUITY CROWDFUNDING* – A CVM também editou um instrumento normativo que disciplina as ofertas públicas de distribuição de valores mobiliários de emissão de sociedades de pequeno porte (empresa brasileira com receita bruta anual de até R$ 10.000.000,00, apurada no exercício anterior ao da oferta), por meio de plataformas digitais – o chamado *crowdfunding*, regulado pela Instrução CVM n° 588/17 e que é realizado com dispensa de registro.

Depois de realizado o IPO, que representa a oferta inicial da emissora, a empresa poderá realizar uma oferta subsequente, conhecida como *follow on*. Essa operação poderá ter uma das duas estruturas acima indicadas (distribuição regular ou com esforços restritos), assim como ocorre com o IPO.

A *startup* deve avançar com a criação de conselhos, funções da Diretoria Executiva, proteção aos minoritários, voto qualificado e todas as condições que vão pautar o seu relacionamento com investidores (RI), *stakeholders* e administradores.

ASSEMBLEIA DE ACIONISTAS – Formada pelos fundadores e investidores da *startup*, donos legítimos da organização, com pleno poder de voto. Todas as discussões relacionadas a novos aportes, fusões, aquisições e venda da empresa são realizadas obrigatoriamente pela Assembleia de Acionistas. Além disso, será a instância

---

109 A Associação Brasileira das Entidades do Mercado de Capitais e Financeiro – ANBIMA é uma instituição de autorregulação e não governamental que disciplina a atuação de companhias abertas, bancos e demais instituições financeiras a ela associadas.

responsável pela aprovação dos balanços financeiros calculados anualmente e pela nomeação dos membros do Conselho Administrativo[110].

Aqueles que já tiveram experiências nesses órgãos podem trazer valiosas contribuições para a empresa. Recomenda-se fazer a ele perguntas como: que tipo de experiência o conselheiro já teve? Tem experiência mercado da *startup*? Com o modelo de negócios da *startup*? Qual a rede de contatos (pessoais e profissionais) que ele tem? As respostas servem como guia para se saber se o Conselho será produtivo ou não.

O Conselho de Administração tem como função principal ajudar a startup a chegar na próxima fase de seu ciclo de vida, por meio de decisões estratégicas envolvendo seu modelo de negócios. Se um conselheiro não consegue auxiliar com essas questões, deve-se questionar a sua permanência.

É muito importante para a startup que os conselheiros se reunam mensalmente com os sócios e discutam sobre os rumos da empresa. Essa disciplina não está na fama dos brasileiros, mas ela é importante para proporcionar soluções criativas aos problemas que a *startup* possa estar enfrentando e garantir sua resiliência.[111]

DIRETORIAS — São as autoridades na linha de frente e devem estar distribuídas ao menos em dois setores: negócios e finanças. Assim, deve haver um diretor responsável pelo desenvolvimento dos negócios e um diretor financeiro; os dois serão responsáveis pela execução das estratégias definidas em conjunto com o conselho consultivo. É importante destacar que a *startup* poderá definir outros diretores, conforme o número de cargos necessários para implantar instâncias de maior responsabilidade. Por exemplo: diretor de operações, diretor de marketing, diretor jurídico etc.

Mas lembre-se que você não precisa se apresentar ao mercado e se relacionar com os investidores ou potenciais sócios somente quando quiser fazer o IPO. É importante que os empreendedores estejam presentes nos eventos especializados para fazerem conhecer sua empresa. E depois do IPO, eles devem saber diferenciar o valor intrínseco da empresa com o valor de suas ações. Estes, dependem da

---

110 Também pode ser criado o Conselho Consultivo, que será o guia dos fundadores e vai orientá-los sobre as melhores rotas a seguir e tomar as iniciativas táticas. O Conselho será o responsável pelo aconselhamento de decisões como empréstimos e gastos de alto valor, definição de metas, remunerações, contratações e demissões de funcionários importantes.

111 HEISE, Daniel. **Os Benefícios de Formar um Conselho**. Endeavor, 2018.

volatilidade do mercado. Já o valor intrínseco pode ser por eles influenciado, com a melhoria dos produtos que oferecem e o aumento da satisfação dos clientes.

Diante das dificuldades operacionais, da demora no processo de ofertas públicas regulares e dos altos custos envolvidos nas emissões, algumas empresas brasileiras, inclusive *startups* de tecnologia, vêm optando por abrir seu capital apenas em bolsas estrangeiras, notadamente nos Estados Unidos.[112] Com isso, ao invés de emitir os *American Depositary Receipts – ADRs*, títulos negociados nesse país e lastreados em ações de companhias que já são listadas em mercados estrangeiros, essas empresas emitem ações diretamente em ambientes como a *New York Stock Exchange – NYSE* e a Nasdaq.

O Conselho Administrativo de Defesa Econômica – CADE passa a ter grande relevância quando há troca de titularidade da *startup* ou questões que envolvam propriedade intelectual. O CADE é uma autarquia federal que tem como objetivo apurar abusos do poder econômico (direito concorrencial, ou *antitrust law*). No que toca ao mercado brasileiro, o CADE desempenha os papéis preventivo, repressivo e educativo; avalia, sobretudo, as fusões, aquisições e incorporações de empresas nesse mercado, evitando a concentração de poder em um só grupo de empresas (monopólio)[113].

 Financeiro

No processo de venda da empresa (M&A) ou de abertura de capital (IPO), deve-se fazer um *valuation* e saber quanto a sua *startup* vale. Mas *valuation* não é ciência exata. É arte, credibilidade e potencial.

É preciso tomar muito cuidado ao realizar o *valuation* em casos de empresas que estejam em processo falimentar, sociedades em etapa inicial, empresas de capital fechado e empresas que façam parte de setores cíclicos da economia. Isto porque os dados financeiros a respeito delas são limitados e podem refletir apenas o seu momento atual, mas não a expectativa de um crescimento futuro.

112 Foi o caso da Netshoes (Netshoes Cayman Ltd, 2017), PagSeguro (PagSeguro Digital Ltd, 2018), Arco Educação (Arco Platform, 2018), Stone (Stone Co Ltd, 2018) e XP Investimentos (XP Inc, 2019). CIRILLO, Maria Eugenia. **Ofertas Públicas Iniciais no Brasil e no Mundo: Uma Breve Análise da Fuga de IPOs.** Rio de Janeiro: Terraço Econômico, 2018.

113 CONSELHO ADMINISTRATIVO DE DEFESA ECONÔMICA. **Institucional.** Disponível em: <http://www.cade.gov.br>.

O caminho para o *valuation* é estimar o valor da *startup* de forma sistematizada, de preferência utilizando um modelo quantitativo que considera o fluxo de informações gerenciais[114] da *startup*. O *valuation* da empresa pode ser feito trazendo para o valor presente os resultados de fluxo de caixa futuros. Esse é o método mais utilizado atualmente. É conhecido como Fluxo de Caixa Descontado (*Discounted Cash Flow* – DCF) e possui três grandes etapas: (1) estimar o fluxo de caixa da empresa (montante recebido menos o montante gasto) para os próximos períodos, que pode ou não revelar um crescimento; (2) definir a taxa de desconto com base no risco da empresa, de acordo com outras oportunidades de investimento, como a bolsa ou a poupança; e (3) trazer os resultados para o valor presente e somá-los.

Existem outros métodos[115] de se calcular o valor de uma empresa, tais como o uso de múltiplos do mercado, em que os principais indicadores da *startup*, tais como lucro por ação e valor contábil dos ativos, são comparados com os de outras empresas do mesmo ramo do mercado e em estágio semelhante de desenvolvimento.

Há também a técnica do valor do patrimônio líquido trazido ao presente, na qual os ativos da *startup* terão seus valores calculados individualmente, como se fossem alienados agora, e somados para definir o custo patrimonial da empresa.

O *valuation* servirá como uma preparação para receber os investimentos e permitirá que sejam desenvolvidos os acordos relativos a esse aporte de recursos, ou às demais operações. É recomendável que, a partir desse processo, sejam estruturados um sumário executivo e um plano de negócios detalhado.

A atribuição de um valor a uma empresa sempre envolve certa subjetividade e pode variar de acordo com os valores adotados para os cálculos, em razão da taxa de desconto. O cálculo deve levar em conta a melhor estratégia para atração de investimentos e a abordagem dos investidores-alvo. O *valuation* de uma *startup* estará diretamente ligado ao volume de recursos que o potencial investidor está disposto a colocar naquele negócio cujo crescimento é incerto.

Um bom *valuation* requer bons resultados de uma *due-diligence*. Uma *startup* pronta para um processo de *due-diligence* impacta positivamente o valor de um negócio. Uma *startup* organizada, sem passivos e com a documentação legal em dia – atas, registros de propriedade intelectual, funcionários legalizados, impostos – leva uma

114 DE OLIVEIRA, Rodrigo V. **Valuation: Guia Completo para Calcular o Valor da Sua Empresa**. Endeavor, 2018.

115 DAMODARAN, Aswath. **Investment Valuation: Tools and Techniques for Determining the Value of Any Asset**. New York: Wiley Finance, 2012.

imensa vantagem sobre qualquer empresa menos organizada. Uma *startup* pronta para o processo de *due-diligence* tem a preferência dos investidores.

Os sócios também devem considerar a entrada de capital estrangeiro pelos investidores externos[116], que são aqueles que têm sede ou domicílio no exterior. Para investir em empresas nacionais, eles devem constituir representantes brasileiros, que receberão as comunicações referentes à empresa. Os investidores estrangeiros sempre tiveram um papel relevante no mercado brasileiro. Na Bolsa de Valores, por exemplo, o montante por eles investido ainda representa quase metade do volume total negociado.[117] E não é diferente no caso das *startups*, que atraem cada vez mais investidores de diversas nacionalidades.

São altíssimos os *custos de transação* para a execução dessas operações de investimento estruturado (fusões, incorporações e aquisições). Em geral, o investidor acompanhará muito de perto a empresa investida e demandará verificar os resultados do negócio no mínimo trimestralmente – ou mesmo mensalmente. Isso é pré-condição para o investimento, na maior parte das vezes. Em alguns casos, essa demanda pode ser ainda mais exigente: o investidor pedirá para indicar um dos funcionários da empresa, como o gerente financeiro, por exemplo. Se o gerente tiver o perfil adequado, poderá contribuir para a melhor gestão da organização e funcionar como uma garantia, para todos, de que o acordo assinado entre as partes será cumprido.

No caso de abertura de capital, um dos primeiros passos é eleger um intermediário financeiro. É importante que nesse processo estejam envolvidos bancos, corretoras e distribuidoras de valores mobiliários, que serão os coordenadores da operação, orientando a companhia sobre as próximas etapas. Essas instituições devem ser escolhidas com cuidado, de forma a garantir a colocação dos valores mobiliários emitidos no mercado e procurar potenciais investidores, para permitir uma precificação adequada dos ativos.

---

116 Toda e qualquer entrada de recursos estrangeiros no Brasil deve ser registrada no BCB e constar no Registro Declaratório Eletrônico – Investimento Estrangeiro Direto (RDE-IED) da sociedade investida. Isso também se aplica aos investimentos feitos por brasileiros com recursos vindos de fora do país, outra prática comum.

117 B3. **Dados de Mercado**. São Paulo, 2019. Disponível em: <http://www.b3.com.br>.

 ## Propriedade Intelectual

Nesta fase, a *startup* já obteve ou está em vias de obter todos os registros referentes aos seus direitos de propriedade intelectual perante o INPI. Por exemplo: nome, marca comercial, domínio *online*, contratos de confidencialidade, não divulgação, licenciamento e transferência de direitos, patentes, concessões, franquias e contratos de *royalties*, dentre outros.

Com isso, a empresa pode celebrar contratos cedendo esses direitos, os quais preveem remuneração na forma de *royalties*, que representam um percentual sobre o recebimento da cessionária com o uso daqueles direitos. Em geral, os *royalties* são calculados sobre o valor de cada bem vendido ou alienado – ou sobre o valor total acordado.

Com o avanço global de sua operação, a *startup*, deve se manter atualizada quanto às questões relacionadas à propriedade intelectual internacional. A necessidade crítica de acirrar a proteção aos segredos de negócios resultou, nos Estados Unidos e na União Europeia, na recente adoção de novas legislações importantes. Outras áreas da propriedade intelectual também testemunharam desenvolvimentos notáveis na jurisprudência e na legislação.[118]

 ## Trabalhista

Recomendamos a contratação de um consultor externo, especialista em Direito do Trabalho, que responda em tempo real às questões pontuais e específicas, de forma rápida e direta. Alguém que possa orientar a *startup* sobre as questões trabalhistas do dia a dia, por meio de consultas rápidas e simples, seja por e-mail ou por telefone. Recomendamos negociar um pequeno *fee* mensal, durante um período de no mínimo um ano, para atendimento à distância.

Esse valor não inclui a elaboração de documentos específicos (pareceres, minutas, contratos, etc). Trata-se de um valor mensal que a empresa paga para receber esclarecimentos e orientações, diante do *pinga-fogo* diário que uma *startup* vive em relação às pessoas que lá trabalham. Isso inclui dúvidas em geral e situações peculiares que acontecem no dia a dia.

As boas bancas trabalhistas já atuam dessa forma, em geral prestando serviços a

118 INTERNATIONAL CHAMBER OF COMMERCE. **O Guia ICC de Propriedade Intelectual.** 13a Edição. 2017.

médias e grandes empresas. Poupa-se muito tempo, sobretudo à medida que o advogado trabalhista começa a conhecer as práticas da *startup*. Com contexto, fica mais fácil ter as questões na justiça trabalhista e fora dela resolvidas pelo consultor externo. Quando for a hora de a empresa ser auditada por investidores, tudo será muito mais fácil.

Quando for necessário, da parte do consultor externo, um esforço e uma dedicação maiores – por exemplo, para a elaboração do Programa de Participação nos Lucros e Resultados (PPLR), ou para a elaboração e a negociação de um Acordo Coletivo com o sindicato – a *startup* pode negociar uma remuneração por projeto adicional sob demanda, a depender do número de reuniões, negociações e minutas a serem elaboradas em cada projeto. Projetos devem ter começo, meio e fim muito bem definidos.

Sempre que um processo de seleção e escolha de novos funcionários for concluído, é importante informar ao escritório de contabilidade que a empresa admitirá um ou mais empregados novos. Será necessário informar ao Ministério do Trabalho as novas contratações (CAGED, RAIS), assim como registrar os empregados, abrir contas do Fundo de Garantia do Tempo de Serviço – FGTS, incluir os contratados na folha de pagamento. Após feita a anotação, a Carteira de Trabalho e Previdência Social – CTPS deve ser devolvida ao empregado, que assinará um recibo no ato da devolução.

Para encontrar profissionais durante a expansão internacional, é preciso se conectar com fontes locais de recrutamento. Esteja atento às exigências trabalhistas: as regras trabalhistas são completamente diferentes de país para país. Verifique os benefícios obrigatórios, as férias, as licenças, o aviso prévio.

O PPLR é uma forma de remuneração variável que busca alinhar o comportamento dos seus beneficiários com o crescimento da empresa, pois o colaborador somente receberá lucros quando cumprir determinadas metas pré-estabelicidas no documento que institui esse programa.

Lembrando que não se pode confundir participação nos lucros com participação nos resultados pois:

PARTICIPAÇÃO NOS LUCROS – Diz respeito ao direito que os funcionários possuem de receber uma parte do resultado econômico da atividade fim da empresa, deduzidos os custos e despesas operacionais.

PARTICIPAÇÃO NOS RESULTADOS – Diz respeito aos direito dos funcionários da empresa de receber parte do resultado por ela gerado, caso sejam atingidas metas – de vendas ou redução do número de devoluções, por exemplo. Essa participação pode ser implementada com um plano de remuneração alternativo, que observe a legislação aplicável.[119]

É importante ter em mente que a implementação de um PPLR traz benefícios para a empresa, incluindo: o alinhamento estratégico dos colaboradores; o alcance de melhores resultados por conta do bom relacionamento entre funcionário e startup; a recompensa do esforço dos colaboradores; e isenção de impostos (INSS, FGTS e IRRF). Geralmente, a distribuição dos recursos oriundos do PPLR é feita semestral ou anualmente.

Vale lembrar que a Lei Geral de Proteção de Dados (LGPD – Lei No 13.709) define regras sobre a coleta e o tratamento de informações de pessoas por empresas e por órgãos do poder público, inclusive em relação às informações sobre os funcionários. A *startup* deve estar atenta a isto também.

 Tributos

Com o crescimento das vendas e do faturamento, a complexidade tributária atinge um patamar determinante. A atividade que envolve saber exatamente quais os impostos a serem pagos e quanto recolher de cada um deles ganha uma dinâmica relevante na vida da *startup*. Será preciso identificar e pagar inúmeras taxas, contribuições e encargos, além de gerir benefícios e incentivos fiscais.

A complexidade dos aspectos tributários aumenta e passa a demandar altos *custos de transação*, para entendimento e planejamento da eficiência no recolhimento dos impostos.

Um planejamento fiscal bem estruturado permite reduzir os custos decorrentes de tributos. Trata-se de prática lícita e reconhecida pelo ordenamento jurídico brasileiro, através da qual minimiza-se a fatura fiscal da empresa – inclusive por práticas como ausência de ganho de capital. Ela deve ser implementada pensando-se em todas as leis tributárias que podem incidir sobre a atividade da startup, optando pelas relações jurídicas isentas ou com menor tributação.

---

119 BRASIL. **Lei No. 10.101, de 19 de dezembro de 2000**.

Na exportação, o fato gerador[120] do imposto se caracteriza pela simples saída do produto nacional, ou nacionalizado, para outro país, qualquer que seja a finalidade de quem remete. Quando o produto exportado for de natureza pessoal, como bagagens, o imposto não incidirá.

O tributo só incidirá quando o bem for encaminhado ao exterior com o objetivo de integrar a economia do outro país, e não em decorrência da mera saída do bem. O fato gerador só ocorre quando é efetivada a exportação do produto. Ocorrendo seu retorno, a quantia paga deverá ser restituída mediante requerimento do interessado, com a apresentação da devida documentação comprobatória. Lógica semelhante se aplica à importação, mas em relação à entrada de bens em solo brasileiro.

Em casos de reestruturações e fusões societárias, sobre os sócios que receberem dinheiro (*cash out*)[121] devem incidir ganhos de capital, representados pela diferença positiva entre o valor de um bem móvel (ou imóvel) e o seu valor de compra. Ganhos de capital indicam aumento da capacidade contributiva e geralmente são gravados por impostos diretos, como o imposto sobre a renda.

Os principais riscos tributários incluem multas pesadas pelo não recolhimento de tributos, a possibilidade de atingir patrimônio dos sócios e administradores em certas situações, além de possíveis repercussões criminais e da não emissão de certidões de regularidade fiscal – que, por sua vez, podem prejudicar a atividade da *startup*.

Para as *startups* que estão em dificuldade, a recuperação[122] é um procedimento que busca evitar o total encerramento da empresa, quando ela está enfrentando problemas para pagar suas dívidas. A recuperação judicial permite que a *startup* seja preservada, mantendo sua produção, o emprego de seus funcionários e o interesse dos seus credores.

Os créditos tributários não estarão sujeitos à recuperação judicial e à falência, pois decorrem da obrigação principal e terão a mesma natureza desta.

---

120 Fato gerador é o fato definido em lei que, após sua ocorrência, é suficiente para tornar exigível o ônus tributário.

121 O aporte financeiro em uma *startup* pode se dar como *cash in* ou *cash out*. No *cash in*, o aporte é voltado principalmente para qualquer característica do negócio identificada como essencial para o seu crescimento. Já o *cash out* está relacionado aos sócios que desejam se retirar por completo da operação, recebendo "dinheiro no bolso".

122 BRASIL. **Lei 11.101, de 09 de fevereiro de 2005.**

📢 Dia a dia

Sabe-se que, nesse momento de crescimento da *startup*, nem mesmo o melhor *CEO* tem tempo de ler tudo, no detalhe, com atenção. Mas, como tudo envolve responsabilidade jurídica, é importante que a *startup* designe alguém que irá atuar como Diretor Jurídico, responsável por ler e analisar 100% dos acordos, contratos, cadastros, registros, parcerias, convênios e documentos a serem assinados pelo CEO da *startup*.

A pessoa que ocupa essa posição, a rigor, tem formação jurídica e se reporta diretamente aos sócios ou ao CEO, muitas vezes em assuntos confidenciais. As funções do Diretor Jurídico envolvem supervisionar e identificar questões legais de toda sorte: trabalhistas, fiscais, contratuais e de propriedade intelectual, dentre outras.

Esse profissional deve entender a construção da estratégia e do modelo de negócio da *startup*, conhecer diferentes modelos de gestão dos aspectos jurídicos envolvidos no ciclo de vida das *startups*, avaliar as competências necessárias para o desempenho das funções gerenciais do jurídico, definir as ferramentas e tecnologias mais úteis para serem adotadas, mensurar o desempenho das atividades jurídicas executadas e monitorar os riscos jurídicos, para antecipação de problemas.

Na expansão global, é preciso o envolvimento de funcionários-chave, inclusive o CEO, e ser o mais *lean* possível.[123]

Vá às feiras ou eventos do segmento no destino desejado. Se estiver em dúvida sobre EUA, América Latina, Europa ou Ásia, comece por uma análise da competitividade do seu produto/serviço nesses mercados. Tudo se inicia com muito estudo de aspectos como representações, filiais, sucursais, subsidiárias ou uma estratégia híbrida; planejamento tributário internacional; presença comercial no estrangeiro; operação de uma subsidiária no exterior; contratação de equipe no exterior; distribuidores, revendedores e representantes comerciais estrangeiros; questões de Propriedade Intelectual internacional; e financiamento de operações no exterior, além da aquisição de equipamentos.

Toda *startup* deve saber que litigar, em uma relação contratual, não costuma ser uma boa alternativa. Assim, a empresa deve buscar soluções que evitem processos contra fornecedores e vice-versa. O Conselho Nacional de Justiça (CNJ) aponta

123 RIES, Eric. *The Lean Startup: How Today's Entrepreneurs Use Continuous Innovation to Create Radically Sucessfull Businesses.* Danvers: Currency, 2011.

que, em média, um processo judicial pode levar até 9 anos para ser resolvido.[124]

O parecer jurídico é um documento elaborado por advogados ou consultores que apresentam sua opinião sobre determinado tema legal, com base na lei, doutrina e jurisprudência, nacional e internacional. Ele se estrutura em: relatório, com a descrição do objeto da consulta; fundamentação, em que é elaborada a tese para sustentar a opinião; e conclusão, respondendo de forma suscinta todas as perguntas formuladas na consulta. Apesar de não ser vinculante, ele é um documento importante para a tomada de decisão jurídica.[125]

O relatório do parecer descreve os fatos objeto da consulta. Caso haja várias questões importantes e independentes, ou perguntas formuladas pelo cliente, devem também ser incluídas no relatório. No processo de fundamentação, o responsável pelo parecer deve elaborar as teses que apoiarão sua conclusão final. Caso haja perguntas, é necessário respondê-las.

A atividade que a *startup* pretende exercer deve estar regularizada, com todos os requisitos legais cumpridos, para que não surjam problemas que possam levá-la à justiça.[126] Regularizar o exercício da atividade profissional da *startup* é o melhor caminho para os que pretendem ampliar, ou simplesmente exercer seu negócio, sem que haja entraves ou complicações jurídicas determinantes.

É necessário ter prontidão e disposição para lidar com todos os aspectos que, porventura, venham a ser questionados em processos específicos. O melhor momento para resolver uma disputa judicial, se houver, é agora – quanto antes, melhor.

Isso se a *startup* não tiver celebrado contratos de seguro para possíveis danos referentes à administração da empresa. Vale pensar em modalidades de seguro, aplicadas à atividade específica da *startup*, para possíveis danos referentes à administração da empresa[127]. Devem-se celebrar apólices de seguros ou outros instrumentos que estruturem mecanismos de remuneração ou indenização para os administra-

124 CONSELHO NACIONAL DE JUSTIÇA. **Justiça em Números**. Brasília, 2019.
Disponível em: <https://www.cnj.jus.br/>.

125 CARVALHO, Ludmila. **Como Elaborar um Parecer Jurídico. Jurídico** Certo da JusBrasil, 2017.

126 A Uber enfrenta diversos processos regulatórios, desde danos morais em acidentes a acusações de assédio. Um dos cases mais emblemáticos é o do Napster, plataforma que encerrou suas atividades em 2001 para cumprir ordens judiciais.

127 Incluindo o seguro de Directors and Officers Liability – D&O, que protege o patrimônio dos administradores de alto escalão em face de processos administrativos e judiciais.

dores, em caso de destituição do cargo ou de aposentadoria.

A governança da empresa deve ser pensada enquanto ela desenvolve suas atividades e não apenas no momento em que se decide realizar uma operação societária. Em geral, contratam-se consultores distintos e advogados externos para prestar assistência em casos específicos e de alta complexidade, que envolvam as atividades da *startup*. Esses profissionais permitem que a empresa tenha acesso a conhecimento de altíssimo valor agregado sobre questões complexas fundamentais para o crescimento escalável (ex: advogados trabalhistas, tributaristas, empresariais, de propriedade intelectual e etc).

Ao terceirizar essas funções, a *startup* passará a dispor dos profissionais mais talentosos e bem treinados do mercado. Advogados externos especializados precisam manter-se atualizados sobre os mais recentes códigos, regras e regulamentos tributários. Precisam estar a par das novas leis como parte de suas certificações – o que significa que possuem as informações mais atualizadas ao seu alcance, para ajudá-los a cumprir a lei de imediato e a economizar tempo e dinheiro.

Nesta fase, com a estruturação de longo prazo e a possibilidade de escalar o negócio, alguns aspectos são mais sofisticados. Será preciso encomendar pareceres específicos a advogados externos. Utilizar advogados autônomos ou um escritório de advocacia é muito mais eficiente para as *startups* que não têm área jurídica.

É importante também que a *startup* opere de modo transparente, informando ao mercado sobre seus produtos e resultados. Mas essa comunicação não deve ser direcionada apenas aos seus clientes e sim a todos os *stakeholders* que possuem influência sob ela, tais como fornecedores, concorrentes, colaboradores, sindicatos, órgãos governamentais, dentre outros.[128]

É por esse caminho em que comunicação, marketing e Direito se cruzam nas organizações, com a função de manter uma unidade em relação ao que é comentado junto ao público de interesse e alinhar isso às entregas ao consumidor. Quando finalmente o *core-business* da empresa é levado ao mercado e comercializado com o objetivo de gerar receita, é fundamental criar boas estratégias de marketing e comunicação, alinhadas com as expectativas dos clintes e com a entrega real do ofertado.

---

128 SOCIALBASE. **Por que Integrar *Marketing* e Comunicação Empresarial na sua Estratégia?**. 2014.

2.5   ENCERRAMENTO & FECHAMENTO

A pior fase da jornada de uma *startup* é encerrar as atividades. Empreender é correr riscos o tempo inteiro. Mesmo que os empreendedores sejam éticos e cumpram integralmente o seu papel social – regularização dos funcionários, pagamento de tributos, publicações em formatos corretos, entre outras obrigações -, ainda assim o negócio estará sujeito à falência.

De modo geral, os empreendedores são resistentes em admitir que seus negócios deram errado, sentindo uma mistura de vergonha, raiva, falta de perspectiva e luto. A melhor forma de superar esse momento é entender, desde a fase inicial das suas atividades, que o negócio pode e está muito suscetível a falhar.[129]

É comum uma *startup* fechar. Os principais desafios podem ser sintetizados em cinco aspectos: falta de planejamento, falta de crédito, pouca inovação, má gestão e

---

129 DALMAZO, Luiza. **Empreendedores Contam como Recomeçar Após Fim de *Startups*.** O Estado de São Paulo, 2018.

excesso de burocracia.[130] Faz parte da estrutura de uma *startup* a possibilidade da empresa fechar e de os empreendedores e investidores partirem para uma nova empreitada.

O empreendedor deve aprender com os eventuais fracassos. O insucesso também pode ser ocasionado por excesso de expectativas e falta de questionamentos, ou porque o produto que a empresa oferece não atende às expectativas dos consumidores em seu mercado.[131]

O empreendedor brasileiro que tiver de fechar uma empresa no país deve estar preparado para encarar uma série de dificuldades. Além de ser muito desgastante (levando em consideração o tempo necessário), o processo para fechamento de uma empresa no Brasil é dividido em etapas e apresenta uma série de burocracias, o que inclui a necessidade de apresentar diversas documentações.

No país não existe um procedimento que traga segurança jurídica para o fechamento de *startups* nos primeiros anos após o início de suas atividades. Para que esse processo corra sem problemas, é necessário acompanhar as questões fiscais e trabalhistas.

Desde o primeiro dia de vida da *startup*, é necessário planejar e provisionar o seu fechamento. Os *custos de transação* envolvidos no encerramento de uma *startup* são expressivos, dado que perduram por longos anos.

Quando o melhor caminho é o encerramento das atividades, recomendamos que as consequências legais sejam monitoradas por muitos anos futuros, principalmente se a *startup* se beneficiou de verbas e de incentivos públicos.

Em meio às burocracias envolvidas, muitos desistem do processo formal de fechamento. É grande o número de *startups* que encerram suas atividades sem, necessariamente, formalizar o fechamento. Há muitas *startups* que já não têm operação em andamento e são "engavetadas". Esta é uma estratégia historicamente adotada por empresas familiares. No modelo de *startup*, porém, torna-se muito difícil.

O tempo é, de longe, o nosso recurso mais valioso; não administrá-lo da melhor forma é prejudicial. O modo como gastamos nosso tempo afeta nossa vida pessoal.

130 ALMEIDA, Alvinio et al. **Empreendedorismo e Desenvolvimento de Novos Negócios**. São Paulo: FGV Editora, 2013.

131 ACE ACELERADORA. **O que o Sucesso e o Fracasso de Outras Startups Podem Ajudar Sua Empresa**. *Ace Startups*, 2018.

Não há motivo para os fundadores de *startups* temerem pelo tempo que despenderão em seus negócios. Mas há bons motivos para que se preocupem, muito, com o tempo que gastarão para fazer o encerramento da *startup*.

Se a inovação perseguida se provar válida no mercado, ótimo: a *startup* segue seu caminho para o sucesso escalável. Se isso não acontecer, o fechamento da *startup* e o encerramento de suas atividades é o caminho natural. No futuro, os líderes da *startup* que fechou terão novas oportunidades – a menos que se comprove má-fé, negligência, imprudência ou imperícia por parte dos administradores, gestores ou controladores da empresa.

Caso a startup tenha personalidade jurídica e seja uma sociedade, deve ser celebrado um distrato social, depois dos sócios decidirem pelo encerramento do negócio. Esse documento apresenta os motivos que levaram ao fim da empresa e divide seus bens entre os sócios, devendo ser embasado pelos preceitos do Código Civil.[132] Nele, deve estar indicado quem assumirá cada ativo e como será feita a guarda dos livros e documentos contábeis da *startup*.

O empreendedor precisa protocolar, na Junta Comercial, o pedido de arquivamento de atos de extinção da sociedade empresária. Para isso, precisa ter em mãos os comprovantes de quitação de tributos e contribuições sociais federais (ex: Certidão de Débitos Relativos a Créditos Tributários Federais e à Dívida Ativa da União, emitida pela Receita Federal, Certificado de Regularidade do FGTS, fornecido pela Caixa Econômica Federal, etc). [133]

Após o pagamento da taxa na Junta Comercial (que varia de estado para estado), o distrato será arquivado. A baixa do CNPJ na Receita Federal conclui o processo de encerramento da empresa. Os sócios envolvidos continuam responsáveis por cinco anos (ou mais, se a *startup*, por exemplo, tiver sido beneficiada por incentivos fiscais). Tudo se agrava caso a *startup*, além de encerrar suas atividades, enfrente a bancarrota e se torne inadimplente com seus deveres e obrigações.

Em caso de demissão de empregados sem justa causa, a *startup* deve solicitar a prévia da rescisão ao contador, com inclusão da indenização de 40% do FGTS, se for o caso, o depósito do FGTS do mês e os encargos, para saber o valor total a ser pago. Em contato com o contador, a empresa deve se informar sobre os prazos e documentos exigidos pelo Sindicato para a homologação de rescisões. O execu-

---

132 BRASIL. **Lei No. 10.406, de 10 de janeiro de 2002.**

133 SEBRAE. **Como Fechar uma Micro ou Pequena Empresa.** 2020.

tivo responsável deve demitir o empregado de forma elegante e discreta, apenas diante de pessoas cuja presença seja indispensável e entregar a ele, no ato de comunicação da dispensa, o aviso prévio e orientações acerca da realização do exame médico demissional. O empregado deve assinar o documento e, caso se recuse a fornecer sua assinatura, a empresa poderá obter a de uma testemunha.

É recomendável ficar de olho, mesmo depois de encerradas as atividades da *startup* para eventuais cobranças, exigências e esclarecimentos que porventura ocorram. De tempos em tempos é preciso verificar pendências tributárias, cadastros e registros públicos. É fundamental ter consciência de todos os aspectos e guardar a memória da empresa: arquivos digitais, papelada, registros, livros, carimbos etc. Isto é absolutamente estratégico no Brasil, para o caso de surgir a cobrança indevida de algum tributo não previsto. São esses documentos que ajudarão nos esclarecimentos na defesa da *startup*.

Ter uma estratégia fiscal sólida desde o início será muito útil no momento do encerramento. Este processo será demorado e, ao longo da jornada, será necessário comprovar o pagamento dos tributos (impostos, taxas, contribuições, emolumentos, etc.) por meio de documentos antigos, carimbos e protocolos rudimentares, em diferentes instâncias e autarquias governamentais – um horror, muitas das vezes se torna uma experiência kafkiana.[134]

Não é segredo para ninguém que é preciso um investimento financeiro significativo para lançar e operar uma *startup*. Mas muitas vezes se esquece o montante que é necessário para o fechamento de uma *startup*. Algumas despesas que tiram o sono mesmo depois do encerramento da empresa são os advogados e contadores que é preciso contratar, para ajudar a resolver pendências institucionais da *startup*.

Por fim, fazemos referência tanto aos processos administrativos quanto aos processos judiciais, se houver. Neste momento de encerramento da empresa, em alguns casos será possível uma atuação preventiva para encerrar as questões sem conflito. Em outros, basta o acompanhamento e o monitoramento do processo em andamento.

Em todas as situações, porém, é importante compreender o ponto que está sendo questionado e a importância da contratação de especialistas para ajudar a *startup* nos procedimentos de defesa dos seus direitos.

---

134 KAFKA, Franz. **O Processo**. Rio de Janeiro: Companhia das Letras, 2005.

INDEX BOOK

3. O ÍNDICE

O Índice propõe a adoção de uma estratégia essencial para que a *startup* não carregue passivos ao longo da sua jornada. Não temos a capacidade de alterar o ambiente legislativo macro do país. Mas temos como gerir, de forma eficiente, as questões jurídicas da *startup* que quer escalar exponencialmente.

O Índice *Everyday Investment Ready*® é uma forma prática de orientar as *startups*. Não é uma abordagem matemática, uma equação exata; mas ajuda na organização e na gestão da *startup* que está em busca de construção de riqueza. O intuito é trazer estabilidade para as relações jurídicas e garantir as consequências dos atos realizados pela empreitada.

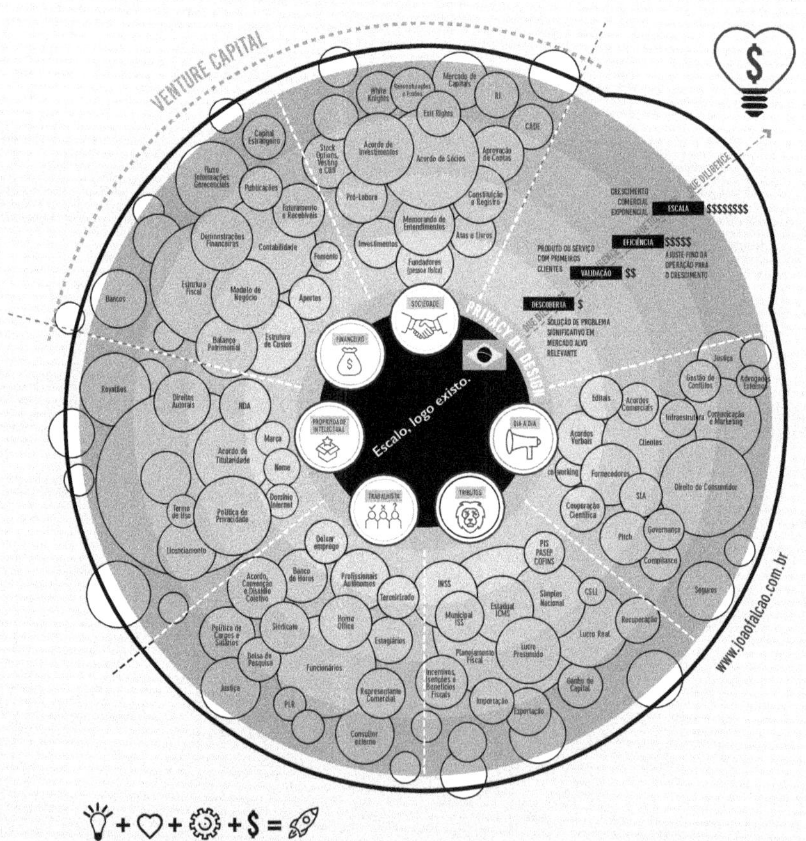

FASE DE DESCOBERTA

1. Sócios Fundadores
2. Investimentos
3. Atas e Livros
4. Estrutura de Custos
5. Aportes
6. Fomento
7. Nome da Empresa
8. Domínio Online
9. Registro de Marca
10. NDA
11. Acordo de Titularidade
12. Deixar o emprego
13. Profissionais Autônomos
14. Terceirizados
15. INSS
16. PIS/COFINS, PASEP
17. Simples Nacional
18. Acordos Verbais
19. Co-working
20. Editais

FASE DE VALIDAÇÃO

21. Memorando de Entendimentos
22. Constituição e Registro
23. Pró-labore
24. Balanço Patrimonial
25. Modelo de Negócio
26. Demonstrações Financeiras
27. Faturamento e Recebíveis
28. Política de Privacidade
29. Termos de Uso
30. Direitos Autorais
31. Banco de Horas
32. Home-office
33. Estagiários
34. ISS
35. ICMS
36. IRPJ
37. CSLL
38. Cooperação Científica
39. Clientes
40. SLA
41. Fornecedores
42. Acordos Comerciais
43. Análise de Risco

FASE EFICIÊNCIA

44. Acordo de Sócios
45. Aprovação de Contas
46. Acordo de Investimentos
47. Stock Option, Phantom Stocks, Vesting, Cliff
48. Estrutura Fiscal
49. Contabilidade
50. Publicações
51. Depósito do Software
52. Licenciamento
53. INPI
54. Funcionários
55. Acordo, Convenção, Dissídio Coletivo
56. Política Cargos e Salários
57. Bolsa de Pesquisa
58. Representante Comercial
59. Incentivos, Isenções e Benefícios Fiscais
60. Planejamento Fiscal
61. Lucro Presumido
62. Lucro Real
63. Governança
64. Compliance
65. Gestão de Conflito
66. Direito Consumidor
67. Infraestrutura

FASE DE ESCALA

68. Exit Rights e Venda
69. Restruturações e Fusões
70. Mercado de Capitais
71. Relacionamento com Investidores
72. White Knight
73. CADE
74. Bancos
75. Fluxo de Informações Gerenciais
76. Capital Estrangeiro
77. Royalties
78. Consultor Externo
79. Justiça
80. Programa de Participação nos Lucros e Resultados (PPLR)
81. Importação
82. Exportação
83. Ganho de Capital
84. Recuperação
85. Comunicação & Marketing
86. Seguros
87. Justiça
88. Advogados Externos

A jornada da *startup* tem quatro fases (Descoberta, Validação, Eficiência, Escala). A fase em que a *startup* se encontra é o **ponto de equilíbrio**. A penalização dependerá do quanto a *startup* estiver dessincronizada, para trás ou para frente, em relação a determinado documento.

Foram mapeados 88 documentos que, gradualmente, devem ser completados de acordo com a fase em que a *startup* se encontra.

3.1　Mapear

Criamos uma lógica de equilíbrio, representada pelo número zero, e um sistema de pontuação que atribui penalidades às *startup*, em função da sua insegurança ou ineficiência ao tratar das questões mapeadas.

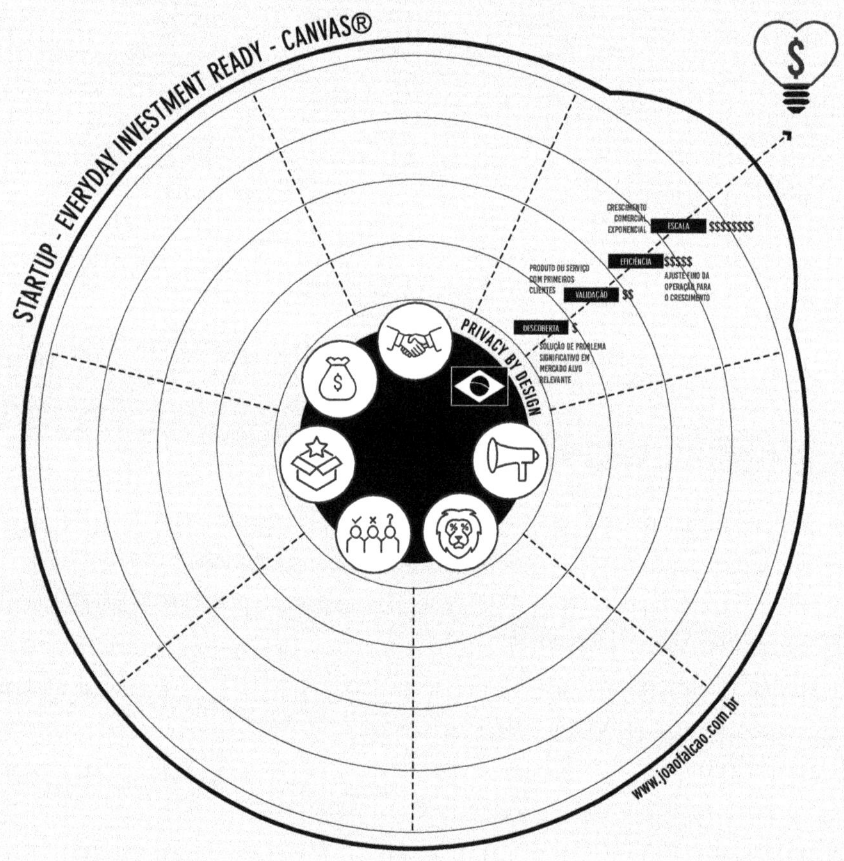

3.1.1 Evolução

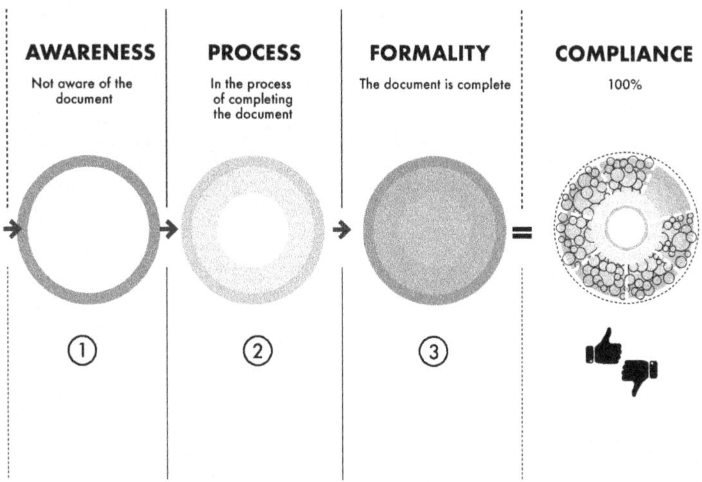

É preciso ter consciência, agir e evoluir todas as questões – muitas das quais vão requerer assessoramento de advogado. Para muitos contratos, por exemplo, é preciso negociar, trocar minutas, assinar, coletar assinaturas de testemunhas e, às vezes, registrar. São práticas ao cumprimento formal necessário à segurança jurídica das relações.

Cada um dos 88 documentos mapeados exige formalização distinta. Mas há quatro estágios que se repetem neste processo de formalização jurídica dos documentos:

1. Não se conhece a existência do documento; nada foi feito.

2. O processo de formalização do documento se inicia. Além de uma primeira conversa, existe uma linha de ação em andamento, com a elaboração, negociação e troca de minutas.

3. Todas as formalidades envolvidas no documento foram devidamente cumpridas. Por exemplo: assinatura das partes e testemunhas em determinado contrato.

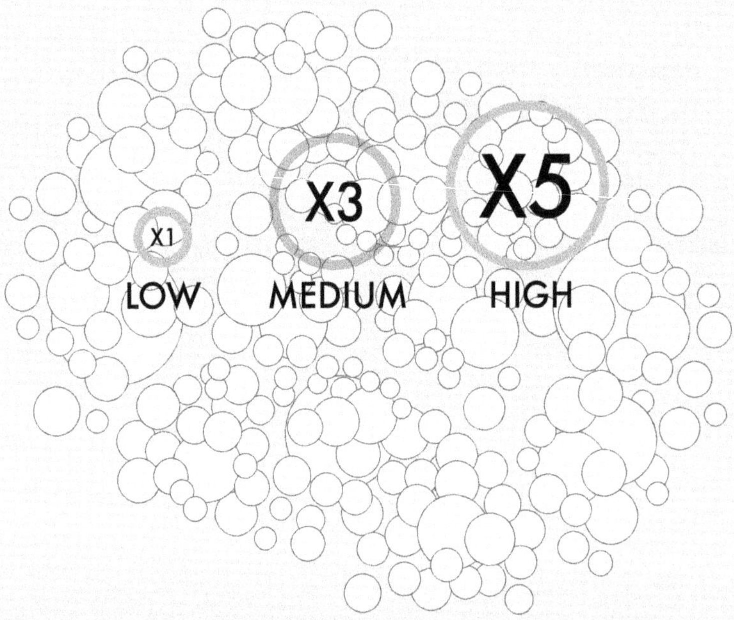

Os 88 documentos são representados por bolhas de diferentes tamanhos. Quanto maior a bolha, mais relevante aquele documento é para a *startup*. Por exemplo: o Acordo de Sócios tem alta relevância e deve ser priorizado. O contrato de aluguel do *coworking*, tem baixa relevância. Este é um documento que, se não existir, não coloca em risco o futuro da *startup*: é diferente do Acordo de Sócios que, se não for assinado, traz muita insegurança ao negócio. Cada documento tem uma relevância, um peso.

Atribuímos os seguintes pesos: relevância baixa (x1), média (x3) e alta (x5). Quando é aplicada uma penalidade a um documento de alta relevância, multiplicamos por cinco (x5), enquanto um de média relevância é multiplicado por três (x3). Um documento de baixa relevância não terá sua penalidade multiplicada por qualquer fator.

3.1.3 Ciclo de Vida

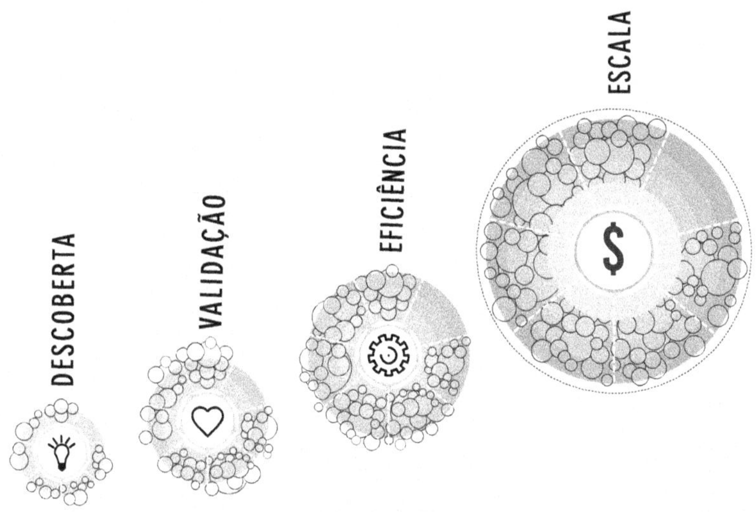

Quanto mais madura a *startup*, maiores serão suas responsabilidades perante terceiros e maior será o montante de capital investido. Aumentam as responsabilidades dos sócios. Por exemplo: o número de funcionários e fornecedores cresce; o impacto da *startup* nos clientes e na sociedade cresce; e a responsabilidade em relação aos investidores cresce.

A fase de descoberta envolve pouquíssimas responsabilidades perante terceiros – e os valores envolvidos, em geral, são pequenos. A fase de validação tem mais responsabilidade do que a fase anterior, mas ainda é pequena, em comparação com as demais fases que estão por vir. Na fase de eficiência, as relações se intensificam, com o envolvimento de um universo maior de colaboradores, parceiros, clientes, investidores e tributos a recolher. A fase de escala representa o máximo de responsabilidades que a *startup* terá em nossa escala. Nessa fase a responsabilidade é total, pelo impacto que a *startup* exerce na sociedade e pela responsabilidade que isso requer dos envolvidos na liderança do negócio.

3.2   Formalizar

3.2.1   Planilha de Cálculo

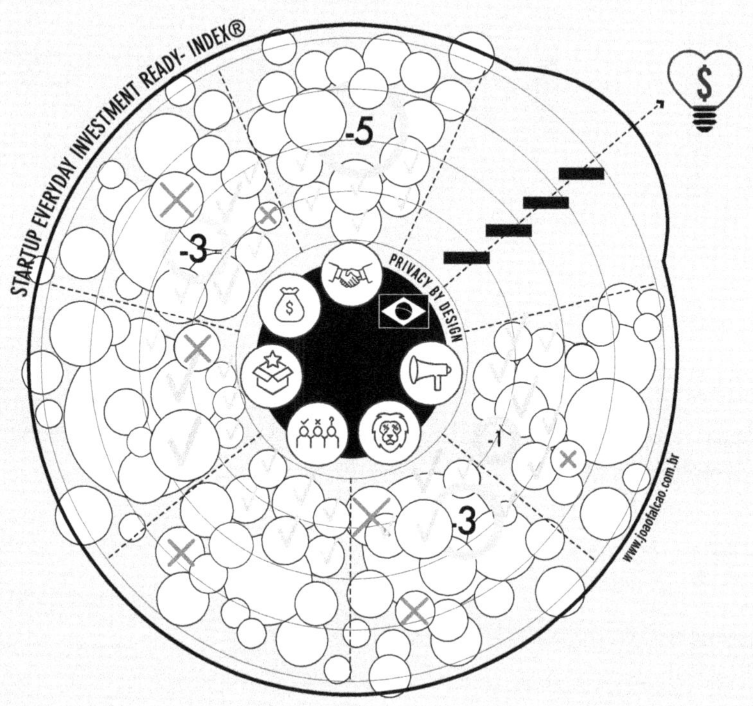

Considera-se que a *startup* se encontra num ponto de equilíbrio quando detém segurança jurídica e eficiência. Este ponto de equilíbrio é representado pelo valor 0 (zero). A partir da neutralidade "zero", a base para cálculo do Índice são diferentes penalizações quando se identifica que a *startup* está fora do seu ponto de equilíbrio. O zero é a pontuação máxima – o equilíbrio desejado – que indica **segurança jurídica** e **eficiência** na jornada da *startup*.

3.2.2 Segurança Jurídica

Mapeamos boas práticas do que deve ser cumprido para se ter segurança jurídica no ciclo de vida de uma *startup*. O intuito é trazer estabilidade para as relações jurídicas e garantir as consequências dos atos realizados pela empreitada. Segurança jurídica inclui questões como a certeza do direito aplicável, bem como a confiança da sociedade nos atos, procedimentos e condutas praticados pela *startup*.

Desde a sua concepção inicial, todos os compromissos, direitos e obrigações da *startup* devem estar definidos por escrito, datados e assinados. Uma simples leitura desses documentos deve ser suficiente para compreender o que foi acordado, mesmo sem a presença das pessoas envolvidas na negociação propriamente dita. Vale o que está escrito e assinado. Este deve ser um hábito permanente de qualquer empresa *startup*.

Deve-se atentar para todos os 88 documentos, de acordo com a fase em que a *startup* se encontra. Insegurança em relação a qualquer um destes documentos traz instabilidade à empreitada: afasta clientes, investidores e empreendedores. Eleva o risco (ou custo) da empresa. Gera retrabalho. Prejudica a capacidade das *startups* de construir riqueza. Em muitos casos, faz a *startup* perder valor econômico-financeiro, colocando tudo em risco.

Se a *startup* não tem um documento da fase em que se encontra, perde um ponto (-1) para cada documento faltante.

Se não tem um documento da fase imediatamente anterior, perde dois pontos (-2) para cada documento faltante.

Se não tem um documento da fase anterior à anterior, perde três pontos (-3) para cada documento faltante.

Se a *startup* avançou até a fase de Escala, mas não tem um documento da fase de Descoberta, perde quatro pontos (-4) para cada documento faltante.

Em suma: quanto mais a *startup* avançar sem os documentos que deveria ter, maior será a penalidade.

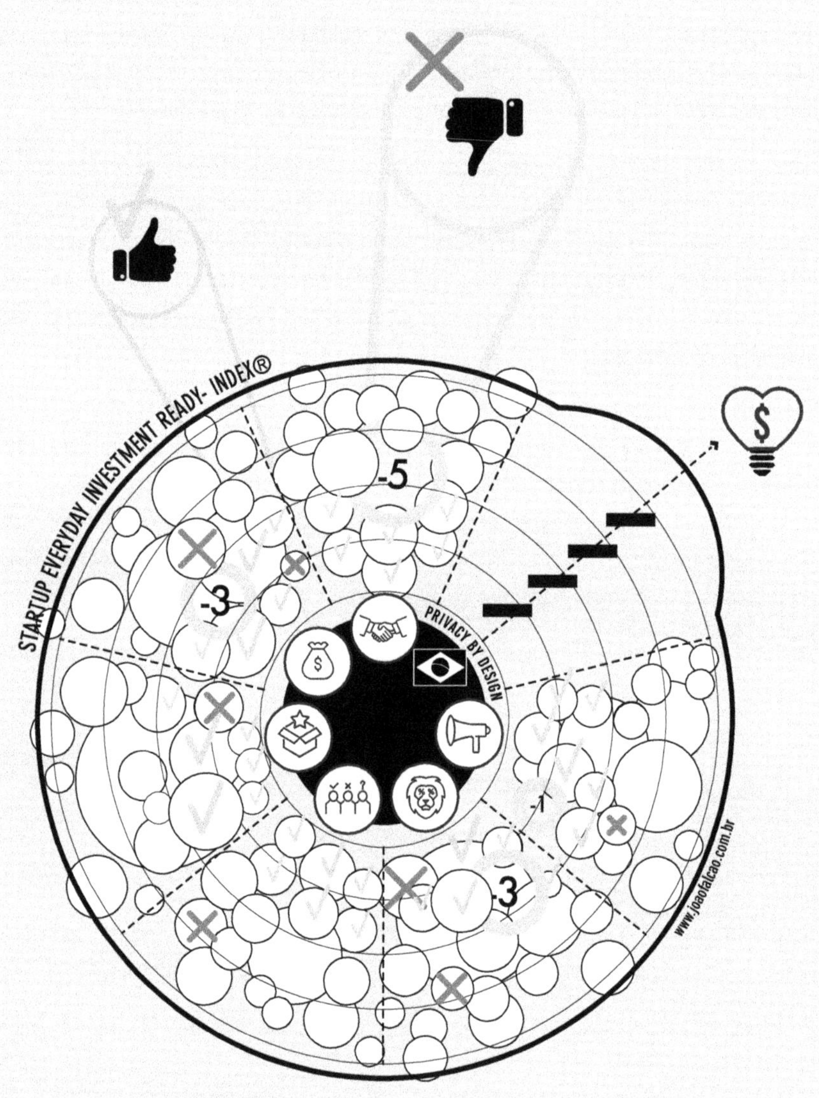
STARTUP EVERYDAY INVESTMENT READY- INDEX®
PRIVACY BY DESIGN
-5
-3
3
www.joaofalcao.com.br

A *startup* deve atentar para os documentos na medida em que avança no seu ciclo de vida. Aqui, o que se busca é a análise econômica do Direito[1] aplicável, para que se cumpra o que foi mapeado no tempo certo e em condições favoráveis. Não se deve fazer mais do que o necessário. O fato de a *startup* ter documento que ainda não é preciso gera uma penalização, por ineficiência. Ter documento de uma fase, que a start- up ainda não atingiu representa desperdício de tempo e dinheiro.

Se a *startup* tem um documento da fase posterior, perde um ponto (−1) para cada documento desnecessário.

Se for da fase subsequente à posterior, perde dois pontos (−2) por cada documento desnecessário.

Se for da fase mais distante, perde três pontos (−3) por cada documento desnecessário, e assim por diante.

Em suma: quanto mais documentos a *startup* elaborar antes do tempo, maior será a penalidade.

3.2.4 Boas Práticas de Gestão

Se estiver tudo certo, o Índice mostrará que a *startup* se encontra em ponto de equilíbrio. A pontuação será neutra, zero. O zero, no caso do Índice, é um indicador categórico de consciência, organização, eficiência e segurança jurídica da *startup* na condução dos seus negócios. Esse número demonstra a terceiros interessados (aceleradoras, investidores, governo, sócios e funcionários) que a *startup* adota boas práticas de gestão.

---

[1]   Shavell, Steven. ***Economic Analysis of Law***. Foundation Press; 1 edition (August 19, 2004).

3.3 ✸ Cálculo do Índice

A *rationale* para aplicação e cálculo do Índice é a seguinte:

- Foram mapeados 88 documentos que, gradualmente, devem ser completados de acordo com a fase em que a *startup* se encontra.

- A jornada da *startup* tem quatro fases (Descoberta, Validação, Eficiência, Escala). A fase em que a *startup* se encontra é o ponto de equilíbrio. A penalização dependerá do quanto a *startup* estiver dessincronizada em relação a determinado documento.

- As pontuações são calculadas em função da distância da fase em que a *startup* está para a fase em que deveria ser elaborado o documento que falta, ou que não é necessário. Se a *startup* se encontra na fase de Eficiência e não possui um Documento da fase inicial, de Descoberta, são computados −2 (menos dois) pontos, por exemplo.

- Os 88 documentos foram qualificados em três níveis de relevância: baixa (×1), média (×3) e alta (×5). Quanto mais relevante o documento em desacordo, maior a penalização – seja em relação a um documento que a *startup* não tem, mas deveria ter, causando insegurança jurídica, ou em relação a um documento que está pronto antes da hora, gerando ineficiência econômica. A penalização se dá em função da pontuação e da relevância.

- Considera-se que cada documento tem quatro estágios distintos de formalização: (1) desconheço a existência do documento; (2) tenho consciência de que devo lidar com o documento; (3) iniciei a tarefa de regularizar o documento; e (4) completei todas as formalidades envolvidas no documento.

- O estágio de formalização de determinado documento indica a proporção da penalidade a ser computada. Esse percentual será aplicado sobre a penalidade estipulada nos quatro itens mencionados.

  - Penalidade em relação à segurança jurídica: se a elaboração do documento se encontra no estágio 1, aplica-se o valor total da penalidade (100%); no estágio 2, aplica-se 50% da penalidade; e no estágio 3, aplica-se 15% da penalidade.

- Penalidade em relação à eficiência: Se a elaboração do documento se encontra no estágio 2, aplica-se 15% da penalidade; no estágio 3, aplica-se 50% da penalidade; e no estágio 4, aplica-se o valor total da penalidade (100%).

Quanto maior o somatório de pontos negativos, pior o indicador *Everyday Investment Ready*® da *startup*. Quanto maior o número negativo, mais significativas são a insegurança jurídica e ineficiência da empresa.

Ao final, o esforço de aplicação do Índice deve gerar uma análise detalhada, com recomendações importantes para aumentar a eficiência e segurança jurídica da *startup*.

COMPREENDER

responsabilidades envolvidas na condução de uma empresa *startup*

Atividade: ler o livro *Startup Law*® e compreender o mapeamento dos aspectos jurídicos no ciclo de vida da *startup*.

Objetivo: saber que cada estágio e cada documento mapeado envolve um grau crescente de responsabilidade.

MAPEAR

escopo de atuação de determinada *startup*

Atividade: aplicar *Mandala Startup Law*® na *startup* em questão e mapear os aspectos jurídicos específicos, caso a caso.

Objetivo: fazer o mapeamento dos aspectos jurídicos da *startup* em questão.

FORMALIZAR

documentos e aplicar gestão jurídica à *startup*

Atividade: Identificar pendências jurídicas e formalizar os documentos da *startup* de acordo com o estágio do ciclo de vida em que se encontra a empresa.

Objetivo: manter documentos assinados, digitalizados e disponíveis online para consulta por qualquer um, em qualquer lugar do mundo, desde que autorizado pela direção da *startup*.

3.4 ⚙ Conclusão

Pouco a pouco as *startups* brasileiras transformarão o país e estamos entre os que desejam fomentar essa revolução. A consciência, o monitoramento e o controle das questões que o Índice *Everyday Investment Ready®* promove garantem, no mínimo, uma boa organização, governança, disciplina e *compliance*.

O Índice se apropria de uma abstração matemática para gerar conhecimento e boas práticas na gestão das *startups*. O método pode ser aplicado e testado em empresas com outros perfis, que não sejam *startups* de *software*, como por exemplo as organizações familiares e transnacionais que queiram ter um olhar estratégico sobre *compliance*.

Gostaríamos que o método *Everyday Investment Ready®* apresentado neste livro fosse apropriado pelo ecossistema de inovação como uma referência. Por exemplo, que os editais e chamadas competitivas para aceleração ou investimento em *startups*, realizados por entes públicos ou privados, solicitassem este índice, como forma de reconhecer que estar organizado e saber gerir a vida da *startup* tem valor e faz diferença.

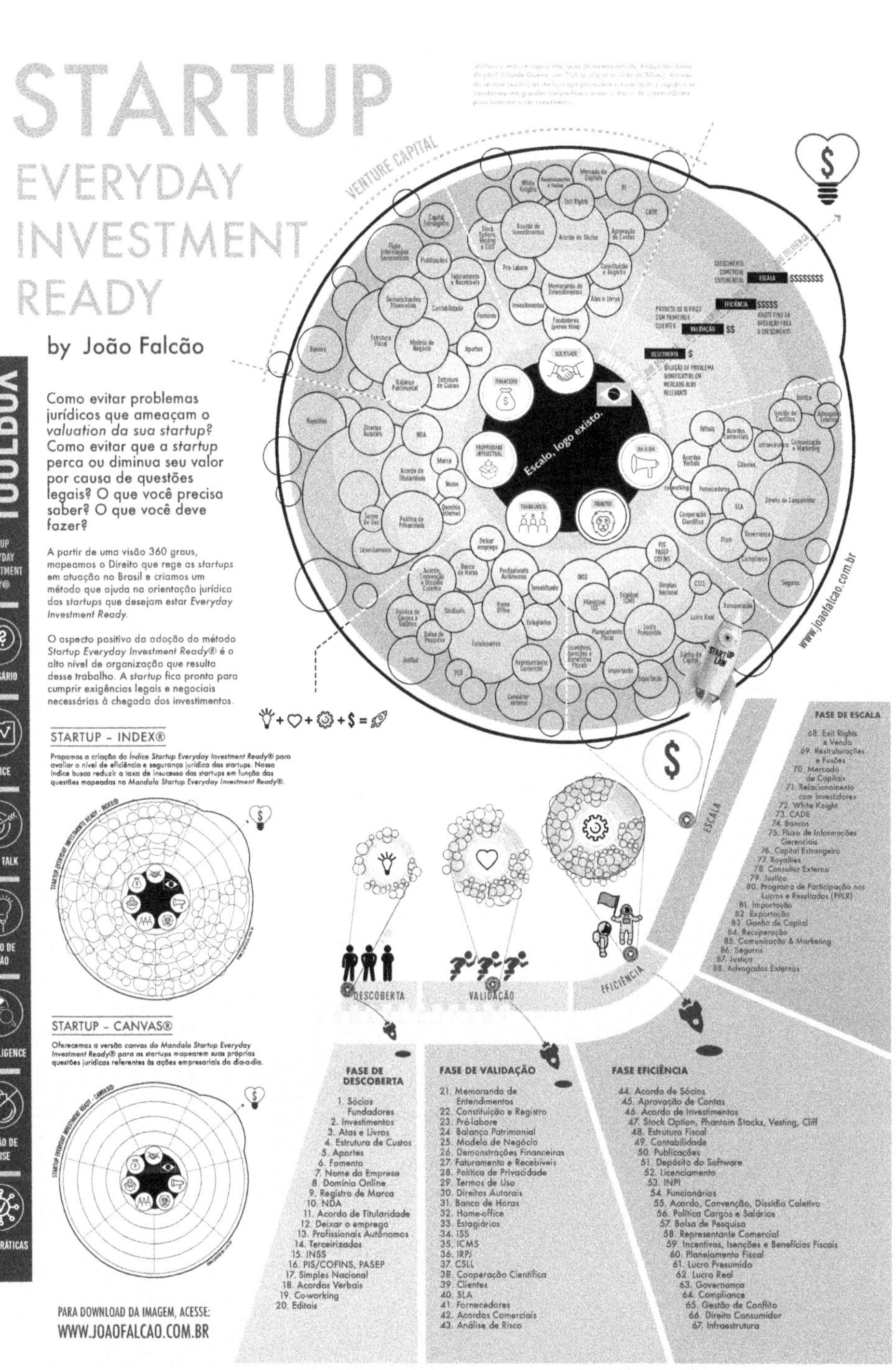

STARTUP
EVERYDAY
INVESTMENT
READY
by João Falcão

TOOLBOX

STARTUP EVERYDAY INVESTMENT READY®
GLOSSÁRIO
ÍNDICE
HARD TALK
PLANO DE AÇÃO
DUE-DILIGENCE
GESTÃO DE CRISE
BOAS-PRÁTICAS

Como evitar problemas jurídicos que ameaçam o valuation da sua startup? Como evitar que a startup perca ou diminua seu valor por causa de questões legais? O que você precisa saber? O que você deve fazer?

A partir de uma visão 360 graus, mapeamos o Direito que rege as startups em atuação no Brasil e criamos um método que ajuda na orientação jurídica das startups que desejam estar Everyday Investment Ready.

O aspecto positivo da adoção do método Startup Everyday Investment Ready® é o alto nível de organização que resulta desse trabalho. A startup fica pronta para cumprir exigências legais e negociais necessárias à chegada dos investimentos.

STARTUP – INDEX®
Propomos a criação do Índice Startup Everyday Investment Ready® para avaliar o nível de eficiência e segurança jurídica das startups. Nosso índice busca reduzir a taxa de insucesso das startups em função das questões mapeadas na Mandala Startup Everyday Investment Ready®.

STARTUP – CANVAS®
Oferecemos a versão canvas da Mandala Startup Everyday Investment Ready® para as startups mapearem suas próprias questões jurídicas referentes às ações empresariais do dia-a-dia.

PARA DOWNLOAD DA IMAGEM, ACESSE:
WWW.JOAOFALCAO.COM.BR

www.joaofalcao.com.br

VENTURE CAPITAL
SOCIEDADE
Escalo, logo existo.
PROPRIEDADE INTELECTUAL
IM.A.DA
TRABALHISTA
TRIBUTOS

ESCALA
EFICIÊNCIA
DESCOBERTA
VALIDAÇÃO

FASE DE DESCOBERTA
1. Sócios Fundadores
2. Investimentos
3. Atas e Livros
4. Estrutura de Custos
5. Aportes
6. Fomento
7. Nome da Empresa
8. Domínio Online
9. Registro de Marca
10. NDA
11. Acordo de Titularidade
12. Deixar o emprego
13. Profissionais Autônomos
14. Terceirizados
15. INSS
16. PIS/COFINS, PASEP
17. Simples Nacional
18. Acordos Verbais
19. Co-working
20. Editais

FASE DE VALIDAÇÃO
21. Memorando de Entendimentos
22. Constituição e Registro
23. Pró-labore
24. Balanço Patrimonial
25. Modelo de Negócio
26. Demonstrações Financeiras
27. Faturamento e Recebíveis
28. Política de Privacidade
29. Termos de Uso
30. Direitos Autorais
31. Banco de Horas
32. Home-office
33. Estagiários
34. ISS
35. ICMS
36. IRPJ
37. CSLL
38. Cooperação Científica
39. Clientes
40. SLA
41. Fornecedores
42. Acordos Comerciais
43. Análise de Risco

FASE EFICIÊNCIA
44. Acordo de Sócios
45. Aprovação de Contas
46. Acordo de Investimentos
47. Stock Option, Phantom Stocks, Vesting, Cliff
48. Estrutura Fiscal
49. Contabilidade
50. Publicações
51. Depósito do Software
52. Licenciamento
53. INPI
54. Funcionários
55. Acordo, Convenção, Dissídio Coletivo
56. Política Cargos e Salários
57. Bolsa de Pesquisa
58. Representante Comercial
59. Incentivos, Isenções e Benefícios Fiscais
60. Planejamento Fiscal
61. Lucro Presumido
62. Lucro Real
63. Governança
64. Compliance
65. Gestão de Conflito
66. Direito Consumidor
67. Infraestrutura

FASE DE ESCALA
68. Exit Rights e Venda
69. Restruturações e Fusões
70. Mercado de Capitais
71. Relacionamento com Investidores
72. White Knight
73. CADE
74. Bancos
75. Fluxo de Informações Gerenciais
76. Capital Estrangeiro
77. Royalties
78. Consultor Externo
79. Justiça
80. Programa de Participação nos Lucros e Resultados (PPLR)
81. Importação
82. Exportação
83. Ganho de Capital
84. Recuperação
85. Comunicação & Marketing
86. Seguros
87. Justiça
88. Advogados Externos

COMPREENDER

COMPREENDER – Identificar as responsabilidades envolvidas na jornada de uma *startup* com base no livro *Startup Everyday Investment Ready@*

MAPEAR

MAPEAR – Elaborar a mandala *Everyday Investment Ready@* da sua *startup*.

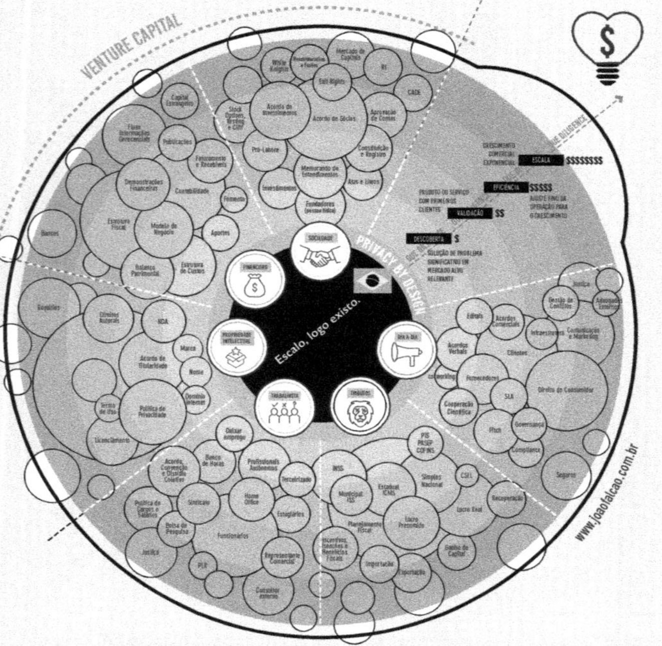

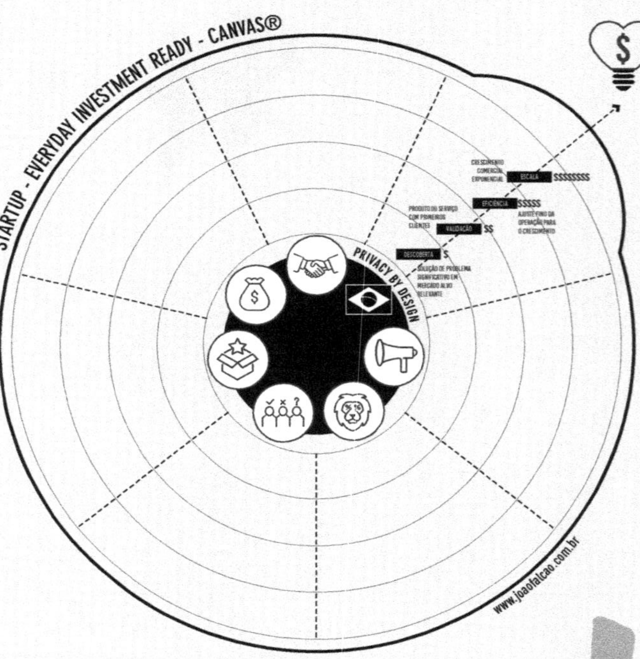

CALCULAR

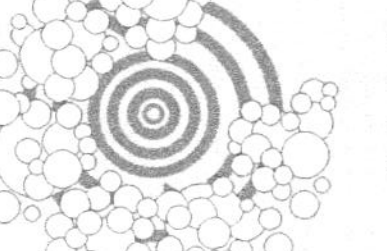

CALCULAR – Avaliar a segurança e eficiência da sua *startup* com base nos valores, pesos e medidas do *Índice Startup Everyday Investment Ready*®

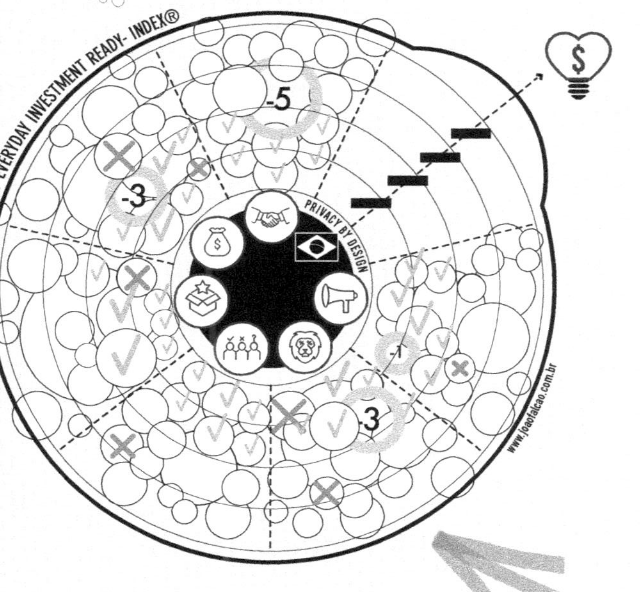

FORMALIZAR

FORMALIZAR – Organizar os documentos da sua *startup*, com base na lista de *due-diligence Everyday Investment Ready@*.

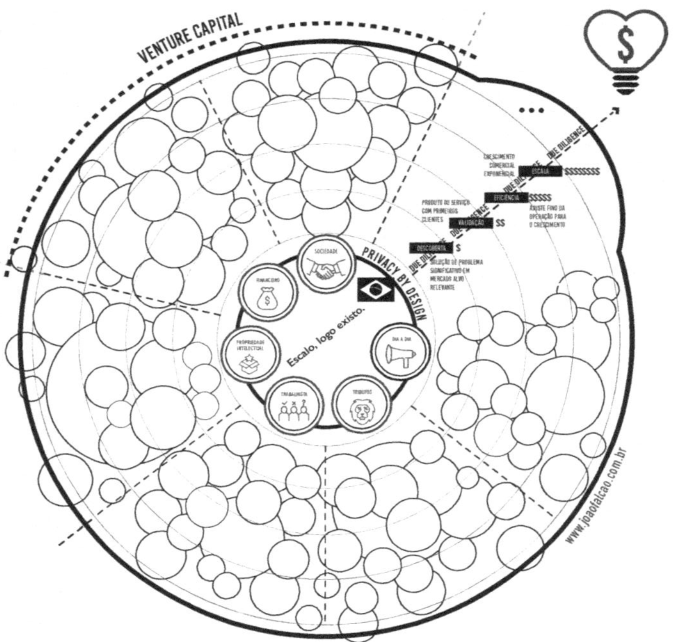

TOOLBOX

STARTUP
EVERYDAY
INVESTMENT
READY®

"Como vencer no universo das *startups*?"

O método Everyday Investment Ready® é uma atitude, um estilo de pensamento, uma filosofia de abordagem aos problemas e suas soluções. E para a implementação adequada desse método na sua startup, criamos as seguintes ferramentas:

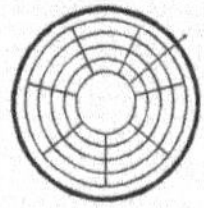

MANDALA E CANVAS

A Mandala é o mapeamento visual do ordenamento jurídico brasileiro que rege, mas desconhece as *startups*. Separada em 88 conceitos, ela permite que as startups tracem conjecturas do seu próprio destino, utilizando o *Canvas*, que é uma reprodução desse mapeamento, livre para ser preenchido.

GLOSSÁRIO 88

Definição, de acordo com o entendimento do ecossistema de inovação digital, dos 88 conceitos trazidos na Mandala.

QUESTIONÁRIO HARD TALK

Lista de perguntas que busca orientar uma conversa franca entre os fundadores da startup para elaboração de documentos relevantes para a empresa, como o *cap table*, o memorando de entendimentos e até mesmo o acordo de sócios.

PLANO DE AÇÃO (PITCH)

Apresentação dos principais pontos relativos ao passado, presente e futuro da *startup* que devem ser abordados em um pitch, para que a empresa se torne atrativa a investidores.

LISTA DUE-DILIGENCE

Lista de todos os documentos, separados por áreas do conhecimento, que recomendamos disponibilizar para potenciais compradores ou outros interessados, durante a *due-diligence* de uma *startup*.

ROTEIRO GESTÃO DE CRISE

Relação das ações que consideramos necessárias para a manutenção das atividades da startup durante momentos de crise, internas ou externas, nacionais ou globais.

PLANILHA DO ÍNDICE

Documento que permite que você calcule o Índice **Everyday Investment Ready**® da sua própria startup, com base no status dos 88 conceitos mapeados na Mandala na sua empresa, de acordo com a fase do Ciclo de Vida em que ela se encontra.

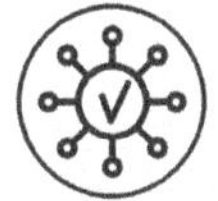

BOAS-PRÁTICAS

Lista com modelos de documentos do dia-a-dia de *startups*, elaborados por entidades e profissionais renomados no ecossistema.

Essas são as 8 ferramentas que apresentamos a seguir, que fazem parte do processo de implantação do método **Everyday Investment Ready**® em sua *startup*.

4. TOOLBOX

EVERYDAY INVESTMENT
READY®

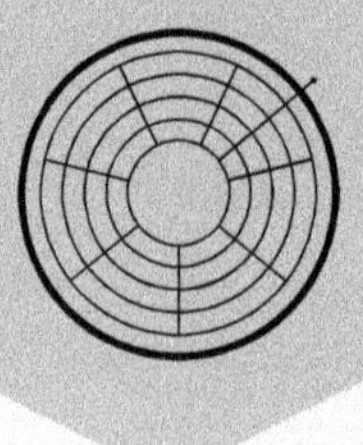

4.1 Mandala e *Canvas*

Este desenho, em forma de um **Mandala**, é o mapeamento visual do ordenamento jurídico brasileiro que rege as *startups*, mas que as desconhece. Dedique alguns minutos para olhar com atenção e compreender as diferentes informações constantes deste mapeamento.

Observe as áreas estratégicas (Sociedade, Financeiro, Propriedade Intelectual, Trabalhista, Tributos e Dia a Dia), representadas pelas "fatias de pizza". Identifique cada um dos 88 conceitos ali indicados, ordenados e distribuídos em "bolhas". Perceba as fases do ciclo de vida das *startups*, no desenho, representadas pelas camadas radiais em tons de verde e amarelo.

Ao mapear, nosso objetivo é despertar atenção às questões jurídicas mais relevantes na vida das *startups* brasileiras. (Neste livro, vide o capítulo "Teoria", item "Mapeamento Jurídico da *Startup*", para compreensão do inteiro teor da **Mandala**).

Do planejamento à execução, as questões jurídicas de uma *startup* precisam de uma boa administração. Só assim será possível prosperar. Este processo não é uma linha reta, é um caminho tortuoso. Mas há um ponto em que você começa e outro em que você termina.

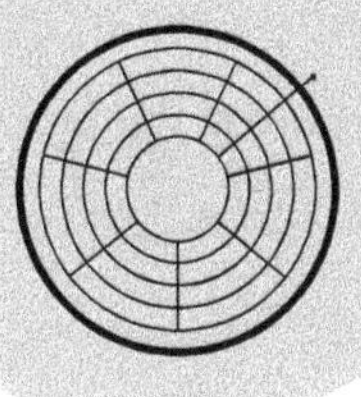

O primeiro passo para um bom planejamento é o diagnóstico. O melhor médico faz a anamnese prévia do paciente que o procura; busca dados e informações a seu respeito, faz sondagens e solicita exames variados, para poder ter uma avaliação ampla e profunda da situação. Com o máximo de informações em mãos, tem então condições de definir um diagnóstico preliminar. Qual é o problema, mal, carência, disfunção, doença ou necessidade do paciente?

É fundamental ser objetivo e imparcial, para poder fazer uma apreciação correta. Mas acima de tudo é preciso ler nas entrelinhas, enxergar aquilo que os outros não percebem, visualizar filigranas – e o **Canvas** *Everyday Investment Ready*® ajuda você a fazer isso.

O Canvas permite às *startups* mapearem, de forma integrada, suas próprias questões jurídicas para uma gestão eficiente e segura. Deve-se identificar, listar, ordenar e distribuir, no Canvas, os aspectos jurídicos de determinada *startup*, para então geri-los. O intuito é fazer o mapeamento em uma ferramenta de monitoramento e controle.

O **Canvas** *Everyday Investment Ready*® está disponível para *download* em:
WWW.JOAOFALCAO.COM.BR

4.2  Glossário 88

Elaboramos um glossário com a definição das 88 questões jurídicas mapeadas em relação às *startups*. Nele buscamos explicar, de forma didática, o significado de cada um desses conceitos, de acordo com o entendimento do ecossistema de inovação.

O glossário está dividido em função das fases do ciclo de vida da *startup*, que são: Fase de Descoberta, Fase de Prototipação, Fase de Eficiência e Fase de Escala (ou, se for o caso, a Fase de Encerramento).

Há, ainda, a distribuição dos 88 conceitos em seis áreas estratégicas que devem ser compreendidas para uma boa gestão jurídica, a saber: Sociedade, Financeiro, Propriedade Intelectual, Trabalhista, Tributário e o Dia a dia.

No capítulo 3 deste livro, intitulado "A Prática: Uma Estratégia para Vencer no Universo das *Startups*", destacamos os 88 termos do glossário nas respectivas fases e áreas estratégicas em que se encontram no mapeamento.

O inteiro teor do **Glossário** *Everyday Investment Ready*®, com a definição dos 88 conceitos está disponível em: WWW.JOAOFALCAO.COM.BR

4.3 Questionário *Hard-Talk*[1]

Aqui começa a viagem pelo lado tortuoso das *startups*. O objetivo desta ferramenta é incentivar uma conversa franca entre os sócios fundadores da *startup*. Este questionário apresenta questões a serem consideradas no momento de preparar um acordo de sócios ou de definir a participação societária de cada um.

Startups diferentes estão em fases diferentes do processo. Algumas questões serão mais relevantes para algumas *startups* do que para outras, mas o importante é implementar uma noção de ordem e de governança na empresa.

Empreendedores e investidores devem examinar cuidadosamente seu próprio caráter e seus códigos pessoais de conduta. Os sócios fundadores das *startups* devem sempre fazer, entre si e a si mesmos, algumas perguntas essenciais para a vida da empresa, como as que trazemos neste questionário.

Mas o questionário é apenas para orientação geral e não se destina a ser exaustivo.

O questionário completo faz parte do item 3.1, no capítulo 3 deste livro,
e está disponível para *download* em: WWW.JOAOFALCAO.COM.BR

---

[1] Questionário criado a partir do material distribuído pela Professora Lena Goldberg, da Harvard Business School, no curso *Law, Entrepreunership & Technology*, realizado durante o outono norte-americano de 2018.

# 4.4 Plano de Ação (*Pitch*)

O plano de ação da empresa deve ser breve, direto e não deve conter todos os detalhes da *startup*. Como um portal, levará as pessoas a querer saber mais sobre a *startup*. Caso contrário, a *startup* será descartada de pronto.

O plano de ação deve contemplar:

- missão da *startup* (a oportunidade da qual a *startup* tira proveito e a necessidade dos clientes que a *startup* resolverá);
- solução, produto ou serviço a ser vendido e entregue;
- clientes que possuem esta necessidade e o mercado a ser endereçado;
- vantagens competitivas da *startup* e por que ela é melhor do que todas as outras no mercado;
- o estágio de desenvolvimento em que está a *startup* (deve-se indicar quais os objetivos que já foram atingidos e quais os próximos objetivos no curto prazo);
- pontos principais das projeções econômico-financeiras (como estrutura de custos, margem bruta, volume de vendas e tempo para *breakeven* e investimento necessário); e
- descrição dos integrantes da equipe e do papel de cada um.

Esta ferramenta está disponível para *download* em:

WWW.JOAOFALCAO.COM.BR

4.5 Lista de *Due Dilligence*

Parte do método *Everyday Investment Ready®* mostra como estar permanentemente organizado de forma a cumprir todas as exigências de um processo rigoroso de *due-diligence*. Isto deve ser uma rotina interna da *startup* e deve fazer parte da sua cultura empresarial.

É comum que a *due-diligence* seja feita no momento de reorganizações societárias (ex: aquisições, fusões e incorporações). Mas o método propõe que a *startup* esteja permanentemente apta para uma *due-diligence* – o que nada mais é do que manter uma rotina de controle dos aspectos jurídicos da *startup*. No caso, trata-se de uma estratégia de atuação preventiva, para identificação, ajuste fino e correção dos aspectos jurídicos da *startup*.

Isso significa, basicamente, auditar os processos judiciais de interesse, os contratos e as políticas de cunho trabalhista, previdenciária, tributária e societária, entre outras áreas e especialidades. Uma das vantagens do processo de *due-diligence*, tal como é proposto aqui, é não possuir um conceito ou instituto jurídico que estabeleça regras e normas jurídicas próprias. Isso permite que os procedimentos adotados possam ser adaptados a cada situação.

Antes de tomar qualquer decisão, investidores e acionistas vão realizar suas próprias *due-diligences* na *startup* e gerar seus próprios relatórios. É importante que a *due-diligence* seja organizada de tal forma que, durante todo o seu desenrolar, alguém da *startup* possa sempre responder a três perguntas: quem é o responsável por determinado item da lista de *due-diligence*? Qual a pendência para se cumprir esse item? Por que determinado item não se aplica, se for o caso?

Na hora de cumprir qualquer exigência num determinado item, não pode restar dúvida quanto ao seu efetivo cumprimento. Ou seja, a *startup* não pode achar que cumpriu uma exigência e, posteriormente, descobrir que um determinado item não foi satisfatoriamente cumprido. Isso pode refletir ineficiência e insegurança jurídica, custando caro à *startup*.

A lista completa com todos os documentos que recomendamos
está disponível para *download* em: WWW.JOAOFALCAO.COM.BR

4.6 Gestao de Crise

É natural que a *startup* passe por momentos de crise, sejam eles internos ou externos à empresa, de âmbito nacional ou global. Essas crises podem provocar a retração do nível de atividade econômica e a evasão de investidores, fazendo com que as *startups* enfrentem custos mais altos para captação de recursos.

É necessário que a *startup* esteja preparada para os momentos de crise (ex: crises econômicas e conflitos de interesse) e saber quando tomar atitudes para reduzir os custos e evitar que o negócio quebre.

Apresentamos uma lista para gestão de crises e de ações necessárias para a manutenção das atividades empresariais.

A lista que indica atitudes diante do contexto de crise,
está disponível para *download* em: WWW.JOAOFALCAO.COM.BR

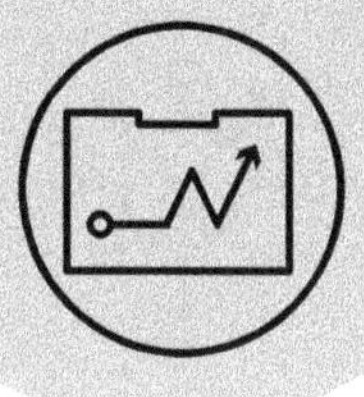

4.7 Planilha do Índice

Elaboramos uma planilha para cálculo do Índice *Everyday Investment Ready®*, que tem como base os 88 documentos mapeados – que, no caso, representam um sistema de boas práticas para se construir riqueza nas *startups* com segurança jurídica e eficiência.

O Índice *Everyday Investment Ready*, que é detalhado neste capítulo do livro, propõe a adoção de uma estratégia jurídica, essencial para que a *startup* não carregue passivos ao longo da sua jornada. Não temos a capacidade de alterar o ambiente legislativo macro do país (para o ideal!). Mas temos como gerir, de forma eficiente, as questões jurídicas da *startup* que quer escalar exponencialmente.

Essa é uma ferramenta que o ecossistema pode adotar nos processos de incubação, aceleração, investimento, fomento, compra e venda de *startups*. Pouco a pouco, as *startups* brasileiras transformarão o país – e eu me encontro entre os que desejam fomentar essa revolução.

O Índice *Everyday Investment Ready®* é uma forma prática de orientar as *startups*. Não é uma abordagem matemática, uma equação exata; mas ajuda na organização e na gestão da *startup* que está em busca de construção de riqueza.

Considera-se que a *startup* se encontra num ponto de equilíbrio quando detém segurança jurídica e eficiência. Este ponto de equilíbrio é representado pelo valor 0 (zero). A partir da neutralidade "zero", a base para cálculo do Índice está relacionado a diferentes pontuações quando se identifica que a *startup* está fora do seu ponto de equilíbrio. O zero, portanto, deve ser a pontuação máxima desejada indicativa de segurança jurídica e eficiência na jornada da empresa.

A Planilha *Everyday Investment Ready®* está disponível para *download* em:
WWW.JOAOFALCAO.COM.BR

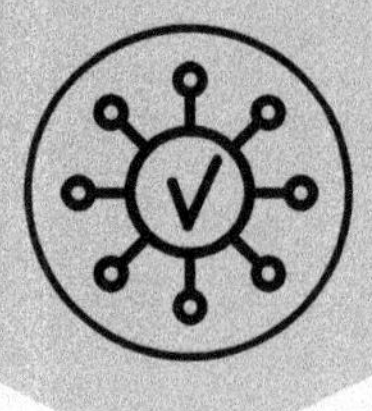

4.8 *Templates* Boas Práticas

Será preciso fazer contratos para tudo na *startup*, que pode ser entendida como um feixe de contratos incompletos, relacionais e complexos. É recomendado que todos os compromissos, parcerias, direitos e obrigações assumidos pela *startup* estejam devidamente documentados. Vale o que está escrito e assinado.

As atividades devem ser regidas por contratos formais – por escrito e de fácil entendimento por todos que os leem. Elaborar, compreender, negociar, preencher, pagar, quitar, confirmar e superar cláusulas contratuais é um esforço considerável e necessário na vida das *startups*. As cláusulas devem ser suficientes para que se possa compreender o que foi acordado entre as partes, mesmo sem sua explicação.

Como é natural, os contratos não são capazes de prever todas as contingências que podem ocorrer (teoria dos contratos incompletos). No entanto, aqueles que escrevem os contratos devem se preocupar em redigi-los do modo mais objetivo e didático possível, para evitar controvérsias futuras a respeito de sua interpretação e de suas lacunas.

Selecionamos modelos de diversos documentos que são inerentes ao ciclo de vida da *startup*. Os modelos foram elaborados por renomadas instituições ou profissionais e devem ser adotados como boas práticas.

A lista dos *templates* está disponível para consulta em:

WWW.JOAOFALCAO.COM.BR

Agradecimentos

O processo de criação deste livro originou-se a partir das minhas inquietações e participações (como empreendedor, advogado, investidor, gestor público e acadêmico) no ecossistema brasileiro de *startups* – antes mesmo da palavra 'startup' ser cunhada e amplamente utilizada no Brasil.

Ao longo dos anos aprendi muito com as pessoas com quem tive a oportunidade de conhecer e conversar. O caminho aqui proposto é de minha inteira responsabilidade, mas a construção é coletiva e fruto da contribuição de diferentes amigos, colegas de profissão e instituições – a eles minha eterna gratidão.

A Ana Paula Pessoa, amiga, sócia e mentora, pelo carinho, atenção e orientação profissional. Experiência e sabedoria que tanto me ajudam nesta vida.

A orientação do Prof. Leandro Molhano Ribeiro, que acertadamente influenciou a direção inicial de nossa pesquisa de mestrado na FGV Direito-Rio, "O Direito Brasileiro Rege Mas Desconhece as *Startups*"[1].

A Carol Rothmuller, experiente diretora de educação. Ouvir seus conselhos sobre como escrever um livro, em um momento inicial em que o sonho nascia, foi um privilégio indescritível e inenarrável.

A Fabricio da Costa e Nina Gaul, amigos *designers* que materializaram a minha visão de um mapeamento jurídico complexo em um livro didático. Juntos desejamos que as *startups* se apropriem, se utilizem e em muito ampliem nossas imagens.

Ao Professor e Filósofo Roberto Mangabeira Unger, pelos nossos diálogos que tanto me ensinaram sobre o poder do Brasil e da Economia do Conhecimento.

---

[1]   FALCÃO, João Pontual de Arruda. **O Direito Brasileiro Rege Mas Desconhece as *Startups*.** Rio de Janeiro: FGV Direito-Rio, 2017. Disponível em: <http://joaofalcao.com.br>.

Ao casal Stephen e Wendy Lash, amigos queridos que transbordam energia e experiência de vida, pelo suporte cultural e pela magnífica hospedagem em New York nas viagens para a pesquisa deste livro.

Ao Professor Paulo Daflon Barrozo, que me deu coragem para transformar a pesquisa em livro, e o livro numa experiência de vida maravilhosa.

Ao Professor Emérito do CIn/UFPE Silvio Meira, pela confiança, orientação acadêmica e apoio às minhas aventuras intelectuais desde sempre. Quero um dia empreender ao seu lado.

Ao Professor Emérito da UFMG Nivio Ziviani, *founding father* do ecossistema de *startups* no Brasil, pela inspiração e coragem na construção de riqueza baseada em conhecimento.

Ao professor e advogado Chico Müssnich, pelo incondicional e fraterno apoio, sempre com dicas precisas.

Ao colega advogado Luiz Benevides; juntos vivenciamos, na prática, os desafios de se conduzir a gestão jurídica escalável de uma empresa *startup* no Brasil.

Ao Professor Cassio Cavalli, cuja curadoria de textos tanto me ajudou a compreender a Teoria Econômica da Empresa e a pensar a *startup* para além do Direito.

Ao amigo e advogado Guto Junqueira; aprendemos muito ao fundar a primeira plataforma de *equity crowdfunding* no Brasil e participar ativamente da regulação CVM 588.

Ao advogado-flamenguista Bruno Lopes, que me conduziu por um olhar sóbrio sobre as questões trabalhistas na vida de uma *startup*.

A Taciana Furlan, que ao me convidar para palestrar na NYU, permitiu ótimos *feedbacks* ao método, recarregando minha energia de pesquisa.

Ao Marcos Lucena, colega na HackBrazil, que acreditou ser possível calcular um índice a partir da nossa metodologia *Everyday Investment Ready®*.

A Clara Carvalho, amiga mineira e colega pesquisadora, que tanto me ajudou na condução da pesquisa sobre contratos complexos, imperfeitos e relacionais.

A Mel Fernandes, economista com ampla experiência em análise de negócios e especializada em ciência de dados, com quem elaborei a planilha de cálculo do Índice *Everyday Investment Ready®*.

A Natalie Witte, pioneira advogada do ecossistema carioca de *startups*, e ao amigo advogado João Felipe Figueira de Mello, contemporâneo de vida. Agradeço a ambos pelo brilhante *feedback*, pontuando ajustes e questões sofisticadíssimas.

A Maria Eugenia Cirillo, pesquisadora de primeira linha, pelo incondicional apoio no ajuste fino e na harmonização do texto. A Thais Nascimento e Zezé, minhas fiéis escudeiras olindenses, pelo incansável apoio na produção da minha vida pessoal e profissional.

Ao professor e acadêmico imortal Joaquim Falcão, pelo exemplo de pai, escritor e advogado. E a Vivianne Falcão, pela atenção, carinho e apoio às minhas construções pessoais e profissionais.

A Carmen Pontual, minha mãe, e Chico Loureiro, que me receberam de braços abertos e me acolheram com tanto amor em um momento turbulento da minha vida pessoal – eles me proporcionaram a tranquilidade necessária a uma boa pesquisa.

A Ciça Fortes, companheira e parceira, pela cumplicidade acadêmica nesta reta final de produção e divulgação do livro.

Ao grupo de amigos brasileiros, *fellows* e mestres LL.Ms '18 Harvard Law, pela cumplicidade compartilhada nos momentos de pesquisa, dentro e fora do campus. Graças à generosidade de vocês, também me considero graduado neste ano.

Agradeço também aos amigos e sócios da Neemu S/A, cuja experiência de escalar a empresa testou minhas práticas jurídicas e me deu insumo para elaborar este livro.

Agradeço ainda às seguintes instituições, pelos aprendizados que obtive ao ser colaborador em diferentes momentos e formatos de atuação: às comunidades de Harvard & MIT, pelos 3 anos de pesquisa que lá conduzi para este livro, e ao ecossistema de inovação pernambucano (CIn/UFPE, CESAR-Recife, Manguezal e Porto Digital).

Meus agradecimentos às equipes do Instituto Endeavor e do Grupo Anjos do Brasil, que fazem de sua missão corporativa disponibilizar conteúdo de qualidade sobre a temática deste livro. Encontrei rico material de pesquisa online.

Ao escrever este livro recorri a uma rigorosa pesquisa bibliográfica, mas também ao conteúdo e aconselhamento de instituições admiráveis, professores, pesquisadores e colegas de trabalho que contribuíram muito na construção do meu conhecimento. A todos ofereço um 'viva você' e o meu muito obrigado.

Agradeço, por fim, aos amigos que dedicaram tempo precioso para comentar versões preliminares do livro. Ao fazerem isso, me ajudaram com dicas e orientações valiosas: Luciano Meira, Guilherme Calheiros, Leo Zeba, Chico Saboya, Paulo Adeodato, Edmilson Rodrigues e André Sá.

Referências Bibliográficas

ABRANTES, Antonio Carlos de Souza. **A patenteabilidade de Algoritmos e do Programa de Computador em Si**. In Revista da ABPI – Associação Brasileira da Propriedade Intelectual, v. 135. Rio de Janeiro, 2015.

_________;VALDMAN, C. **Estatísticas de pedidos de patentes implementados por programa de computador no Brasil e na EPO: um estudo comparativo**, Revista da ABPI, v. 99, mar/abr de 2009, p. 29-40. ABS – Associação Brasileira de *Startups*. Disponível em: <www.abStartups.com.br:>.

ABREU, Paulo R.M.; CAMPOS, Newton M. **O Panorama das Aceleradoras de *Startups* no Brasil**. São Paulo: Fundação Getúlio Vargas, 2016. Disponível em: <https://bibliotecadigital.fgv.br/dspace/handle/10438/18853>.

ACE ACELERADORA;TOZZINI FREIRE ADVOGADOS. **Como Estruturar Juridicamente a sua *Startup***. 2016. Disponível em: <https://info.acestartups.com.br/ebook-tozzini>.

ALCHIAN, Armen A; DEMSETZ, Harold. ***Production, Information Cost, and Economic Organization. The American Economic Review,*** Vol. 62. n°5. 1972. pp 777-795.

_________;WOODWARD, Susan. ***The Firm is Dead: Long Live the Firm – A Review of Oliver Williamson's The Economic Institutions of Capitalism***. Journal of Economic Literature, vol 26. n° 1. 1988. pp 65-79.

ALMEIDA, Alvinio et al. **Empreendedorismo e Desenvolvimento de Novos Negócios**. São Paulo: FGV Editora, 2013.

ANTE, Spencer E. ***Creative Capital: Georges Doriot and the Birth of Venture Capital***. Cambridge: Harvard Business Press, 2008.

ARAÚJO, Fernando. **Teoria Econômica do Contrato**. Coimbra: Alemedina, 2007.

ASCARELLI,Tulio. **O Contrato Plurilateral**. In: Problemas das Sociedades Anônimas e Direito Comparado. São Paulo: Quorum, 2008.

ASSAF NETO, Alexandre. **Mercado Financeiro.** São Paulo: Atlas, 2011.

_________. **Os Métodos Quantitativos de Análise de Investimentos.** In Caderno de Estudos, número 6. São Paulo: Fundação Instituto de Pesquisas Contábeis, Atuariais e Financeiras, 1992. Disponível em: <http://www.scielo.br/scielo.php?script=sci_arttext&pid=S1413-92511992000300001>.

ASSOCIAÇÃO BRASILEIRA DE *PRIVATE EQUITY E VENTURE CAPITAL*. **Documentação Básica em Operação com Fundos de Participação no Brasil**. Rio de Janeiro, 2015. Disponível em: < https://www.abvcap.com.br/Download/Guias/3020.pdf>.

AULET, Bill. ***Disciplined Entrepreneurship: 24 Steps to a Successful Startup.*** Hoboken: John Wiley & Sons Inc., 2013.

AULET, Bill. ***Disciplined Entrepreneurship Workbook***. Hoboken: John Wiley & Sons, Inc., 2017.

AZEVEDO, Erasmos Valadão. **Ensaio sobre a sociedade em comum.** Tese para obtenção de título de livre-docente em direito comercial para a Faculdade de Direito da Universidade de São Paulo. USP, 2011.

BAASE, Sara. ***A Gift of Fire – Social, Legal and Ethical Issues for Computing Technology***. Upper Saddle River: Pearson Education, Inc., 2013.

BAGLEY, Constance; DAUCHY, Craig E. ***The Entrepreneur's Guide to Law and Strategy***. Boston: Cengage Learning, 2012.

BARBA, B. (2005) **Recuperação judicial – A situação de crédito do devedor.** Disponível em:
<http://biancabarba.jusbrasil.com.br/artigos/376328133/recuperacao-judicial-a-situacao-de-credito-do-devedor>.

BARBOSA, Antônio Luiz Figueira**. Sobre a propriedade do trabalho intelectual:
uma perspectiva crítica.** Rio de Janeiro, Editora UFRJ. 1999.

BAUTISTA, F. and MIRANDA, M. (2012**) Incorporação, fusão e cisão de sociedades**.
Disponível em: <http://www.direitobrasil.adv.br/arquivospdf/artigos/fe.pdf>.

BARTLETT III, Robert P. *Venture Capital, Agency Costs, and the False Dichotomy of the Corporation.*
University of Georgia School of Law Research Paper Series, 2006

BECKER, Alfredo A. **Manicômio Jurídico-Tributário.** In Teoria Geral do Direito Tributário. São Paulo: Noeses, 2018.

BEHA, Richard. **A Máquina Secreta de *Startups* de Israel.** Revista Forbes Brasil. p. 84-88, Set. 2016.

BERKUN, Scott. *The Myths of Innovation.* 1. ed. Sebastopol: O'Reilly Media, 2010. 248 p.

BLANK, Steve; DORF, Bob. *The Startup Owner's Manual: The Step-by-Step
Guide for Building a Great Company.* Pescadero: K&S Ranch, 2014.

BLUESTEIN, Adam; BARRETT, Amy. *Our highly practical, eminently doable, totally reasonable plan to revitalize the
American dream. Bring on the entrepreneurs!* INC. The Magazine for Growing Companies. p. 77-88. Jul/ Ago, 2010.

BORGES, D. Definição legal: **O que é capital estrangeiro?** Disponível em:
<http://denisbarbosa.addr.com/paginas/home/ce_definicao.html>.

BRADLEY, Harold S. et al. *We have Met the Enemy...vAnd he is Us – Lessons from Twenty
Years of the Kauffman Foundation's Investments in Venture Capital Funds and the
Triumph of Hope Over Experience.* Ewing Marion Kauffman Foundation, 2012.

BRANDENBURGER, Adam M.; NALEBUFF, Barry J. *Co-Opetition.* Danvers: Currency, 1998.

BROUGHMAN, Brian; FRIED, Jesse. *Do VC Use Inside Rounds to Dilute Founders? – Some
Evidence from Silicon Valley.* Articles by Maurer Faculty. Paper 775. 2012.

BULHÕES PEDREIRA, José Luiz; LAMY FILHO, Alfredo. **A Lei das S.A.** Rio de Janeiro: Renovar, 1996.

___________. **Direito das Companhias.** Rio de Janeiro: Forense, 2017.

CARDOZO, Julio Sergio de Souza. **Contabilidade para leigos.** Rio de Janeiro: Alta books, 2016.

CARTWRIGHT, Nancy; HARDIE, Jeremy. *Evidence-Based Policy – A Pratical Guide do Doing it Better.*
New York: Oxford University Press, 2012.

CATALINI, Christian et al. *Hidden in Plain Sight: Venture Growth With or Without Venture Capital.* 2017.

CAVALCANTI, Fabíola A.; PEREIRA, Atademes B. **A Oferta Pública Inicial de Ações – o IPO.
In Brasil S/A: Guia de Acesso ao Mercado de Capitais para Companhias Brasileiras**.
Rio de Janeiro: RR Donnelley Financial Comunicação Corporativa, 2014.

CAVALLI, Cássio. **Empresa, Direito e Economia.** Rio de Janeiro: Forense, 2013.

CASTRO NEVES, José Roberto. **Contratos I.** Rio de Janeiro: Editora GZ, 2016

CATEB, Alexandre B.; GALLO, José Alberto A. **Breves Considerações sobre a Teoria dos Contratos Incompletos.** In Revista da Associação Mineira de Direito e Economia. Belo Horizonte: AMDE, 2009.

CENTRO DE GESTÃO E ESTUDOS ESTRATÉGICOS. **Introdução ao** *Private Equity* **e** *Venture Capital* **para Empreendores.** Brasília: Agência Brasileira de Desenvolvimento Industrial, 2011. Disponível em: <https://bibliotecadigital.fgv.br/dspace/handle/10438/8421>.

CERBASI, Gustavo. **Cartas a um Jovem Investidor: Enriquecer é uma Questão de Escolha.** Rio de Janeiro: Elsevier, 2008.

CHEMMANUR, Thomas J. et al. *Corporate Venture Capital, Value Creation and Innovation.* 2013.

CHERNENKO, Sergey et al. *Mutual Funds as Venture Capitalists? Evidence from Unicorns.* 2017.

CHERNOW, Ron. *Titan: The Life of John D. Rockfeller, Sr.* New York: Vintage Books, 2004.

CHRISTENSEN, Clayton M. *The Innovator's Dilemma: When New Technologies Cause Great Firms to Fail.* Boston: Harvard Business Review Press, 2016.

COASE, Ronald. *The Nature of the Firm.* Readings in Price Theory. Homewood: New Series. 1937. Disponível em: <http://www3.nccu.edu.tw/~jsfeng/CPEC11.pdf>.

____________. *The Problem of Social Cost.* In The Journal of Law & Economics, vol. III. Chicago: The University of Chicago, 1960.

COLLINS, Jim. *Good to Great: Why Some Companies Make the Leap... and Others Don't.* Harper Business. 2001.

COMISSÃO DE VALORES MOBILIÁRIOS. **Direito do Mercado de Valores Mobiliários.** Coleção TOP. Rio de Janeiro, 2017. Disponível em: < https://www.investidor.gov.br/ portaldoinvestidor/export/sites/portaldoinvestidor/publicacao/Livro/Livro_top_Direito.pdf>.

____________. *Mercado de Valores Mobiliários Brasileiro.* 4 ed. Rio de Janeiro, 2019. Disponível em: < https://www.investidor.gov.br/portaldoinvestidor/export/sites/portaldoinvestidor/ publicacao/Livro/livro_TOP_mercado_de_valores_mobiliarios_brasileiro_4ed.pdf>.

CONSELHO NACIONAL DE JUSTIÇA. **Justiça em Números.** Brasília, 2019. Disponível em: <https://www.cnj.jus.br/pesquisas-judiciarias/justica-em-numeros/>.

CORREA, Cristiane. **Sonho grande. Como Jorge Paulo Lemann, Marcel Telles e Beto Sicupira revolucionaram o capitalismo brasileiro e conquistaram o mundo.** Rio de Janeiro: Primeira Pessoa, 2013.

COZZI, Afonso (Coord.). **Empreendedorismo de Base Tecnológica.** *Spin-off:* **criação de novos negócios a partir de empresas constituídas, universidades e centros de pesquisa.** Rio de Janeiro: Elsevier, 2008.

CRISTOFARO, Angela Lima Rocha. **Memorando de entendimento: efeitos jurídicos.** Revista Jus Navigandi, Teresina, ano 18, n. 3701, 19 ago. 2013. Disponível em: <https://jus.com.br/artigos/25097>.

DAMODARAN, Aswath. *Investment Valuation*. New York: Wiley Finance, 2016.

___________. *Investment Valuation: Tools and Techniques for Determining the Value of Any Asset*. New York: Wiley Finance, 2012.

DE ATHAYDE, Phydia (Org.). **Neemu – De Projeto de Faculdade em Manaus à Startup que Domina o E-Commerce Brasileiro: Esta é a Jornada da Neemu.** In Negócios Criativos: 30 Histórias Inspiradoras de Empreendedores que Descobriram seu Propósito e Estão Transformando o Mundo. São Paulo: Panda Books, 2017.

DE CARVALHO, Antonio Gledson et al. **A Indústria de** *Private Equity* **e** *Venture Capital* **– Primeiro Censo Brasileiro**. São Paulo: Saraiva, 2006.

DESANTOLA, Alicia; GULATI, Ranjay. *Startups That Last*. Cambridge: Harvard Business Review, 2016. Disponível em: <https://hbr.org/2016/03/start-ups-that-last>.

DOERR, John. *Measure What Matters: How Google, Bono, and the Gates Foundation Rock the World with OKRs*. New York: Portfolio, 2018.

DOLABELA, Fernando. **Pedagogia empreendedora.** São Paulo: Editora de Cultura, 2003.

DOMINGOS, Pedro. *The Master Algorithm: How the Quest for the Ultimate Learning Machine will Remake our World.* New York: Basic Books, 2015.

DORNELAS, José Carlos Assis. **Empreendedorismo: transformando ideias em negócios.** Rio de Janeiro: Elsevier, 2012.

DR. LIN LIN. *Engineering a Venture Capital Market: Lessons from China*. In Columbia Journal of Asian Law, 2017.

DRUCKER, Peter Ferdinad. *The five most important questions you will ever ask about your organization*. 1. Ed.San Francisco: Jossey-Bass, 2008. 144 p

EASTERBROOK, Frank H.; FISCHEL, Daniel R. *The Corporate Contract.* Columbia Law Review 1416, 1989.

EESLEY, Charles E.; ROBERTS, Edward B. *Entrepreneurial Impact: The Role of MIT — An Updated Report*. In Foundations and Trends in Entrepreneurship, vol. 7. 2011. Disponível em: <https://ilp.mit.edu/media/webpublications/pub/literature/Entrepreneurial-Impact-2011.pdf>.

EISENMANN, Thomas. *Managing Startups: Best Blog Posts.* 1. Ed. Sebastopol: O'Reilly Media, 2013. 452 p.

EIZIRIK, Nelson et. al. **Mercado de Capitais: Regime Jurídico.** 3ª Ed. Rio de Janeiro: Revonar, 2011.

ESCOLA DE DIREITO DA FUNDAÇÃO GETÚLIO VARGAS. **Cadernos FGV Direito Rio – Série Clínicas: Guia Prático do Empreendedor**. Rio de Janeiro: Escola de Direito da Fundação Getúlio Vargas, 2014.

FALCÃO, João Pontual de Arruda. *Startup Law* **Brasil: O Direito Brasileiro Rege, mas Desconhece as Startups.** Rio de Janeiro: Escola de Direito da Fundação Getúlio Vargas do Rio de Janeiro, 2017.

FELD, Brad; MENDELSON, Jason. *Venture Deals*. Hoboken: John Wiley & Sons, Inc., 2016.

FELDMAN, Robin. *Patent Demands & Startup Companies: The View from the Venture Capital Community*. In Yale Journal of Law & Technology, 2014.

FENACON (2016) **Empresários brasileiros enfrentam calvário para fechar uma empresa.** Disponível em: <http://www.fenacon.org.br/noticias/empresarios-brasileiros-enfrentam-calvario-para-fechar-uma-empresa-824/>.

FISHER, Roger; SHAPIRO, Daniel. ***Beyond Reason – Using Emotions as You Negotiate.*** Londres: Penguin Books, 2005.

FONSECA, Adriana. **Anjos profissionais: Em paralelo às suas carreiras corporativas, executivos investem em startups e oferecem mentoria aos donos de pequenas empresas inovadoras.** ValorInveste. V.75. p. 59-62. Julho, 2016.

FREIRE, Paulo. **Pedagogia da Autonomia: Saberes Necessários à Prática Educativa.** São Paulo: Paz e Terra, 2011.

FRIED, Jesse M.; GANOR, Mira. ***Agency Costs of Venture Capitalist Control in Startups.*** New York University School of Law, 2006.

FRIEDMAN, Thomas L. ***The World is Flat: A brief history of the twenty-first century.*** New York: Farrar, Straus & Giroux, 2006.

FURTADO, Cristine S.; FURTADO, Wilson. **Dos Contratos e Obrigações de Software.** São Paulo: Iglu, 2004. (parte sobre contratos de licença de uso e utilização de *software*).

GALVÃO, Helder; HANSZMANN, Felipe. **Direito para *Startups*.** Rio de Janeiro: Fundação Getúlio Vargas, 2017.

GELLER, Daniel; GOLDFINE, Dayna. ***Something Ventured.*** Zeitgeist Films, 2011.

GILSON, Ronald J. ***Engineering a Venture Capital Market: Lessons from the American Experience.*** Stanford Law School: John M. Olin Program in Law and Economics, Working Paper 248, 2002.

GOMES, Orlando. **Contrato de Adesão – Condições Gerais dos Contratos.** São Paulo: Revista dos Tribunais, 1972.

GOMPERS, Paul A.; WANG, Sophie Q. ***And the Children Shall Lead: Gender Diversity and Performance in Venture Capital.*** Boston: Harvard Business School Working Paper, 2017.

__________. ***How do Venture Capitalists Make Decisions?.*** Cambridge: National Bureau of Economic Research Working Paper, 2016.

__________. KOVNER, Anna; LERNER, John; SCHARFSTEIN, David. ***Performance Persistence in Entrepreneurship.*** Harvard Business School Working Paper 09-028, 2008.

GORINI, Marco; TORRES, Haroldo da Gama. **Captação de recursos para *Startups* e empresas de impacto.** Rio de Janeiro: Alta Books, 2016.

GORNALL, Will et al. ***The Economic Impact of Venture Capital: Evidence from Public Companies.*** Stanford University Graduate School of Business Research Paper No. 15-55. 2015.

GROVE, Andrew. ***High Output Management.*** New York: Vintage, 1995.

GUERRA, Sérgio. **Regulação no Brasil, uma visão multidisciplinar.** Rio de Janeiro: Editora FGV, 2014.

GUPTA, Udayan. ***Done Deals: Venture Capitalists Tell Their Stories.*** Boston: Harvard Business School Press, 2000.

HART, Oliver D; MOORE John. ***Property rights and the nature of the firm. Journal of Political Economy, vol.98 n° 6.*** 1990.

__________________________________. *Foundations of Incomplete Contracts*. In NBER Working Paper Series. Cambridge: National Bureau of Economic Research, 1998. Disponível em: <https://www.nber.org/papers/w6726.pdf>.

HARVARD BUSINESS REVIEW. (Boston, Massachusetts). *Entrepreneur's Toolkit: Tools and Techniques to Launch and Grow Your New Business*. Boston: Harvard Business Review Press, 2018. 288 p.

__________. *HBR'S 10 Must Reads On Entrepreneurship and Startups*. Boston: Harvard Business Review Press, 2018.

HEIFETZ, Ronald A. *Leadership Without Easy Answers*. Cambridge: Harvard University Press, 2000.

IBRAHIM, Darian M. *The (Not So) Puzzling Behavior of Angel Investors*. Faculty Publications. Paper 1685. College of William & Mary Law School, 2008.

__________. *Should Angel-Backed Start Ups Reject Venture Capital?*. Legal Studies Research Paper Series Paper No. 1170. University of Winsconsin School of Law, 2012.

INSTITUTO BRASILEIRO DE GOVERNANÇA CORPORATIVA – IBGC. **Governança Corporativa das *Startups* & *Scale-Ups***. São Paulo, 2019.

INSTITUTO NACIONAL DE PROPRIEDADE INDUSTRIAL et. al. **Inovação e Propriedade Intelectual: Guia para o Docente.** INPI e Sistema Indústria, 2010. Disponível em: <http://www.inpi.gov.br/sobre/arquivos/guia_docente_iel-senai-e-inpi.pdf>.

ISAACSON, Walter. **Steve Jobs.** Rio de Janeiro: Companhia das Letras, 2011.

ISMAIL, Salim; MALONE, Michael S.; VAN GEEST, Yuri. *Exponential Organizations*. New York: Diversion Books, 2014.

JONES, Renee. *The Unicorn Governance Trap*. Boston: Boston College Law School, 2017.

JARUZELSKI, Barry. *In Scientific America Brasil*. Disponível em: <http://www2.uol.com.br/sciam/noticias/pesquisa_mostra_porque_o_sucesso_do_vale_do_silicio_e_tao_dificil_de_replicar.html>,

JENSEN, Michael; MECKLING, William. *Theory of the Firm: Managerial Behavior, Agency Costs and Ownership Structure. Journal of Financial Economics*, Vol. 3, Issue 4, 1976. Disponível em: <https://www.sciencedirect.com/science/article/pii/0304405X7690026X>.

JOSKOW, Paul L. *Asset specificity and the Structure of Vertical Relationships: Empirical Evidence. Journal of Law, Economics & Organization*, Vol. 4 n° 1. Oxford University Press, 1988, pp. 95-117.

JÚDICE, Lucas P. et al. **Direito das *Startups***. Curitiba: Juruá, 2016.

KAPLAN, Steven N. et al. *How do Legal Differences and Experience Affect Financial Contracts?*. In Journal of Financial Intermediation, Vol. 16, Issue 3, 2007.

KAWASAKI, Guy. **A arte do começo**. São Paulo: Editora Best Seller, 2011.

KELLEY, Tom. *The Art of Innovation: Lessons in Creativity from IDEO, America's Leading Design Firm*. New York: Crown, 2001.

KLEIN, Benjamin; Crawford, Robert G. *Vertical integration, appropriable rents, and the competitive contracting process. The Journal of Law and Economics*.

LEAL, Ana Luiza; et al. **Aqui vale a pena empreender. Florianópolis é a melhor cidade do Brasil para a criação de empresas, segundo um estudo inédito sobre empreendedorismo. Conheça suas vantagens e lições.** Revista Exame. p.36-58, Nov de 2014.

LITVAK, Kate. ***Venture Capital Limited Partnership Agreements: Understanding Compensation Agreements.*** In University of Chicago Law Review, No. 161, 2009.

MACEDO JÚNIOR, Ronaldo Porto. **Contratos Relacionais no Direito Brasileiro.** 1997. Disponível em: <http://lasa.international.pitt.edu/LASA97/portomacedo.pdf>.

MACNEIL, Ian. ***The Many Futures of Contracts.*** Gould School of Law, The Law Center University of Southern California, 1974.

MAGALHÃES, Aloisio. **E Triunfo? – A Questão dos Bens Culturais no Brasil.** Rio de Janeiro: Nova Fronteira e Fundação Roberto Marinho, 1997.

MALONE, Michael S. ***Exponential Organizations: Why new organizations are ten times better, faster, and cheaper than yours (and what to do about it).*** Singularity University, 2014.

MARKS, Howard. ***The Most Important Things Illuminated: Uncommon Sense for the Thoughtful Investor.*** New York: Columbia University Press, 2013.

MARTINS, Ives Gandra da Silva. **Tributos no Brasil: auge, declínio e reforma.** São Paulo: Fecomércio, 2008.

MEIRA, Silvio. **Novos Negócios no Brasil: Inovadores de Crescimento Empreendedor.** Rio de Janeiro: Casa da Palavra, 2013.

METRICK, Andrew; YASUDA, Ayako. ***Venture Capital and the Finance of Innovation.*** 2a Edição. New Jersey: John Wiley & Sons, 2010.

MOLLICK, Ethan. ***Swept Away by the Crowd? – Crowdfunding, Venture Capital and the Selection of Entrepreneurs.*** Philadelphia, 2013.

NAGER, Mark; et al. ***Startup weekend*: como levar uma empresa do conceito à criação em 54 horas.** Rio de Janeiro: Editora Alta books, 2013.

NEGRÃO, Ricardo. **Manual de direito comercial e de empresa. Teoria Geral da Empresa e Direito Societário.** 12ª Ed. São Paulo: Saraiva, 2015.

NETO, Antônio André; ALMEIDA, Alivinio. **Empreendedorismo e desenvolvimento de novos negócios.** 1ª edição. Rio de Janeiro: Editora FGV, 2013.

OSTERWALDER, Alexander; PIGNEUR, Yves. ***Business Model Generation: A Handbook for Visionaries, Game Changers and Challengers.*** Hoboken: John Wiley & Sons, 2010.

PEDREIRA, José Luiz Bulhões; FILHO, Manoel Ribeiro da Cruz. **Manual da correção monetária das demonstrações financeiras: Dec-lei nº 1.598 de 26.12.77.** Rio de Janeiro: Explanada, 1978.

PEREIRA, Caio Mario da Silva. **Instituições de Direito Civil.** Vol. III – Contratos. Rio de Janeiro: Forense, 2016.

PORTER, Michael E. ***Competitive Strategy – Creating and Sustaining Superior Performance.*** New York: The Free Press, 1985.

PÓVOA, Alexandre. *Valuation – Como Precificar Ações*. São Paulo: Globo, 2007.

RASMUSSEN, Robert K.; SKEEL, David A. *The Economic Analysis of Corporate Bankruptcy Law*.
In 3 Am. Barnkr. Inst. L. Rev. 85, 1995.

RIES, Eric. *The Lean Startup: How Today's Entrepreneurs Use Continuous Innovation
to Create Radically Successful Businesses*. Danvers: Currency, 2011.

RIORDAN, Michael H.; WILLIAMSON, Oliver E. *Asset specificity and economic organization.*
International Journal of Industrial Organization 3. North Holland: Elsevier Science Publishers, 1985.

ROBINSON, David T; STUART, T. E. *Financial Contracting in Biotech Strategic Alliances*.
In The Journal of Law and Economics. Chicago: The University of Chicago Press, 2007.

ROSS, Stephen A. et al. **Fundamentos de administração financeira**. 9ª Ed. Porto Alegre: AMGH, 2013.

ROSSI, Luiz Egydio Malamud. **Manual de** *private equity* e *venture capital*: **passos para atração
de investidores e alocação de recursos.** São Paulo: Editora Atlas, 2010.

SANTOS, L. (2013) *Due Diligence*. Disponível em: http://www.seuapoio.com.br/due- diligence
(Acessado: 11 de janeiro de 2017).

SCHUMPETER, Joseph A. *Capitalism, Socialism and Democracy.* Oxfordshire: Taylor & Francis, 2005.

SENOR, Dan; SINGER, Saul. *STARTUP NATION: the story os Israel's Economic miracle.*
Hachette Book Group USA, 2009.

SHAVELL, Steven. *Foundations of Economic Analysis of Law*. Cambridge: Harvard University Press, 2009.

SIQUEIRA, Marcelo et al. **Brasil S/A – Guia de Acesso ao Mercado de Capitais para Companhias Brasileiras**.
Rio de Janeiro: RR Donnelley Financial Comunicação Corporativa, 2014.

SMITH, D. Gordon. *The Exit Structure of Venture Capital*. University of Wisconsin Law School,
Legal Studies Research Paper Series, Paper No. 1005. 2005.

SPINA, Cassio A. **Investidor-Anjo: Guia Prático para Empreendedores e Investidores**. São Paulo: Versos, 2012.

SZTAJN, Rachel. **Sociedade e Contratos Incompletos**. In Revista da Faculdade de Direito da Universidade de
São Paulo. São Paulo: USP, 2006. Disponível em: < http://www.revistas.usp.br/rfdusp/article/view/67703 >.

STANFORD, Graduate School of business. *A primer on Search Funds: A Practical
Guide to Entrepreneurs Embarking On A Search Fund*. 2013.

STOLPER, Wolfgang A. *Josh Alois Schumpeter – The Public Life of a Private Man.*
Princeton: Princeton University Press, 2020.

SUBSECRETARIA DE AÇÕES ESTRATÉGICAS. **Produtivismo Includente: Empreendedorismo
Vanguardista**. Presidência da República, Secretaria de Assuntos Estratégicos, 2015.

SUSSKIND, Richard. *The Future of Law – Facing the Challenges of Information Technology*.
New York: Oxford University Press, 2005.

TARTUCE, Flávio. Direito Civil 3. **Teoria Geral dos Contratos e Contratos em espécie.**

9ª Ed. Rio de Janeiro: Forense, 2014.

THE WORLD BANK AND PRICEWATERHOUSE COOPERS. *Paying Taxes 2020 Report*. 2019.
Disponível em: <https://www.doingbusiness.org/content/dam/doingBusiness/pdf/db2020/PayingTaxes2020.pdf>.

UNGER, Roberto Mangabeira. **A Reinvenção do Livre Comércio – A Divisão do Trabalho
no Mundo e o Método da Economia**. Rio de Janeiro: Editora FGV, 2010.

__________. **Depois do Colonialismo Mental: Repensar e Reorganizar o Brasil.** São Paulo: Autonomia Literária, 2018.

__________. *Inclusive Vanguardism: The Alternative Futures of the Knowledge Economy.* Paris: OECD, 2017.
Disponível em: <https://www.youtube.com/watch?v=BhmpIH_zkPQ&feature=youtu.be>.

__________. *The Knowledge Economy*. New York: Verso, 2019.

__________. *The Critical Legal Studies Movement: Another Time, a Greater Task.* Verson,
2015. Disponível em: <http://www.robertounger.com/en/wp-content/uploads/2017/01/
the-critical-legal-studies-movement-another-time-a-greater-task.pdf>.

VALERIO, Ygor. **Invenções implementadas por programas de computador: Patenteabilidade
e estudo da prática de exame do INPI. Revista da ABPI – Associação Brasileira
da Propriedade Intelectual.** Rio de Janeiro, v.137, p.3-31. Jul/Ago de 2015.

VARGAS, Daniel. **O país precisa apostar no empreendedorismo.
Conjuntura econômica.** V.70. n °2. P.46-47. Fev. 2016

VIEIRA, Lucas B. **Direito para *Startups* – Manual Jurídico para Empreendedores**. Queiroz, Barbosa e Bezerra
Advocacia, 2017. Disponível em: <https://issuu.com/j00kun/docs/direito_para_startups__manual_jur_d>.

WOLLHEIM, Bob; NUCCIO de, Dony. **Nasce um empreendedor. Dicas, provocações e
reflexões para quem quer começar um negócio próprio.** Portifolio/Penguin. 2016.

ZIVIANI, Nivio. ***Start-up*: Modelo Inédito de Transferência de Tecnologia**. In Boletim da UFMG,
No. 1768, Ano 38. Belo Horizonte: Universidade Federal de Minas Gerais, 2012.
Disponível em: <https://www.ufmg.br/boletim/bol1768/2.shtml>